신중년, N잡러가 경쟁력이다

신중년 N잡러
23명이 전하는
인생 2막
도전 노하우

김영기 홍승렬
김세진 김형환
김상덕 조홍현
이점수 박종현
이성순 조창준
소승만 이지영
임은조 양영수
박상문 장승환
문성식 강미영
김동현 이준호
김임순 조명렬
박서연

신중년, N잡러가 경쟁력이다

BRAIN PLATFORM

서문

　네이버 지식백과 사전에 따르면, 'N잡러'란 2개 이상 복수를 뜻하는 'N'과 직업을 뜻하는 'job', 사람을 뜻하는 '~러(er)'가 합쳐진 신조어로 '여러 직업을 가진 사람'이란 뜻이다. 본업 외에도 여러 부업과 취미 활동을 즐기며 시대 변화에 언제든 대응할 수 있도록 전업(轉業)이나 겸업(兼業)을 하는 이들을 말한다.

　바야흐로 대한민국 대부분 사람들이 경험하지 못한 '100세 시대'와 패러다임이 급변하는 인공지능과 블록체인 기반의 '4차 산업혁명 시대'를 맞이하여 '평생직장'의 불확실성이 점점 커지고 있다.

　최근의 3대 메가트렌드인 '100세 시대', '4차 산업혁명 시대', '포스트 코로나 시대'는 이미 '평생직장'이라는 기존의 직업관과는 완전히 다른 '평생직업'이라는 새로운 패러다임의 변화를 예고하고 있다.

　100세 시대를 1막(0~50세)과 2막(51~100세)으로 나눠볼 때 인기 스포츠인 축구로 비유하자면 1막은 전반전이고, 2막은 후반전이다.

축구에서 후반전이 전술상 중요하듯이 우리의 불확실한 인생도 후반전이 전반전보다 더 중요할 수 있다.

오늘 이 책을 통해 우리가 던지는 화두(話頭)는 '신중년들의 인생 후반전의 일자리 경쟁력에 관한 것'이다.

인생 2막 후반전도 '일자리가 최고의 복지'라는 철학을 바탕으로 이 책의 필자인 23명의 신중년들은 인생 후반전을 위해 저마다의 준비와 노력으로 새로운 직업들을 하나둘씩 쌓아가는 N잡러들이다.

이분들의 직업을 살펴보면, 너무나 다양하고 복잡하지만 인생 1막에서의 경험과 노하우를 바탕으로 본인이 좋아하는 직업들을 계속 쌓아가서 인생 1막의 평생 한곳의 직장이 아니라 인생 2막 다직업을 가진 멀티플레이어이다. 이들은 N잡러로서 각자가 경험한 인생 1막 이상의 수입을 올리고 있다.

새로운 직업을 계속 발굴하여 쌓아가다 보면 어느 순간 여러 개의 직업을 가진 N잡러가 되어 있어 그중 몇 개의 직업이 없어진다고 해도 1막 때의 평생직장처럼 불안하지 않고 즐기면서 살아갈 수 있는 경쟁력을 갖추게 된다.

'신중년'이란 '자기 자신을 가꾸고 인생을 행복하게 살기 위해 노력하며 젊게 생활하는 중년을 이르는 말'이다. 이 책의 저자들은 대부분 40대에서 60대를 살아가고 있는 평범한 신중년들이다. 이분들의 공통점은 하나같이 '도전과 열정으로 직업이 다양한 N잡러들'이다.

"인생은 도전과 성공의 연속, 실패를 즐기며 열정적으로 도전하자"
- 대표저자 김영기

"행운이란 준비가 기회를 만나는 것"
- 로마 철학자 세네카

"나이는 숫자에 불과하다. 사람은 기회만 있으면 도전해야 한다"
- 대표저자 김영기

이 책의 신중년 저자들은 '포스트 코로나 시대' '4차 산업혁명 시대' '100세 시대'라는 패러다임 변화에 대해 미리 준비하고 도전하여 N잡러라는 성과를 이룬 각자 나름대로의 경험과 노하우를 이 책에 기술하였다.

이 책이 신중년 여러분들의 인생 2막을 설계하고 준비하는데 마중물이 되기를 기대하며 인생 2막을 살아가는 신중년들에게 이 책을 바친다.

2021. 03. 31.
대표저자 김영기 외 22명 dream

차례

서문 004

1장 신중년 N잡러, 성공과 행복의 시작   김영기
1. 인생 2막 준비 014
2. 인생 2막을 위한 열정적인 도전 016
3. 인생 2막, N잡러로서의 성과 021
4. 인생의 황금기, 원대한 꿈과 비전 031

2장 N잡러가 되려면 High Brain이 되어라   홍승렬
1. High Brain은 처음이지? 040
2. High Brain은 High Income을 부른다 043
3. High Brain이 되고 싶다면… 048
4. N잡러, 이것만은 조심하자! 051

3장 언택트 시대 프리에이전트의 멀티커리어리즘   김세진
1. 프리에이전트와 멀티커리어리즘 058
2. N-job의 유형 062
3. 스마트스토어를 통한 전문성 확장 072

4장 N잡러 아이콘, 행복전도사의 실전 이야기 (경험, 학습, 코칭 사례)   김형환
1. 생애 변화 및 일자리 이슈 080
2. 행복한 미래 실계의 고려 요소 088
3. N잡러 활동 이야기 095

5장 시니어 인턴   김상덕

  1. 들어가며   106
  2. 시니어 인턴의 N잡   107
  3. 시니어의 정리된 경험은 지적재산권이다   119
  4. 시니어 인턴은 금턴이었다   124

6장 신중년 회사 퇴직 전, 정부지원사업으로 창업 준비하자   조홍현

  1. 신중년은 왜 창업을 준비해야 하는가?   130
  2. 신중년도 지원할 수 있는 정부지원사업 소개   133
  3. 사업계획서 작성 A to Z   140

7장 N잡러, 계속 배우고 공부하라   이점수

  1. 들어가며   152
  2. 회사 입사 때는 고졸 사원, 현재는?   153
  3. 마치면서   160

8장 인생 100세 시대! 국수가락이 답이다   박종현

  1. 왜 N잡러인가?   164
  2. 나의 N잡러 도전기   168

9장 N잡러의 다모작 시대! 일자리 매칭 플랫폼이 열쇠다   이성순

  1. N잡러 시장의 새로운 트렌드 변화   188
  2. 디지털 혁신 AI 시대, 일자리 잠식 전망   191
  3. 일자리 창출은 '매칭 플랫폼 활성화'로 해결   195

10장 N잡러의 베이스캠프 인터넷 쇼핑몰   조창준

  1. 들어가며   208
  2. 57세 퇴직자의 인터넷 쇼핑몰 창업기   208
  3. 쇼핑몰을 넘어 N잡러로   214
  4. 신중년을 위한 쇼핑몰 창업 가이드   218

11장 멀티플레이어 세상
소승만

1. 100세 시대의 도래　230
2. 멀티플레이어(Multi Player)　234
3. N잡러를 꿈꾸며　237

12장 트렌드 N잡러 교육과정
이지영

1. 프롤로그　246
2. 트렌드에 맞는 N잡러가 되자　247

13장 N잡러가 되기 위한 두뇌 유연화하기
임은조

1. 100세 시대의 삶　266
2. N잡러 시대　272
3. N잡러가 되기 위한 사고의 유연화　277
4. N잡러를 위한 두뇌 유연화 방법　278

14장 N잡러, 선택이 아닌 필수
양영수

1. N잡러의 의미　288
2. 이 시대의 N잡러　290
3. N잡러에 대한 오해와 진실　293
4. N잡러의 준비 자세　296
5. N잡러의 성공적 습관과 생각　299

15장 절대로 한 우물만 파지 마라
박상문

1. 들어가며　308
2. 4차 산업과 코로나 이후의 지식근로자　309
3. 긱 경제의 시대, 일상화된 N잡러　311
4. 절대로 한 우물만 파지 마라　314
5. 평생공부하는 지식근로자　319

16장 신중년 N잡러를 위한 창의발상론
장승환

1. 신중년과 N잡러　328
2. N잡러를 위한 창의발상론의 이해　331

17장 창직으로 성공 N잡러 되자 — 문성식

1. 창직으로 성공 N잡러 되기 … 342
2. 창직가와 N잡러의 홍보마케팅 … 346
3. 나의 창직 사례 … 355

18장 플랫폼을 이해하면 너무 쉬운 N잡러 — 강미영

1. 플랫폼과 N잡러의 시대 … 370
2. 플랫폼 = 문제 해결책의 집합체 … 374
3. 플랫폼을 활용해야 하는 이유 … 378
4. 어떤 플랫폼을 활용하는 것이 좋을까? … 379
5. N잡러에게 추천하는 플랫폼 … 382
6. 마무리하며 … 385

19장 도시재생과 생태 속 인문 산책 — 김동현

1. 도시재생과 환경 모니터링 … 392
2. 천사 치유의 꽃길 시와 사진으로 떠나는 인문 산책 (1) … 394
3. 천사 치유의 꽃길 시와 사진으로 떠나는 인문 산책 (2) … 396
4. '도시 마을 생태 청사진' 생태 포럼 연구 워크숍 이야기 … 403
5. 생태 환경 모니터링과 사례들 … 410

20장 N잡러는 네오피안이고 뉴노멀이다 — 이준호

1. N잡러는 네오피안이고 뉴노멀이다 … 418
2. N잡러가 되고자 하는 이유 … 421
3. 기업과 공동 프로젝트를 펼쳐가기 위한 N잡러 트레이닝 요건들 … 422
4. 이너서클을 창출하라 … 424
5. 45세 이후 조기퇴직자들, 처음부터 N잡러로 지향점 잡고 도전해야 … 425
6. N잡러들의 유형 … 427
7. 이미 거스를 수 없는 대세가 된 일자리 창출의 N잡러 전략 … 428
8. 퇴직 2년 전부터 N잡러에 관심을 가지고 준비하고 도전하자 … 431
9. N잡러 미션, 콘텐츠와 스킬업으로 일인다역의 자신감을 단계적으로 키운다 … 432
10. N잡러로 거듭 성장하는 사람들의 특징 … 433
11. N잡러들의 적극적인 실행력으로 경제적 자립을 위해 고군분투한다 … 436
12. N잡러들이 가장 많이 애용하는 플랫폼 엿보기 … 437
13. 과거의 성공 방정식은 모두 버려라 … 438

21장 대학교수의 정년, 할 일은 더 많다 　　　　　김임순

1. 들어가며 　　　　　442
2. 대학교수 정년을 맞아 사회교육을 시작하다 　　　　　443
3. 강의를 준비하며, 다시 공부하다 　　　　　444
4. 전문영역으로 강의가 확장되다 　　　　　446
5. 공공기관 면접관 활동을 시작하다 　　　　　447
6. 대학교재 외에 공저로 책을 출간하다 　　　　　448
7. 내 삶은 내가 설계한다 　　　　　450
8. 대학교수 때보다 더 바빴던 2020년 　　　　　451

22장 이제 시작이다 　　　　　조명렬

1. 은퇴는 출발점이다 　　　　　458
2. 퇴직 후를 고민하다 　　　　　459
3. 안전전문가 도전과 실천 　　　　　464
4. 공공기관 면접관 및 기술자문평가위원이 되다 　　　　　466
5. 나의 목표 　　　　　473

23장 N잡러의 핵심은 N마케팅이다 　　　　　박서연

1. 들어가며 　　　　　480
2. 이미지컨설턴트 　　　　　482
3. 온라인 시대 신유통 네트워크 마케팅 　　　　　486
4. 무언가에 깊이 빠져보자 　　　　　492

1장

신중년 N잡러,
성공과 행복의 시작

김영기

① 인생 2막 준비

1) 10년의 직장생활을 하면서 사회 경험을 쌓으며 대학원에 진학하다

전역 후 사실상 첫 직장생활을 매일경제신문사에서 시작하여 많은 선배와 술로 친분을 쌓았으며 저녁에는 신문사에서 가까운 동국대 언론대학원 석사과정에 입학하여 신문방송학을 공부하였다.

이후 1990년 7월, 2년 3개월의 매일경제신문사 직장생활을 그만두고 대구 3인방이라는 우방그룹의 총무팀에 입사하여 비서, 홍보, 영업, 해외사업부 등 두루두루 거치며 8년 동안 청춘을 바쳤다. 그러나 1997년 12월, 국가부도 직전의 국제통화기금(IMF) 지원 사태를 거치면서 재계 서열 50대 그룹까지 올랐던 우방그룹이 부도를 맞으면서 1998년 10월, 자의 반 타의 반으로 직장생활을 그만두게 되었다.

10년간의 직장생활은 그야말로 산전수전을 다 겪는 파란만장한 사회 경험이었다. 특히 우방그룹 언론 홍보 및 비서팀장을 하면서 겪었던 정경 유착과 로비스트 생활은 젊은 나이에 세상 인간사의 진면목을 보는 좋은 경험이었다. 좋은 술은 다 마셔보았고 웬만한 높은 사람들은 자주 뵐 수 있었다. 대구 우방타워랜드 개관식과 한중 수교하는 해 국회의장과 장관들의 도움을 받아 중국 북경의 북진그룹과의 합작회사 설립 그리고 북경아파트사업이 기억에 아른거린다.

직장생활 10년의 결과, 퇴직금에 가까운 많은 돈을 우방(주) 상장에 맞춰 우리 사주를 취득하는 데 썼는데 회사 부도로 휴짓조각이 된 경험은 2녀 1남을 부양하는 직장인으로서는 허탈한 실패의 교훈이 되고 있다.

2) 교수생활 시작과 본격적으로 법인 창업을 시작하다

10년간의 직장생활을 통해 수많은 경험을 했지만, 경제적으로는 처절한 실패를 경험한 후 1999년 3월, 경인여자대학교에서의 시간강사 생활을 하다가 2000년 경인여대와 세종대학교 겸임교수를 시작으로 경기대학교 행정대학원 부동산학과, 중앙대학교 경영학부, 강남대학교 부동산학과, 한국방송통신대학교 경영학과, 명지전문대학교 교양학부, 한국산업기술대학교 글로벌경영, 한국열린사이버대학교 창업경영컨설팅학과, 숭실사이버대학교 부동산학과 시간강사까지 약 14년 동안 대학강사 생활을 하였다. 보람 있는 시간이었지만 경제적으로는 크게 도움이 되지 않았다.

이른 퇴직 후 30대 후반에 통신 및 마케팅서비스사업을 시작하였으나 2년 만에 완전 실패로 끝이 났다. 할 일이 없어 다시 직장생활을 하기로 마음먹고 외국계 홍보대행사에 들어가 6개월 동안 탁월한 실적으로 주위의 인정을 받았다. 2000년 1월, 강남 지역에 EPSON 등 외국계 기업과 벤처 기업을 대상으로 하는 홍보마케팅컨설팅 법인을 설립하여 직원 20명 규모의 회사로까지 키웠으나 국내 경기 퇴조와 고급 인력 관리의 리스크로 사세가 약해지면서 점차 사업에 매력을 잃고 새로운 길을 모색하고자 박사과정에 입학, 경영지도사 자격 취득을 위한 준비를 하기 시작했다.

2012년 사업을 접을 때까지 11년 동안 기업을 경영하면서 사업을 유지한다는 것이 얼마나 어려운 일인지 산전수전 다 겪었던 것 같다. 특히 부실채권이 계속 쌓여가는 것이 사업을 유지하는 데 가장 큰 걸림돌이었는데, 이때 '사람 보는 안목을 기르는 것'이 얼마나 중요한지 뼈저리게 느끼게 되었다.

40대 후반에 들어와서 수많은 실패로 귀결되었던 인생 1막 전반전이 후반전에도 계속 이어질 것으로 예상하니 정신이 번쩍 들었다.

② 인생 2막을 위한 열정적인 도전

인생 후반전(51~100세)을 앞두고 또 다른 실패를 겪지 않기 위하여 40대 후반인 2006년 박사과정에 입학하고 간절한 공부를 시작했다. 모든 역량을 박사 학위 취득에 동원하여 박사과정 중심으로 생활 방식을 바꿨으며 대학원 박사과정의 총학생회 총무를 맡아서 잡무도 다 맡으면서 박사과정 생활에 충실하였다.

인생 1막(0~50세)은 변변치 않았고 실패가 훨씬 더 많은 삶이었기에 무언가 준비하지 않으면 늘 불안하고 불만족스러웠다.

2006년 3월부터 시작된 박사 학위 준비를 통해 모든 코스웍을 4.5 만점에 평균 4.38이라는 우수한 성적으로 마무리하면서 영어시험, 종합시험을 거쳐 1년간 밤낮없이 학술지 논문 작성(김영기 외, 최민섭(교신저자), 부동산 자산가치 증진에 관한 연구, 부동산학보(한국부동산학회, 학진등재 35집, p.117~154, 2008.12.), 박사 학위 논문(논문명: 마케팅 커뮤니케이션이 아파트 브랜드 프리미엄에 미치는 영향에 관한 연구, 2009.2.), 통계조사와 연구에 매진하여 2009년 2월, 영광스러운 박사 학위를 취득하였다.

그 이듬해인 2009년, 2막 준비의 또 하나의 큰 목표인 경영지도사 준비를 위하여 3월부터 한국능률협회 경영지도사과정에 들어가 공부했다. '박사가 경영지도사 시험 정도는 당연히 합격하겠지…'라는 교만한 마음과 안이한 생각 때문이었는지 2009년도 22회 경영지도사 최종시험에서 평균 59.5점으로 합격 커트라인에 0.5점 부족해 아쉽게 낙방했지만 합격에 근접한 점수를 받아 시험에 대한 자신감이 생겼다.

이듬해인 2010년 필자는 경영지도사(마케팅분야) 시험을 치러 최종시험 평균 70점을 넘는 우수한 성적으로 합격하였고 25기 경영지도사가 되었다. 특히 그 어려운 시장조사론 시험에서 80점이 나와 나만의 수험 전략이 주효했다는 것을 깨달았다. 그것은 바로 가장 쉬운 한국방송통신대학교 경영학과 마케팅조사론 교재의 음원을 구해 10번 이상을 반복해서 들었던 것이 효과를 본 것이었다.

필자의 인생 2막 준비는 5년 동안 간절하게 준비한 '박사 학위와 경영지도사', 바로 이것이었다.

필자는 50대가 되기 전에 인생 2막에 대하여 진지하게 고민하다가 박사 학위와 경영지도사 공부를 하면서 멘토를 찾기 시작했다. '인생은 누구를 만나느냐에 따라 달라질 수 있다'라는 깨달음으로 멘토가 필요했던 것이다.

필자의 인생 멘토는 여섯 분이 있다. 먼저 국외 멘토로는 인류애를 실현한 슈바이처 박사, 경영학의 아버지이자 독립컨설턴트인 피터 드러커, 1008번 실패를 극복하고 65세에 새롭게 시작하여 성공을 거둔 KFC 창업주 커널 샌더스를 꼽을 수 있다. 또한, 국내 멘토로는 102세까지 장수하신 철학자 김형석 연세대 명예교수, 정신과 의사이시면서 뇌의 행복물질인 세로토닌문화원과 힐리언스 선마을 촌장이신 이시형 박사, 국제예술대학교 총장을 지내신 박사과정 지도교수였던 강일모 박사이다.

슈바이처 박사로부터는 열정과 인류애와 봉사정신 등을 배울 수 있었다. 슈바이처 박사는 유복한 집안에 태어나 4개의 박사 학위를 취득할 정도로 공부를 열심히 하였다. 이후 아프리카에 봉사활동을 갔다가 그동안 배우고 경험했던 노하우보다는 의술이 필요하다는 것을 깨달았다. 그는 고국으로 돌아와 늦깎이에 5번째 박사과정에 입학하여 의학박사 학위를 취득한 후 아프리카로 다시 건너가 불쌍한 사람들에게 의료 봉사를 하다가 생을 마감했다. 필자는 그의 봉사정신과 나눔철학을 실천하기 위하여 슈바이처 박사를 제1의 멘토로 받들고 있다. 그의 삶을 통해 필자 또한 5개 박사 학위 취득에 도전하고 있다.

피터 드러커는 현대 경영학의 창시자이자 아버지로 알려져 있다. 그는 지금까지 가장 저명한 독립컨설턴트로, 컨설턴트로의 삶을 목표와 비전으로 세운 필자의 입장에서는 배울 것이 너무 많은 분이다. 그의 1인 기업 정신은 인생 2막을 시작한 수많은 컨설턴트들에게 귀감이 되고 있는데 그는 다른 컨설턴트들과는 달리 대규모 컨설팅 회사를 차리거나 직원을 두지 않았다고 한다. 진정한 의미의 1인 독립컨설턴트로 살면서 컨설팅 수요가 넘쳐나는 세계적으로 저명한 컨설팅 전문가임에도 불구하고 집에서 업무를 보며 모든 고객 전화를 직접 받았다고 한다. 이 이야기는 비즈니스닥터(Business Doctor)와 독립컨설턴트를 지향하는 필자의 방향성과 너무 일치하여 이분의 컨설팅 방법론을 늘 연구하고 배우고 있다. 피터 드러커의 "실천이 없으면, 이루어낸 것은 아무것도 없다"라는 말은 필자를 실행력이 강한 사람으로 만든 원동력이 되었다.

필자는 중앙대학교에서 마케팅원론을 강의했던 6년 동안 첫 시간에 학생들과 함께 KFC 창업주 커널 샌더스의 동영상을 보았다. '1008번의 실패를 극복하고 65세에 새롭게 창업하여 햄버거 프랜차이즈 역사를 쓴 기업가', 그동안 많은 실패를 경험한 필자가 실패에 기죽지 않는 이유는 그가 1008번의 실패에도 굴하지 않고 1009번째에 성공을 거둔 드라마틱한 사건이 기억에 남아 있기 때문이다. 그는 필자에게 '인생은 도전과 실패의 연속, 수많은 실패를 즐겨야 궁극적인 성공에 이를 수 있다'라는 철학을 깨닫게 해주었다.

　102세의 김형석 교수는 살아 있는 인생 2막의 롤모델이다. 그의 저서 『백년을 살아보니』에는 인생 2막을 먼저 경험한 김형석 교수 자신의 깨달음과 가르침이 담겨 있다. 102세인 현재도 쉬지 않고 강의하러 다니는 그의 "100세를 살아보니 공부하는 동안 안 늙는다, 새로운 것을 경험하고 살면 안 늙는다, 연애하며 살면 안 늙는다"라는 강의 내용은 필자에게 큰 가르침을 주었다. 필자는 그의 가르침을 실천하기 위해 박사과정 2번, 석사과정 2번, 학사과정 2번을 수료하고 현재도 한국방송통신대 3학년에 편입하여 2021년 2월 사회복지학과를 졸업하였으며 3번째 학사 학위, 석사 학위, 박사 학위에 도전하고 있다. 필자가 늘 새로운 것에 도전하고 실패하는 것을 즐겁게 받아들이는 것도 "새로운 것을 경험하고 살면 안 늙는다"는 그의 가르침을 실천하고 싶기 때문이기도 하다. 또한 "연애하며 살면 안 늙는다"라는 가르침에 따라 연애를 할 때 설렘을 느끼듯이 사람을 사랑하고 좋아하는 습관을 기르고 있다. 나이가 들어감에 따라 육체적인 것보다는 정신적인 연애로 사람을 좋아하려고 노력하고 있다.

　정신과 의사였던 이시형 박사는 필자가 2013년 겨울방학 기간 300시간 이상 뇌 공부를 하면서 모시게 된 멘토이다. 뇌에서 나오는 '세로토닌'이라는 행복 호르몬을 연구한 그의 성과를 높이 받들어 필자는 뇌과학에 경영학을 접목한 '브레인경영'을 새로운 학문 영역으로 만들었다. 필자는 2015년 7월, 한국브레인학회를 창립하여 학회장으로 브레인경영을 계속 연구하며 2016년 11월에 『브레인경영』을 연구, 출간하였고 2018년 2월

『브레인경영 비즈니스모델』을 연구, 출간하였으며 2020년 4월 『4차 산업혁명 시대 AI 블록체인과 브레인경영』을 출간하였다. 2021년 1월에는 『미래 유망 기술과 경영』을 출간하였고, 2021년 6월 출간하는 것을 목표로 『인공지능과 브레인경영』이라는 연구도서를 집필 중이다. 이시형 박사는 87세의 고령에도 불구하고 책을 87권 이상 출간하여 필자에게 100권의 책을 쓰겠다는 목표와 비전을 주었다. 필자는 2020년부터 매월 책 1권을 쓰고 있다.

강일모 박사는 최근에도 자주 만나 뵙고 조언을 듣고 늘 가르침을 받곤 한다. 너무 가깝게 지내다 보니 책에 직접 언급하기가 조심스럽지만, 필자는 그의 학구열과 삶의 철학을 늘 흠모하고 설레는 마음으로 마주한다.

③ 인생 2막, N잡러로서의 성과

인생 1막에서 겪은 수십 년 동안의 산전·수전·공중전·지하전은 필자에게 모든 것을 내려놓을 수 있도록 깨달음을 주었다. 이를 바탕으로 인생 2막(51~100세)에 들어와 새롭게 도전하니 작은 결실들이 하나둘 맺어지기 시작했다.

필자는 현재 직업이 20개(경영컨설턴트, 국제공인경영컨설턴트(CMC), 대학교수(시간강사), 산업체전문강사, 평가위원, 공공기관면접관,

ISO9001(품질경영)/14001(환경경영) 선임국제심사원, ISO37001 (반부패경영) 컨설턴트, 전문위원, 자문위원, 코치, 멘토, 교육기관경영자, 컨설팅사 대표컨설턴트, 저작권사업화컨설턴트, 방산컨설턴트, 언론사기자, 대학생, SNS인플루언서, 자원봉사재능기부자 등)가 넘는 'N잡러'로서 수십 군데에서 수입이 들어오는 '멀티플레이어 N잡러'가 되었다. 필자처럼 창작을 통해 새로운 수입원을 개척하고 계속 쌓아간다면 안정적인 생활을 하는 N잡러가 되는 것이다. N잡러는 자신의 건강 상태를 고려하여 일의 총량을 조절할 수 있다는 장점이 있다.

지금부터 인생 2막 신중년 N잡러로 살아온 필자의 10년간의 경험담을 중심으로 실제 경험했던 일과 현재 하고 있는 일을 중심으로 대표적인 직업을 제시하고자 한다.

1) 전문강사

필자의 강의 시작은 1999년이 처음이었다. 동국대학교 정보산업대학원(현재는 언론정보대학원으로 명칭이 변경됨) 신문방송학과 석사를 4.5점 만점에 평균 4.21점으로 수석 졸업한 후 우방그룹에서의 직장 동료이자 육사 장교 출신 이정진이라는 친구가 경인여자대학교 교무처로 직장을 옮기면서 시간강사 선발에 응시해보라고 권유하였고, 이때부터 강의를 시작하게 되었다.

경인여자대학교 디자인커뮤니케이션 전공학부에서 강의를 시작하여

2000년 겸임교수로 승진하였는데 그 당시 2년 동안 강의한 과목은 '광고크리에이티브론 II', '인쇄광고디자인', '표현기법', '광고크리에이티브론 I' 등이었다. 경인여대 교수 시절 시간강사 1년 만에 공개경쟁 강의에 나서 겸임교수로 승진했던 기억이 아직도 생생하며 기분 좋은 추억이 되었다. 그때 강의한 내용 중 하나가 지금도 기억이 나는데 '마케팅 프로세스'였다.

2001년에는 경인여자대학교에서의 시간강사 1년과 겸임교수 1년 6개월 경험을 기반으로 세종대학교 신문방송학과의 겸임교수로 임용되어 신문방송학과 4학년 학생들을 대상으로 1년간 '홍보광고실무론'을 가르쳤는데, 당시 세종대학교 대학원 박사과정 신문방송학과에 수학 중이었으며, 세종대학교 내에 설치된 벤처타운에서 인터넷 및 커뮤니케이션 법인인 아이피알커뮤니케이션(주)를 경영하고 있었다.

그 이후 법인 경영에 몰두하면서 강의는 잠시 접어두고 신중년 인생 2막 준비로 박사 학위와 경영지도사 시험을 대비하였다.

2009년 2월 박사 학위를 취득한 후 지도교수의 추천으로 수원 광교에 있는 경기대학교 행정대학원 부동산학과 석사과정에서 '부동산개론'을 1학기 동안 가르쳤으며, 2010년부터는 강남대학교 부동산학과에서 2년 동안 '부동산경영론'을 가르쳤다.

2010년 3월부터는 중앙대학교 산업교육원(현재는 평생교육원으로 변경) 학점은행제 경영학과 주말반에서 '마케팅원론'을 메인으로 '생활과 광고'라는 과목을 2015년 6월까지 6년 6개월간 외래강사(시간강사)로 재직하면서 최장 기간 시간강사 생활을 하였다.

2010년 2월에는 호서대 재단 서울벤처대학원대학교(SUV)에 제안하여 평생교육원에 경영지도사과정을 만들고 주임교수를 맡게 되었는데 한국능률협회에서 배운 커리큘럼과 잘못된 교수법 등을 보완하여 국내 최초로 대학 내에 경영지도사과정을 개설한 것이었다.

2010년 초, 1기 SUV 경영지도사과정 15명을 모집하여 2010년 25회 경영지도사 최종시험에서 1명을 제외하고 모두 합격하여 88%의 합격률을 보이며 경영지도사 학원계에 이름을 떨쳤다.

2012년, 강남역에서 운영한 경영지도사과정 2차 5개 반(마케팅 3개 반, 인적자원관리 1개 반, 재무회계 1개 반)에는 전국의 경영지도사 수험생들이 찾아왔는데 당시 필자는 경영지도사 마케팅반에서 강의하며 족집게 강사로 불리기도 하였다.

2014년에는 명지전문대에서 '창업과 경영'이라는 교양과목을 한 학기 동안 강의하였으며, 한국방송통신대학교 경영학과 소비자행동론 보조강사로도 활동하였다. 2학기부터는 한국열린사이버대학교 창업경영컨설팅학과에서 '유망 창업 아이템 분석'과 '컨설팅 사례 연구'를 2017년도까지 4년간 강의하였다.

2015년 2학기에는 국제공인경영컨설턴트협회(ICMCI)의 한국 대표기관인 IMC KOREA 초대 사무총장 자격으로 한국산업기술대학교에서 '글로벌 경영'을 강의하였다.

2018년 1학기에는 숭실사이버대학교 부동산학과에서 '부동산 창업 성공사례 연구' 과목을 강의했고 그해 강사법 시행으로 수많은 시간강사들이 옷을 벗을 때 필자도 유탄을 맞아 제도권 대학에서의 강사 생활을 마무리하게 되었다.

2020년부터는 미국의 캐롤라인대학교 경영학부 교수로서 지금도 재직 중이다.

이외에도 산업체 강의는 무수히 많은데 대표적인 강의는 2010년부터 2011년까지 서울산업진흥원(SBA)에서 진행한 '서울시 창업스쿨 정규과정' 강의와 2017년 3월부터 2019년 12월까지 3년 동안 진행한 서울시 소상공인 대상 '소상공인 창업 절차'라는 강의로, 2020년부터 2021년 현재까지 코로나19의 영향으로 중단된 상태이다.

가장 기억에 남는 강의는 2016년 6월 9일 '중앙대학교 창업보육센터 BI보육역량강화사업'으로 입주기업 대표자 대상으로 브랜드 마케팅 등 강의를 8시간 진행하고, 중앙대 창업보육센터로부터 하루에 160만 원의 강의료를 받은 것이었다.

2) 컨설턴트

　인생 2막을 위해서 열정을 가지고 열심히 준비한 결과, 목표를 달성했음에도 불구하고 50대 초반인 2011년도와 2012년도는 시행착오의 연속이었으며 컨설팅 시장에 처음 진입을 위한 준비의 시간이기도 했다. 2010년 25기 경영지도사(마케팅분야)로 10월 6일 자격증을 취득하고 수습교육을 수료한 후 2011년 1월부터 5년간 경영지도사 등록증을 받았으나 초기 1~2년간은 어려움이 많았다. 선배 컨설턴트들이 카르텔을 형성하여 고급 정보와 노하우를 독점하고 후배 컨설턴트들에게는 전혀 전수하지 않았기에 힘든 나날을 보내야 했다.

　이에 필자는 독자적인 개척을 위하여 그전부터 미미하게나마 활동해왔던 네이버의 컨설턴트 카페에 컨설턴트에 관한 고급 정보를 모아 제자, 후배 경영지도사들에게 무상으로 베풀기로 마음먹고 2010년 하반기부터 밤잠을 거르며 정부 및 지자체와 그 산하기관들의 홈페이지 공지사항을 모두 검색하여 컨설턴트 모집 정보, 강사 모집 정보, 심사평가 모집 정보 등을 카페에 올리기 시작했다. 처음엔 필자를 포함하여 제자, 후배 경영지도사들이 수십 번 떨어졌지만, 그 두 배 이상을 지원하면서 하나씩 일들이 쌓이기 시작했다.

　특히 소상공인 컨설턴트를 함에 있어서는 선배들이나 주위 교수, 박사님들의 비아냥 섞인 비하 발언도 많았지만, 재능 기부 차원에서 밑바닥부터 열심히 노력하였고 그 결과, 필자에게 경영지노사 상의를 듣고 합격한 27기 경영지도사 제자가 1년 만에 억대연봉 반열에 오르는 쾌거도 맛보았다.

이렇게 미리 준비한 박사 학위와 경영지도사가 서서히 진가를 발휘하면서 50대, 필자의 인생 2막의 시작은 순조롭게 진행되었다.

2021년 현재까지 국내 메이저급 소상공인컨설팅기관인 소상공인시장진흥공단, 서울신용보증재단, 서민금융진흥원에서 컨설턴트로 활동하면서 500개가 넘는 업체들을 컨설팅한 경험과 노하우를 축적할 수 있었다. 특히 2013년부터 서울특별시 소상공인종합컨설턴트인 업종닥터로서 2021년 현재까지 9년 차 컨설턴트로 매년 낙오하지 않고 자격을 유지했다는 것이 무엇보다도 보람이 있다. 또한 재능 기부 차원에서 시작한 자영업 및 소상공인컨설팅이 10년 동안 500개 업체 이상 성과를 내고 있으니 감개가 무량하다.

　필자가 가진 다른 컨설턴트들과의 차별점은 2016년 12월, 한국저작권위원회의 제1기 저작권사업화컨설턴트과정을 수료하고 2017년 충청북도 3개 업체를 시작으로 2018~2020년 3년 동안 강원도 중소기업 대상 저작권사업화컨설팅을 진행한 것이다. 이는 전국에서 8명밖에 없는데 2020년도에는 8명의 컨설턴트 중 2명만이 컨설팅을 수행하여 독보적인 컨설팅 분야라고 생각한다.

　2021년도에는 금융기관에 대한 ISO37001(반부패경영시스템) 컨설팅에 추가로 참여하여 새로운 컨설턴트로 포지셔닝 할 계획이다. 또한 현재까지 30권의 연구서적을 출간하고 박사과정 2곳, 석사과정 2곳, 학사과정 2곳을 졸업 또는 수료하여서 인생 2막의 10년(51~60세)은 의미 있고 보람된 시기이기도 한 것 같다.

3) 평가위원

　평가위원은 2010년 창업진흥원의 새싹기업 평가가 최초였으나 2013년도부터 본격적으로 시작하였다. 한국콘텐츠진흥원(KOCCA), 정보통신산업진흥원(NIPA), 한국산업기술평가관리원(keit), 한국산업기술진흥원(kiat) 및 산하 전국 13개 지역평가단, 중소기업기술정보진흥원(TIPA), 정보통신기획평가원(iitp), 소프트웨어정책연구원, 경기도경제과학진흥원, 농림식품기술기획평가원 등 20여 곳에 등록되어 있어 수시로 정부과제 평가위원으로 위촉되기도 한다. 비록 단발성이지만 '가랑잎에 옷이 젖는다'는 속담과 같이 여러 곳에 평가위원으로 등록되어 있으면 바쁘게 일이 주어지기도 한다.

4) 공공기관 면접관 교육 및 파견

 2017년 2월, 44명의 면접관을 교육하는 총괄대표로 시작하여 2018년 12월 개교한 KCA한국컨설턴트사관학교의 공공기관 면접관 과정과 2020년 4월 개설한 KBS 면접관 과정이 결실을 맺어 2017년 초와 2018년 초 다른 기관에서 배출한 학생들을 포함하여 약 1,000명의 수료생을 교육하여 정부의 채용 공정성과 투명성 정책에 기여하고 있다. 이처럼 국내 최대 규모의 공공기관 면접관 풀(pool)을 형성하고 있는 것은 의미 있는 성과라고 생각한다. 특히 NCS 기반의 직무 중심 기술직 면접관을 국내 최초로 도입하여 공공기관으로부터 면접관 위촉을 많이 받는 것은 고무적이라고 할 수 있다.

5) 기타 멘토, 코치, 자문위원, 전문위원, 저작권컨설턴트 등등

현재 주요 수입원인 컨설턴트, 강사, 심사평가위원, 공공기관 면접관 외에도 중소기업중앙회 소기업·소상공인 경영지원단 자문위원, 한국저작권위원회 저작권사업화컨설턴트, 서울기업지원센터 전문위원, ISO국제선임심사원, 언론사기자, 멘토, 코치로 인생 2막의 첫 10년을 잘 생활하고 있는 것 같다.

특히 고급 정보를 베푸는 인플루언서로서 네이버 카페(회원 6,900여 명)와 블로그, 페이스북(친구 4,800여 명), 공공기관 면접관 밴드(1,300여 명) 등 약 40개 밴드, 인스타그램(게시물 1,233개, 팔로워 1,179명, 팔로잉 4,761명), 카카오스토리, 유튜브를 통한 고급정보를 베푸는 활동은 거의 매일 일상이 되고 있다. 그중에서 11년째 운영 중인 네이버 컨설턴트 카페(https://cafe.naver.com/suvmc)는 매일 2,000명 내외가 방문하여 신중년 회원들이 N잡러가 되기 위한 고급 정보를 취득할 수 있도록 선한 영향력을 미치고 있다.

④ 인생의 황금기, 원대한 꿈과 비전

필자는 박사 학위와 경영지도사 준비를 기반으로 컨설턴트, 강사, 심사평가위원, 공공기관 면접관, 멘토, 코치로서 인생 2막의 첫 10년을 잘 생활하고 있는 것 같다. 특히 학사과정 2번(영어영문학과, 사회복지학과), 석사과정 2번(신문방송학과, 고령친화산업학과), 박사과정 2번(부동산경영학과, 사회복지상담학과)을 마무리하고 2021년도부터 3번째 학사, 석사, 박사과정에 도전한 것은 작은 성과라고 생각한다.

또한 그동안 개인적으로 30권의 연구서적을 출간하고 2021년도에 40권을 목표로 매월 1권씩 책쓰기에 도전하는 것은 책을 읽는 것 이상으로 보람된 인생 기록이 될 것 같다.

인생 2막(51~100세) 10년간의 생활도 60~70대가 넘으면 계속 유지되리라 생각하지는 않는다. 특히 정부 및 지자체에서 불러주는 것도 줄어들 것이라 예상하고 있다. 그래서 필자는 인생 2막 60~70대 이후를 대비하여 2014년부터 7년간 초고령사회를 대비한 '사회복지 및 고령친화산업'에 관한 공부를 했다.

2014년부터 사회복지상담학 박사과정을 준비하여 2016년 이를 수료하였으며, 2017년 3월부터는 정부가 고령친화산업 전문인력을 양성하기 위하여 지원한 차의과학대학교 고령친화산업대학원 고령친화산업학과 석사과정을 2019년 2월에 전액 국비장학생으로 수료하였다. 또한 2019년 3월부터는 한국방송통신대학교에 새로 개설된 사회복지학과 3학년에 편입하여 2021년 2월 졸업하고 사회복지사 2급을 취득하였으며 사회복지사 1급 자격에 도전하고 있다. 이렇게 김영기의 인생 2막은 또 다른 도약을 위하여 7년 동안 준비하고 있다.

2020년 7월 1일, ROTC 후배인 이성순 박사가 2020년도 제35회 대한민국 신지식인 교육분야에 필자를 추천하였고, 엄격한 심사과정을 거쳐 신지식인에 선정됨으로써 교육에 대한 그동안의 성과를 인정받게 되었다. 필자는 아버지로서 3명의 자녀들에게 좋은 본보기를 남긴 듯하여 큰 보람을 느끼게 되었다.

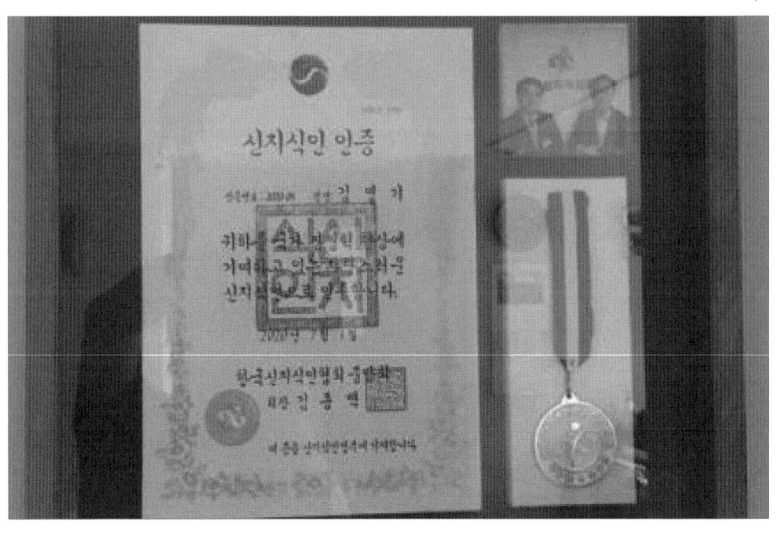

인생 2막 10년 차이면서 60세 환갑의 나이인 2020년에 대한민국 신지

식인(교육분야)인증, 중소기업중앙회 소기업·소상공인 경영지원단 자문위원, (사)한국경영기술지도사회 창업창직단장, 미국 캐롤라인대학교 교수, 대한민국 정책기자, KBS 공공기관 면접관 전임교수, 한국방송통신대학교 사회복지학과를 졸업하고, 매월 책 1권씩 출간 목표로 2021년 1월까지 30권을 출간하여 신중년으로서의 도전과 열정에 좋은 결실을 맺게 되어 매우 기쁘다.

9년째 하고 있는 서울특별시 소상공인컨설턴트 등 소상공인컨설턴트, 5년 동안 하고 있는 서울특별시 창업강사, 4년째 하고 있는 한국저작권위원회 저작권진단사업화컨설턴트, 3년 동안 하고 있는 서울기업지원센터 전문위원 등은 참으로 감사한 일들이다.

향후 대한민국 교육분야 신지식인으로서의 소임을 다하기 위하여 경영지도사 등 컨설턴트 수료생 700여 명과 공공기관 면접관 약 1,000명의 국내 최고의 인재풀(pool)을 활용하여 KCA한국컨설턴트사관학교를 토종민족컨설턴트학교 및 세계적인 온라인대학으로 만들어 나가는 비전과 신중년들의 일자리 마중물이 되기 위한 필자의 원대한 꿈은 계속될 것이다.

개인적으로도 2021년도부터 3번째 학사·석사·박사의 도전 시작과 책 40권 연구 출간을 위하여 열정적으로 도전할 것이며 2014년도부터 7년 동안 공부하고 준비한 사회복지 분야에서의 일자리를 만들기 위하여도 60대의 신중년은 꾸준하게 불꽃을 태우리라….

저자소개

김영기 KIM YOUNG GI

학력
- 영어영문학 학사·사회복지학 학사 졸업
- 신문방송학 석사·고령친화산업학 석사 수료
- 부동산경영학 박사·사회복지상담학 박사 수료

경력
- KBS공공기관면접관과정 전임교수
- 공공기관 NCS 블라인드 전문면접관
- 정보통신산업진흥원 등 10여 개 기관 심사평가위원
- 중소기업중앙회 소기업·소상공인 경영지원단 자문위원
- 소상공인시장진흥공단 소상공인 컨설턴트
- 서울신용보증재단 소상공인컨설턴트 및 창업강사
- 한국저작권위원회 저작권진단사업화컨설턴트
- (사)한국경영기술지도사회 창업창직단장
- 브레인플랫폼(주) 대표 컨설턴트
- KCA한국컨설턴트사관학교 교장/총괄교수

- 대한민국 정책기자(문화체육관광부 소속)
- 서울시·중앙대·남서울대·경남신보 창업 전문 강사
- 중앙대·경기대·세종대·강남대·한국산업기술대 강사 역임
- 미국캐롤라인대학교(Caroline University) 경영학부 교수

자격
- 경영지도사·국제공인경영컨설턴트(ICMCI CMC)
- 사회적기업 코칭 컨설턴트·협동조합 코칭 컨설턴트
- ISO국제선임심사원(ISO9001/ISO14001)·창업지도사 1급·브레인컨설턴트·창직컨설턴트 1급·국가공인브레인트레이너

저서
- 『부동산경매사전』, 김영기 외 4인 공저, 일신출판사, 2009.
- 『부동산용어사전』, 김영기 외 4인 공저, 일신출판사, 2009.
- 『부동산경영론연구』, 김영기, 아이피알커뮤니케이션, 2010.
- 『성공을 위한 리허설』, 김영기 외 20인 공저, 행복에너지, 2012.
- 『억대 연봉 컨설턴트 프로젝트』, 김영기, 시니어파트너즈, 2013.
- 『경영지도사 로드맵』, 김영기, 시니어파트너즈, 2014.
- 『메타 인지 학습 : 브레인 컨설턴트』, 김영기, e경영연구원, 2015.
- 『메타 인지 학습 : 진짜 공부 혁명』, 김영기 외 2인 공저, e경영연구원, 2015.
- 『창업과 경영의 이해』, 김영기 외 1인 공저, 도서출판 범한, 2015.
- 『NEW 마케팅』, 김영기 외 3인 공저, 도서출판 범한, 2015.
- 『브레인 경영』, 김영기 외 7인 공저, 도서출판 범한, 2016.
- 『저작권 진단 및 사업화 컨설팅(서진씨엔에스, 쿠프, 아이스페이스)』, 김영기 외 1인 공저, 충청북도지식산업진흥원, 2017.

- 『저작권 진단 및 사업화 컨설팅(와바다다)』, 김영기, 강릉과학산업진흥원, 2018.
- 『공공기관 합격 로드맵』, 김영기 외 20인 공저, 브레인플랫폼, 2019.
- 『브레인경영 비즈니스모델』, 김영기 외 6인 공저, 렛츠북, 2019.
- 『저작권 진단 및 사업화 컨설팅(파도스튜디오)』, 김영기, 강릉과학산업진흥원, 2019.
- 『2020 소상공인 컨설팅』, 김영기 외 9인 공저, 렛츠북, 2020.
- 『공공기관·대기업 면접의 정석』, 김영기 외 20인 공저, 브레인플랫폼, 2020.
- 『인생 2막 멘토들』, 김영기 외 20인 공저, 렛츠북, 2020.
- 『4차 산업혁명 시대 AI 블록체인과 브레인경영』, 김영기 외 21인 공저, 브레인플랫폼, 2020.
- 『재취업전직지원서비스 효과적모델』, 김영기 외 20인 공저, 렛츠북, 2020.
- 『미래 유망 자격증』, 렛츠북, 김영기 외 19인 공저, 2020.
- 『창업과 창직』, 김영기 외 17인 공저, 브레인플랫폼, 2020.
- 『경영기술컨설팅의 미래』, 김영기 외 18인 공저, 브레인플랫폼, 2020.
- 『공공기관 합격 노하우』, 김영기 외 20인 공저, 브레인플랫폼, 2020.
- 『신중년 도전과 열정』, 김영기 외 18인 공저, 브레인플랫폼, 2020.
- 『저작권 진단 및 사업화 컨설팅(더웨이브컴퍼니)』, 김영기, 강릉과학산업진흥원, 2020.
- 『4차 산업혁명 시대 및 포스트 코로나 시대 미래 비전』, 김영기 외 18인 공저, 브레인플랫폼, 2020.
- 『소상공인&중소기업컨설팅』, 김영기 외 15인 공저, 브레인플랫폼, 2020.
- 『미래 유망 기술과 경영』, 김영기 외 21인 공저, 브레인플랫폼, 2021.
- 『공공기관 채용의 모든 것』, 김영기 외 21인 공저, 브레인플랫폼, 2021.

수상
- 문화관광부장관표창(2012)

- 대한민국청소년문화대상(2015)
- 대한민국교육문화대상(2016)
- 제35회 대한민국신지식인(교육)인증(2020)

2장

N잡러가 되려면
High Brain이 되어라

홍승렬

① **High Brain은 처음이지?**

'High Brain'이란 용어는 익숙한 듯 낯설다. 간단한 단어의 조합으로 익숙하기도 하고, 평소에 잘 쓰지 않는 말이기 때문에 낯설기도 하다. 우리는 High Brain을 실생활 속에서 다른 이름으로 자주 만나게 된다.

"감기 예방을 위해서는 손을 자주 씻고, 두꺼운 옷을 하나 입는 것보다는 얇은 옷을 여러 겹 입는 것이 더 좋다." (김○○, 호흡기내과 전문의)

"13월의 급여라고 불리는 연말정산을 할 때 연간 소득금액이 100만원 이상인 부양가족은 공제대상에서 제외된다." (이○○, 세무사)

"시대의 변화 속도에 맞춰 CEO의 경영 방식도 변화에 민감한 의사결정이 필요하다. 산업간 경계가 불명확해지고 서로 융합하는 새로운 세상을 맞이하게 될 것이기 때문이다." (박○○, 경영학박사)

방송이나, 신문 기사 등을 통해 어렵지 않게 들을 수 있는 내용이다. 우리는 각 분야의 전문가들을 통해 지식과 정보를 얻게 된다. 오랜 기간의 교육과정을 마치거나 자격시험에 통과하여 공인(公認) 전문가로 인정받은 사람을 High Brain이라 칭하는데 이들은 대중들이 이해하기 쉽도록 해당 분야에 관해 설명해주거나 문제 해결 방법을 제시해준다. 경우에 따라 본인을 대신하여 대행 또는 대리 행위를 하기도 한다. High Brain은 크게 3가지로 분류할 수 있다.

1) 전문 자격을 보유한 High Brain

첫째로 전문 자격을 취득한 경우다. 자격은 국가 자격과 민간 자격으로 분류되며, 전문 자격은 국가 자격에 해당한다. 갑론을박이 있지만, 통상적으로 시험의 난이도와 최종 합격률, 연간 최종 합격 인원, 연간 응시 횟수, 응시 과목 등을 고려해 전문 자격임을 판단한다. 현행 법률에서는 전문 자격을 다음과 같이 정하고 있다. 이러한 자격을 취득한다면 High Brain에 속하게 된다고 봐도 큰 무리가 없다.

<전문 자격의 종류>

1. 「건축사법」 제7조에 따른 건축사
2. 「공인노무사법」 제3조에 따른 공인노무사
3. 「공인회계사법」 제3조에 따른 공인회계사
4. 「관세사법」 제4조에 따른 관세사
5. 「변리사법」 제3조에 따른 변리사
6. 「변호사법」 제4조에 따른 변호사
7. 「보험업법」 제182조에 따른 보험계리사
8. 「보험업법」 제186조에 따른 손해사정사
9. 「부동산가격공시 및 감정평가에 관한 법률」 제23조에 따른 감정평가사
10. 「수의사법」 제2조 제1호에 따른 수의사
11. 「세무사법」 제3조에 따른 세무사
12. 「약사법」 제3조에 따른 약사
13. 「약사법」 제4조에 따른 한약사
14. 「약사법」 제45조에 따른 한약업사
15. 대통령령 제14319호 약사법 시행령 일부개정령 부칙 제2조에 따른 한약조제사
16. 「의료법」 제5조에 따른 의사

17. 「의료법」 제5조에 따른 치과의사
18. 「의료법」 제5조에 따른 한의사
19. 「경영지도사 및 기술지도사에 관한 법률」 제3조에 따른 경영지도사, 기술지도사
20. 「항공법」 제26조에 따른 사업용조종사
21. 「항공법」 제26조에 따른 운송용조종사
22. 「항공법」 제26조에 따른 항공교통관제사
23. 「항공법」 제26조에 따른 항공기관사
24. 「항공법」 제26조에 따른 항공사

출처: 기간제 및 단시간근로자 보호 등에 관한 법률 시행령 [별표 2]
(시행이 예정된 법률은 명칭을 수정하였고, 수정에 따른 번호로 변경하였다.)

2) 박사 학위를 보유한 High Brain

특정 분야의 박사 학위를 보유한 사람은 사회에서 인정받게 된다. 세부 전공과 학위 취득, 국적 등에 따라 차이가 있을 수 있지만, 일반적으로 학사는 4년 과정을 거치며, 석사과정은 2~3년이 걸린다. 박사과정은 코스웍만 2~3년이고, 졸업 논문까지 통과하는 과정은 많은 인내가 필요하다. 10년 이상 학술적인 배움의 시간은 그리 만만한 과정이 아니기 때문이다.

이 두 가지 중 어느 하나를 선택하는 결정은 쉽지 않다. 직장생활을 하면서 자격증 준비하는 시간을 확보하기도 어렵고, 박사 학위를 취득하려고 해도 많은 돈과 시간이 소요되기에 기회비용이 상당하다.

그렇다면 왜 High Brain형 N잡러가 되어야 할까? 답은 '시간 효율성'

에 있다. 우리의 시간은 한정적이다. N잡러는 상대적으로 짧은 시간을 투자하고 N잡의 수를 늘리는 것을 선호한다. 여기에 그치지 않고 짧은 시간을 투자하되 소득이 오히려 높아진다면 더 의미가 크다. 투입 시간은 줄이고 소득이 올라간다면 자존감과 만족감도 당연히 높아진다. 개인 차는 반드시 존재하나 적은 시간을 투자해 소득을 높일 수 있으므로 우리가 High Brain을 추구해야 하는 이유가 여기에 있다. 또 다른 이유를 들자면 한 번 취득한 자격증과 학위는 그 사람의 이름 뒤에 호칭으로 자리 잡는다는 것이다. 예를 들면 한 번 박사는 끝까지 박사로 불린다.

② High Brain은 High Income을 부른다

1) 일당 100만 원짜리 강사

대학교나 공공기관 등에서 강사를 초빙할 때 분야의 전문성을 먼저 고려한다. 이러한 전문성은 자격과 학력으로 규정하는 경우가 일반적이다. 실제 필자도 경영지도사, 직업상담사, 평생교육사 자격 등을 보유하고 이를 바탕으로 강사료 100만 원짜리 강의를 요청받았다. 반나절 강의를 통해 100만 원의 소득이 생기는 것이다. 강의 교안을 만드는 데 많은 시간을 투입하지만, 한 번 완성된 교안은 수정, 업데이트를 통해 다른 강의에 활용되기도 하며 일정 수준의 노하우가 쌓이면 준비 시간은 현저히 줄어들게 된다. 다음에서 보여주는 실제 규정을 보면 이해가 쉽다.

<강사수당 및 원고료 등에 관한 지급 규정>

구분		대상	지급 기준	강사료 (천원)
내부강사	일반 I	4급 과장(팀장)급 이상 공무원	1시간	140
			초과	80
	일반 II	4.5급 이하 공무원	1시간	100
			초과	70
외부강사	특별강사	전·현직 장·차관(급) 전·현직 대학총장(급) 정부출출연기관장, 연구소장(급) 국영기업체장	1시간	400
			초과	200
	일반 I	4급 과장(팀장)급 이상 공무원 대학 조교수 이상, 전문대학 부교수 이상 전·현직 판사, 검사 변호사, 변리사, 회계사 등 전문직 종사자 박사 학위 소지자, 기술사, 석사 학위 취득 후 해당 분야 경력 7년 이상인 자	1시간	230
			초과	120
	일반 II	특별강사, 일반강사 I 및 보조강사를 제외한 강사	1시간	120
			초과	80
	보조강사	공무원/일반인 교육과정 실기실습 보조자	시간당	35
		학생발명과정 실기실습 보조자	시간당	12

출처: 국제지식재산연수원훈령

2) 교원이 아님에도 학교 근무를

전문 자격을 보유하고 있거나 최종 학력이 높다면 시간 단위 일자리를 구할 가능성이 높다. 이러한 일자리는 기업이 아닌 다른 곳을 통해서도 구힐 수 있는데, 바로 학교이다. 학교도 구인 활동이 생각보다 활발하세 이뤄지는 곳이다. '나는 교원 자격이 없는데?'라고 생각할 수도 있겠지만, 의외로 자리는 있다. (필자도 교원 자격은 없지만 다른 자격으로 근무한 경력이 있다.)

특성화고등학교에서는 취업 지원을 위해 별도의 예산을 마련하여 인력을 확보한다. 이때 관련 자격으로 직업상담사 자격을 인정한다. 아래의 내용은 경기도 내 특성화고에서 취업 지원 인력 구인 공고의 일부이다.

---

1. 관련: 학교 예산 편성
2. 2020학년도 학교 자체 예산을 투입하여 취업 지원 인력을 채용하기 위한 공고를 요청합니다.
가. 채용 공고: 2020.09.28.(월) - 2020.10.08.(목) 12:00까지
나. 면접: 2020.10.12.(월)
다. 근무 기간: 2020.10.19.-2020.12.11.(2개월간이나 근무일에 따라 일자 조정)
라. 채용 형태: 시간제, 2개월 계약직(고용관계 소멸)
마. 보수 기준: 시간당 25,000원씩 주당 14시

출처: 경기도 교육청

고작 2개월짜리냐고 반문할 수도 있지만, 학교에서는 취업률을 높이기 위해 외부 취업 지원 인력이 지속적으로 필요하다. 주어진 업무에 성실히 임한다면 연장 혹은 다른 학교에서도 일자리를 어렵지 않게 구할 수 있다.

3) 정부지원사업 심사, 평가위원 되기

High Brain이 되면 정부지원사업의 평가 인력으로도 활동할 기회가 주어진다. 정부는 중소기업 육성을 위해 관련 예산을 편성하고 각 부처와 산하기관을 통해 지원사업의 참여 기업을 모집한다. 신청 기업을 모두 지원하면 좋겠지만 한정된 예산이기 때문에 사전에 마련된 평가 기준에 따라 지원 대상 기업을 선정하게 된다. 통상 평가 단계는 1차 서류 평가와 2차 면접 평가가 진행된다.

이때 공인된 전문가 집단이 필요하다. 즉, 평가 인력을 모집하는 공고에는 High Brain들이 포함되어 있다는 뜻이다. 취득하기가 쉽지는 않지만 한 번 취득하면 여러 사업의 평가위원으로 투입될 수 있다는 점이 매력적이다. 필자는 길지 않은 평가 회의를 마치고 강사료에 준하는 소득을 얻은 경험도 있다.

<2020년 글로벌 IP 스타 기업 지원사업 외부 평가위원 POOL 모집 공고>

구분	자격요건
산업계	· 박사 학위 소지자 · 석사(학사) 학위 소지자로 해당 분야 5년(7년) 이상 경력자 · 연구소장 및 이사급 이상의 임원
학계	· 2년제 대학 이상에서의 전임강사 이상의 교수
연구계	· 박사 학위 소지자 · 석사(학사) 학위 소지자로 해당 분야 5년(7년) 이상 경력자
경영·회계 전문가 등	· 경영지도사·공인회계사·변호사·기술사 자격증(동급 해외자격 포함) 취득 후 3년 이상 경과한 자

특허·상표· 디자인 전문가	· 중견기업, 대기업, 정부 산하기관, 공공(연구)기관, 2년제 이상 대학교, 대학 산학협력단, 비영리단체 또는 기술지주회사 등 수행하거나 수혜받지 않는 기업 또는 기관에서 해당 분야 5년 이상 근무한 자 · 변리사
기타 요건	· 기타 동등 이상의 자격 및 경력 보유자

출처: (재)경기테크노파크

이외에도 각 부처별로 대상을 달리하여 지원되는 사업은 헤아릴 수 없을 만큼 종류와 시기가 다양하다. 연중 모집되고 있다고 해도 과언이 아니다. High Brain이라면 관심을 갖고 지원하면 좋다. 별도의 정보 수집이 어렵다면 네이버 '컨설턴트 정보카페(cafe.naver.com/suvmc)'에 가입하여 관련 정보를 얻는 것도 좋은 방법이다.

4) High Brain의 활동은 활동을 낳고…

인사 담당 부서에 경력직을 채용할 때 가장 많이 고려하는 점은 무엇보다 이전 회사에서의 경력사항일 것이다. 서류전형에서 경력을 우선 고려하여 1차 선발하고, 2차 면접전형에서도 경력사항의 검증이 중점적으로 이루어진다.

High Brain의 활동 영역도 마찬가지이다. 박사 학위자, 전문 자격을 보유한 자도 그에 맞는 활동 경력이 있다면 다른 활동처에서 우선 고려된다. 예를 들어 A 공공기관에서 평가 이력이 있다면 B 공공기관에서도 평가 인력 POOL로 등록될 가능성이 더 높아지는 것이다.

③ **High Brain**이 되고 싶다면…

1) 목표를 선택하라(학위 vs 자격증)

　High Brain이 되기로 마음먹었다면 학위로 도전할 것인지, 자격증 취득으로 방향을 설정할 것인지 선택해야 한다. 학위를 높이기로 마음먹었다면 상당한 등록금을 투자해야 한다는 단점이 있지만, 자격증과는 달리 어느 정도 성과가 보장된다. 개인의 가치 판단 영역이지만 학위 취득 기간, 전공 모집 인원, 동문의 업계 활동을 고려하여 학교와 전공을 선택하는 것을 추천한다.

　특히 직장인이라면 대학원을 선택할 때 현실적인 접근이 필요하다. 박사 학위를 취득하는데 너무 많은 시간이 소요된다면 N잡을 위한 High Brain이 되는 의미가 퇴색될 것이다. 등록금이 부담된다면 석사 학위 과정은 한국방송통신대학교나 사이버대학교를 통해 취득하는 것도 좋은 방법이다.

　자격증으로 방향을 설정했다면 1~2차 수험 과목을 따져보고 뼛속까지 거부감이 있는 과목은 없는지를 확인해봐야 한다. 자칫 특정 과목이 과락으로 이어져 평균 점수가 합격 수준에 도달했음에도 불구하고 최종시험에 통과하지 못한다면 그동안의 노력이 수포도 돌아가기 때문이다. 학위 취득 과정보다 투자 비용과 시간이 짧을 수 있지만, 시험 준비는 외로운 과정이고, 한두 번의 기회를 통해 성과를 내야 하므로 긴장감과 두려움이 존재한다. 대학 시절 중간고사 보는 것과는 부담감의 차원이 다르기 때문이다. 장·단점이 명확하므로 본인의 성향에 맞는 방법을 선택하면 된다. 평소 큰 시험에 실력 발휘가 제대로 되지 않는 스타일이라면 학위 취득을 권한다.

2) 나의 시간 - 근무 시간 = 학습 Time

소속 직장에서(요즘 말로 '본캐') 일을 하면서 N잡을 갖는다는 것이 쉬운 일은 아니다. N잡을 위해 학위나 자격증을 준비한다면 남다른 노력이 필요하다. 필자는 평범한 직장인이던 시절 직업상담사를 준비한 경험이 있다. 해당 자격에 대한 응시 과목과 주요 취득자에 대한 정보를 접한 후 만만한 시험으로 여겼다가 큰코다친 적이 있다. 그 이후 모든 시험은 최선을 다해 준비한다.

시험을 준비할 때 학습 시간은 늘 부족하다. 시험을 준비하는 자가 가장 먼저 해야 할 일은 '하루에 얼마의 시간을 공부에 투자할 수 있는가'를 확인하는 일이다. 필자가 직업상담사 시험을 준비할 때 투입한 시간은 지하철로 이동하는 출퇴근 시간(1시간)과 점심 시간(20분)이었다. 그 정도만 투자하면 된다고 판단한 것이다. 시험 장소에서 문제를 받아보는 순간 불합격을 감지했고, 이전보다 공부 시간을 늘려야만 했다. 공부 시간 확보를 위해 퇴근 시간 지하철 2호선 대림역에서 바로 환승하지 않고 의자에 앉아 일정 분량을 채우고 7호선으로 이동했다. 다행히도 대림역은 지상이기 때문에 학습 장소로 꺼려지지 않았다. 이런 방법으로 시간을 확보한 것은 첫째, 집에 가면 마음이 느슨해지기 때문이었고 둘째, 어린 두 자녀를 키우는 가장이 집에서 책보기가 쉽지 않았기 때문이었다.

경영지도사 시험은 동차 합격(1차와 2차를 한 해에 합격)을 하였는데, 먼저 언급한 직업상담사 수험 과정이 약이 되었다. 과목별 10회독을 목표로 공부에 매진했고 좋은 결과를 낳았다. 회독 수가 많으면 문제지를 받자마자 붙었다는 느낌과 함께 잠깐의 희열이 온다. 그만큼 반복 학습이 중요하므로 회독 수는 높게 설정할수록 좋다. 4회독 이상 진행되면 1회독에 소요되는 시간이 급격히 줄어들고 회독 수가 늘어날수록 아직 넘기지 않은 다음 페이지의 내용이 이어서 기억나는 신기한 경험도 하게 된다.

휴일에는 흔히 도서관에서 공부하게 되는데, 점심 시간을 15분 내외로 설정하고 음식이 나오는 시간까지도 학습 시간으로 활용하였다. 10회독을 위한 나름의 시간 확보 방법이었다. 졸릴 때는 잠시 눈을 붙이는 것보다 복도를 거닐며 책을 보았는데, 도서관에서 잠시 눈을 붙이는 것도 습관이 될 수 있고, 10회독을 할 시간이 넉넉하지 않다는 게 가장 큰 이유였다. 집으로 돌아가는 시간에는 그날 학습했던 부분의 내용을 되새겨 보고 특정 부분의 내용이 기억나지 않으면 걸음을 멈추고 책을 펴서 다시 확인했다. 확인하는 시간은 횡단보도 신호 타임을 활용하면 좋다.

퇴근 이후 시간을 활용하자면 기혼자의 경우 배우자의 희생이 필요하므로 이 와중에도 무언가 한가지는 확실히 책임져 주는 것이 필요하다.

공부한다고 모든 역할에서 배려만 받으려고 한다면 갈등이 발생하기 마련이다. 특별히 배우자가 어려워하는 문제를 맡으면 더 좋다. 예를 들면 아이 씻기고 재우는 과정이라든지, 빨래나 청소 등이 될 수 있다.

지금까지 High Brain으로 N잡러가 되는 방법을 살펴보았다. High Brain이 되기로 마음먹었다면 바로 실행에 옮기는 것이 필요하다. 주된 직장이 있다고 못 할 이유는 없다. 대학원은 진학하면 되고, 자격증은 일과를 마친 후 시간을 활용하여 준비하면 된다. 선택은 신중히 하되 노력을 꾸준히 해야 한다.

④ N잡러, 이것만은 조심하자!

우리가 High Brain 영역에 진입했을 때 주의할 점이 있다. N잡의 활동 영역이 주된 소속 회사 업무와 이해 상충되지 않는지 따져봐야 한다. 또한, 회사 내 '경업금지' 조항이 취업규칙 또는 근로계약에 있다면 이는 더욱 조심해야 할 부분이다. 경업에 해당하지 않더라도 활동 시마다 매번 휴가원을 제출할 수도 없는 노릇이다. 회사의 규모나 조직 문화에 따라 제한적일 수는 있겠으나 수익을 회사에 일정 부분 귀속시키고, 커리어만 차곡차곡 쌓는 방법도 대안이 될 수 있다.

> ※ **경업금지 조항이란?**
> 고용계약을 맺을 때 경쟁 업종에서 일하는 것을 금지한다는 조항. 고급관리직이나 기술직, 회사의 영업 비밀을 알고 있는 직원이 경쟁 업체에 취업하거나 동일 업종의 회사를 창업하는 것을 금지하는 조항이다.

출처: 시사경제용어사전

　진정한 N잡러는 부수입을 다양화시키는 데에만 그 목적이 있지 않다. 수입이 무시할 요소는 아니지만, 부수입의 확대만을 위해서 시작하는 N잡러는 오래가지 못하고 시간이 지날수록 점점 지치게 된다. 진정한 N잡러를 꿈꾸는 자들에게는 부지런한 열정 에너지가 존재한다. 그 열정 속에는 자기만족과 성장의 욕구가 존재하고 이들에게 이 욕구의 충족은 매우 중요하다.

　학위와 자격증을 취득해 High Brain형 N잡러 영역에 진입했다고 하더라도 전문성이 부족하다고 판단된다면 시장에서 점점 배제되기 마련이다. 학위 또는 자격증 취득으로 영역 진입을 위한 허들을 통과했다면 꾸준한 노력을 통해 현장에서 통하는 진짜 실력을 보여주어야 한다. 무늬만 High Brain은 지식서비스산업 생태계를 어지럽힐 뿐이다.

　이 글을 읽는 독자들은 현장에서 문제해결사 역할을 하는 진정한 High Brain이 되길 소망하며, 롱런하는 N잡러가 되길 바란다.

참고문헌

- 기간제 및 단시간근로자 보호 등에 관한 법률 시행령, [별표 2] 전문자격의 종류
- 국제지식재산연수원훈령 제56호, 강사수당 및 원고료 등에 관한 지급 규정
- 경기도교육청 홈페이지(www.goe.go.kr)
- (재)경기테크노파크 홈페이지(www.gtp.or.kr)
- 기획재정부 경제배움e 시사경제용어사전 홈페이지(www.econedu.go.kr)

저자소개

홍승렬 HONG SEUNG YEOL

경력

- 서울디지털대학교 실습운영교수
- 동행경영컨설팅 대표
- 중부지방고용노동청경기지청 심사위원
- 한국고용정보원 고용서비스 민간위탁기관 인증 평가위원
- 직업능력심사평가원 심사평가위원
- 충남경제진흥원 외부평가위원
- 소상공인시장진흥공단 지원사업 평가위원
- 2016 경남고성공룡세계엑스포 홍보마케팅 자문위원
- 인천광역시 소상공인서민금융복지지원센터 컨설턴트
- 한국중견기업연합회 강사

자격

- 경영지도사
- 직업상담사
- 평생교육사

- 이러닝지도사
- 청소년심리상담사

수상

- 경영선진화 아이디어 공모전 최우수상(국립중앙박물관문화재단)
- 대한민국 대표 노인복지정책 브랜드 네이밍 공모전 장려상(한국노인인력개발원)

3장

언택트 시대 프리에이전트의 멀티커리어리즘

김세진

① 프리에이전트와 멀티커리어리즘

1) 멀티커리어리즘의 부상

어디서 일하느냐보다 어떻게 일하는지가 더 중요해진 시기다. 다니엘 핑크는 2001년 그의 저서 『프리에이전트(Free Agent)의 시대가 오고 있다』에서 거대 조직체를 벗어나 스스로 자신의 미래를 책임지는 이른바 독립 노동자, 즉 프리에이전트의 시대가 도래한다고 강조했다. 저자가 말하는 프리에이전트란 '거대 조직에서 벗어나 스스로 자신의 미래를 책임지는 독립 노동자', '거대 조직에 예속되지 않고 본인이 정한 협약에 따라 다수의 의뢰인과 소비자를 위해 일하는 노동자'를 의미한다. 실제로 우리 주위에서는 수많은 프리에이전트들이 사회 각지에서 신(新)경제의 주역으로 21세기를 이끌어오고 있다.

그로부터 20년이 지난 현재, 채용 및 노동 시장을 이끄는 주요 흐름 가운데 특히 대표적인 것은 '멀티커리어리즘(multi-careerism)'이다. 멀티커리어는 말 그대로 커리어를 여러 개 가진 것을 뜻한다. 고용노동부는 멀티커리어리즘이 하나의 직업에 얽매이지 않고 다양한 사회 활동으로 자아를 실현하고자 하는 현상이라고 규정하고 있다. 우리나라는 2017년 무렵부터 'N잡러'라는 용어가 생겨나서 멀티커리어리즘 현상을 대변하고 있다. 프리에이전트와는 다소 다른 의미인데 일반적으로 다양한 소속과 정체성을 가진 이들을 일컫는다. 점차 과거의 N잡러에서 이제는 멀티커리어로 업의 범위가 넓어지고 있다.

과거에는 직업 풍토가 한 우물을 파는 것을 선호했다면, 오늘날에는 여러 직종을 포괄할 수 있는 역량을 보유하는 것이 중요해졌다. 멀티커리어리즘은 특정한 단일 포지션에만 고착되어 있는 것이 아니다. 어떠한 역할도 맡을 수 있는 융합형 인재를 가리킨다. 예를 들어 유통 기업의 경우 종전에는 상품 기획, 구매, 판촉 활동, CS 등 판매 활동을 하기 위한 일련의 업무 영역이 여러 분야로 나뉘어 있었다. 하지만 요즘의 유통은 다르다. 특히 온라인 쇼핑몰 기업들에 있어서는 한 사람이 기획부터 판매까지 모든 일을 총체적으로 진행하는 경우가 허다하다. 이렇게 업무가 융합형으로 바뀌고 있다. 멀티커리어리즘의 확산은 코로나19 팬데믹에 의해 가속화하고 있다. 이는 코로나19 이전에는 엄두도 낼 수 없던 최신 정보통신 기술의 노동 현장 이식이 급격한 속도로 이루어지기 때문이다. 멀티커리어리즘을 실현하기 위해서는 먼저 자신이 좋아하는 일에서 출발해야 한다. 즉, 내적인 동기가 강한 업무를 하게 되면 대충 일하거나 하지 않고 진정성을 가지고 업무에 임한다. 이때가 되면 멀티커리어리즘이 형성될 가능성이 높다. 출퇴근이 없고, 회사가 아닌 공간에서 일하는 재택근무가 확산되면서 당연히 발생한 변화 양상은 집에서 하는 일상 활동 시간과 가족과 함께 하는 시간의 증가다. 실제로 트렌드 모니터의 조사에 의하면 집에서 요리하는 시간이 늘었다고 응답한 사람이 62.8%에 달했다. 끼니를 제때 챙겨 먹는 경우가 늘었다는 응답이 45.0%, 집안일을 하는 시간이 증가했다는 응답자도 64.2%에 달했다. 수면 시간이 늘었다는 응답도 50.5%, TV 시청 시간이 증가했다는 응답도 47.2%로 전반적으로 심리적인 여유로움을 느끼는 사람이 상당히 많았다. 47.7%의 재택근무자는 '딴짓'이 늘었다고 응답했다. 그러나 사실 근무 중 하는 딴짓은 회사 사무실에서 근무할 때도 일상적인 현상이었다. 2016년 온라인 취업 포털 사람인이 직장인 1,206명을 대상으로 한 조사에 따르면, 응답자의 85.2%가 딴짓에 동참한 적이 있었다. 2017년 같은 조사에서도 80%가 넘는 직장인들이 그런 경험이 있었다. 한편, 스웨덴 룬드대학교 사회학과의 롤란드 폴센 교수는 이 업무 중 딴짓을 '공허노동(empty labor)'이라고 명명하고 있다(한국노동연구원, 2015).

정리하면 이른바 공허노동에서 탈피하여 멀티커리어리즘을 실현하려면 자신이 좋아하는 일을 해야 한다. 내적 동기가 충만한 업무를 하게 되면 대충 일하지 않고 진정성을 가지고 업무에 임하게 된다.

2) N-job의 생애주기

최근 직장인을 대상으로 한 부업 열풍이 거세다. N-job은 생애주기가 있어서 발생기, 성장기, 성숙기의 세 가지 단계를 거치게 된다.

첫째, 발생기는 갓 시장이 열리고 있는 단계다. 이 시기에는 능력이나 경험이 다소 부족해도 기대 이상으로 제법 괜찮은 수익을 낼 수 있다.

둘째, 성장기는 해당 비즈니스에 대해 관심이 많은 사람 또는 젊은 층이 인지하게 되는 시점이다. 이 시기에는 실력을 보유한 사람들이 많이 뛰어든다. 성장기에서는 일정 정도의 실력을 갖추고 있지 않으면 생존을 장담하기가 어렵다.

셋째, 성숙기는 이미 대부분의 사람들이 인지하고 있는 단계다. 이미 실력자들이 시장에서 공고한 위치를 점유하고 있다. 그러다 보니 어느 정도 실력이 뒷받침된다 하더라도 성공하기란 보통 어려운 일이 아니다. 실력은 물론이거니와 경쟁자들과 다른 차별화 능력까지 보유하고 있어야 성공 가능성을 기대해볼 수 있다.

② N-job의 유형

1) 스톡 사진과 스톡 영상

　과거에는 사진이나 이미지가 필요하면 인터넷에서 다운받거나 캡처를 해서 자유롭게 사용했다. 모두가 저작권에 대한 인식이 낮았기 때문에 가능했던 일이었다. 하지만 요즘은 상황이 달라졌다. 게티이미지뱅크와 픽사베이 같은 사이트에서 제공하는 이미지를 유료로 구매해서 사용한다. 스톡 사진은 한 장당 몇백 원 수준으로 단가가 낮은 편이다. 그러나 외국에서는 스톡 사진만으로 수억 원의 수익을 거두고 있는 개인들도 많다고 한다. 장점은 언어적인 장벽이 크게 없어서 영어를 잘하지 못해도 글로벌 시장을 대상으로 판매가 가능하다는 것이다. 한 번 사진을 올려놓으면 별다른 노력을 하지 않아도 평생 판매가 가능하다. 사진 촬영을 좋아하고 취미나 특기로 하는 사람은 좋아하는 일을 하면서 수익도 올릴 수 있는 수단이다. 스톡 영상도 스마트폰만 있으면 되기 때문에 누구나 가볍게 도전해볼 수 있는 투잡이라고 할 수 있다. 틈틈이 자투리 시간을 활용해서 스톡 영상만 올려도 좋지만, 다른 투잡들과 병행해서 하는 것을 권한다. 스톡 사진과 병행하는 것도 좋은 방안이다. 스톡 사진과 스톡 영상은 대체로 동일 플랫폼에서 거래되고 있다. 사진을 촬영할 때, 10~30초 정도 짧은 영상도 함께 찍는다면 큰 수고를 들이지 않고 두 마리 토끼를 모두 잡을 수 있다.

출처: 사진 판매자가 될 것을 권유하고 있는 셔터스톡 홈페이지

2) PDF 자료 판매

요즘같이 지식 콘텐츠가 대세인 시기에는 본인이 알고 있는 지식과 노하우, 각종 정보나 자료를 PDF 파일로 정리해서 판매할 수 있다. PDF 자료 판매는 대개 크몽과 같은 사이트의 전자책 카테고리에서 이루어진다. PDF를 통해 수천만 원이 넘는 수익을 거둔 창작자들이 제법 있을 정도로 많은 수요가 있다. PDF 판매의 가장 큰 장점은 비용이 들어가지 않는다는 것이다. 노력과 시간만 투자하면 된다. 특정 분야를 공부하면서 돈도 벌 수 있다는 장점이 있다. 하지만 수요가 없어서 판매가 부진할 수 있는 단점도 상존한다. 실제 판매 사례들을 살펴보면 잘 팔리는 인기 자료도 있지만 대다수는 매출이 부진한 편중이 뚜렷이 나타나고 있다. 팔릴 내용을 잘 기획하지 않으면 괜히 시간 낭비만 하게 될 것이다. 또 다른 단점은 불법 공유의 리스크다. PDF 파일은 전자책처럼 오직 결제한

사람만 읽을 수 있게 하는 장치가 없다고 봐야 한다. 따라서 구매한 사람이 지인에게 몰래 공유를 하거나 하면 사실상 막을 방법이 없다고 볼 수 있다. 다행히 국내에서도 저작권 인식이 높아져서 불법 공유 리스크는 줄어드는 양상이다.

3) 홈핏

코로나19로 인해 프로스포츠 경기 등이 무관중으로 경기를 진행했고, 태권도와 요가, 필라테스, 피트니스센터 등은 수강생이 크게 줄거나 한동안 영업을 하지 못했다. 이런 상황에서 홈트레이닝 스타트업들이 시장에서 새로운 강자로 발돋움하고 있다.

출처: 홈핏 홈페이지

홈핏은 수강생이 원하는 장소에 전문 코치가 방문하여 맞춤형 트레이닝을 받을 수 있도록 해주는 것이다. 쉽게 말해 방문형 PT(퍼스널트레이닝) 서비스라고 이해하면 될 것이다. 이 홈핏 플랫폼 기업들에 프리랜서 코치로 등록해서 수익을 창출하는 경우가 많아지고 있다. 기업별로 요건이 다소 차이는 있지만 지원 자격은 웨이트, 필라테스, 요가, 통증케어, 기능회복 등의 분야에서 자격증을 취득하고, 3년 이상의 코칭 경력이 있으면 가능하다. 우대 조건으로 산전·산후 관련 자격증 및 관련 경력이 있다. 평균 시간당 4~6만 원 정도의 수업료를 받을 수 있고, 심지어 센터에 소속되어 있는 코치들 또한 프리랜서로 원하는 시간에 자유롭게 활동할 수 있기에 매력적인 투잡이라 할 수 있다. 대상자는 피트니스센터나 필라테스 학원 등에 소속되어 근무하고 있는 트레이너들이 가장 적합하다. 직업적으로 코치를 하고 있기 때문에 수업을 바로 시작할 수 있다. 퇴근 후나 주말 등 기존 직장 업무 시간 외의 여유 시간을 활용해 추가 수익을 거둘 수도 있다. 전문적인 지식이 있지만 육아 등으로 경력 단절이 된 이들에게도 적합한 업무다.

4) 쿠팡플렉스

쿠팡플렉스는 자기 차량을 소유하고 있는 운전자가 쿠팡의 상품을 배송하고 건별로 수당을 받는 단기 아르바이트 방식이다. 주간, 심야, 새벽 가운데 희망하는 시간대를 선택한다. 그리고 배송 캠프로 이동해서 상품을 싣고 자신의 차량으로 배송하면 된다.

출처: 자신의 차량에 배송할 상품을 싣고 있는 모습

쿠팡플렉스의 장점은 희망 일정과 희망 시간을 고를 수 있다는 점이다. 자신의 차량만 있으면 누구든지 할 수 있고 활동한 만큼 수익을 올릴 수 있다. 따라서 급하게 수입이 필요하거나 남는 시간을 활용하여 추가 수익을 얻고자 하는 이에게 적합하다. 단점은 자신의 차량으로 배송하는 방식이므로 유류비가 발생하고, 배송하면서 수시로 시동을 켜고 꺼서 차량에 나쁜 영향을 미칠 수 있다는 점을 꼽을 수 있다. 만약 차량 사고가 발생하면 모든 책임을 본인이 지게 되는 점이나 배송 단가가 계속 내려가고 있는 것도 단점이다. 초창기에는 배송 단가가 높았지만 지원자가 늘어나면서 배송 단가는 계속 하락하고 있다. 평소에 배송 업무를 해본 경험이 있거나 운전을 잘하고 길을 잘 찾는다면 여유 시간을 활용해서 도전해볼 만하다. 하지만 그렇지 않다면 투입한 시간 대비 수익이 낮을 가능성이 농후하다. 먼저 테스트 삼아 해보고 자신에게 맞는지 판단을 내리는 게 좋다. 가끔 쿠팡에서 프로모션으로 당일 수익을 높여주는 이벤트를 진행하는데 그 날에만 활동하는 것도 한 방법이 될 수 있겠다.

5) 포스타입

포스타입은 창작 콘텐츠 오픈 플랫폼이다. 창작자는 별도의 심사 및 계약 과정 없이 포스타입에 웹툰, 웹소설, 지식 콘텐츠와 같은 자신의 창작물을 판매할 수 있다. 유료 구독을 통한 수익 창출이 거의 일반적이라고 할 수 있지만 팬들이 창작자를 정기 후원할 수 있는 멤버십 기능을 활용해 수익을 내기도 한다. 전체적인 틀은 카카오페이지와 비슷하다고 이해하면 될 것이다.

아직 사람들에게 많이 알려져 있지 않지만, 포스타입에 작품을 올려서 고수익을 얻고 있는 창작자들이 꽤 많다고 한다. 1,000만 원 이상 수익을 올린 작가가 이미 150명을 훌쩍 넘어섰다. 서비스가 점차 성장하면서 2020년 1월의 경우 한 달 동안 500만 원 이상의 고수익을 올린 작가가

22명에 달했다. 카카오페이지와 같은 대형 플랫폼에 비하면 아직은 부족해 보일 수도 있겠지만, 새롭게 떠오르는 플랫폼과 초기부터 함께한다면 오히려 더 큰 기회를 잡을 수도 있을 것이다. 작가를 꿈꾸거나 본인의 창작물이 있는 사람들은 포스타입과 같은 플랫폼들을 적극적으로 활용할 것을 권하고 싶다.

6) 라우드소싱

디자인을 좀 할 줄 아는 사람들이라면 '라우드소싱'이라는 디자인 외주 플랫폼을 활용하는 것도 좋다. 실력을 인정받으면 매우 큰 수익을 올릴 수 있다. 라우드소싱은 디자인이 필요한 회사 및 개인과 디자이너를 연결한다는 점에서 크몽과 같은 외주 플랫폼과 유사하지만 크게 두 가지 차이점이 있다.

첫째, 단가가 훨씬 높다. 크몽에 디자인을 의뢰하는 사람들의 상당수는 개인, 소기업, 영세 자영업자 등이다. 따라서 외주 단가가 상대적으로 낮게 형성되어 있다. 경험이 많지 않은 디자이너들이 일감을 얻기 위해 저가 수주 경쟁을 하고 있어 구조적으로 높은 단가를 받기가 어렵다. 하지만 라우드소싱은 일정 규모 기업들이 디자인 의뢰를 하기 때문에 의뢰자가 지급할 수 있는 예산이 크몽보다 훨씬 높다. 참여 디자이너 역시 프로페셔널이어서 저가로 일감을 수주하는 일은 거의 없다.

둘째, 진행 방식이다. 크몽은 일감을 희망하는 사람이 디자이너의 포트폴리오를 보고 메시지(문의하기) 등을 통해 직접 디자인을 의뢰하는 방식이다. 반면 라우드소싱은 의뢰자 측이 디자인 세부사항, 상금 등 조건이 미리 정해진 콘테스트를 개최하고, 이 콘테스트에 참여하는 디자이너들의 작품 가운데 선정하는 방식이다. 의뢰자 입장에서는 비싼 비용을 지불하는 대신 여러 디자이너의 작품 중에서 마음에 드는 것을 고를 수 있기 때문에 만족도가 매우 높다. 우승자 역시 큰 상금을 받기에 상호 간 윈윈 방식이다. 다만, 작품을 제출했음에도 우승하지 못한 디자이너는 아무런 보상이 없어 타격이 클 수 있다. 한편으로는 그러한 이유로 더욱 실력 있는 디자이너만 남게 되고 이는 곧 플랫폼의 경쟁력으로 이어지고 있다.

디자인 실력에 자신이 있는 사람은 라우드소싱이 큰 기회가 될 수 있다. 콘테스트이기 때문에 스펙 없이 오직 실력만으로 도전이 가능하다. 라우드소싱 콘테스트 우승을 포트폴리오로 삼아 더욱 큰 무대로 갈 수도 있다. 2019년 기준 상위 디자이너들의 누적 수익이 1억 원을 훌쩍 넘길 만큼 상금이 높은 편이다. 디자인 때문에 고민인 기업들 역시 라우드소싱을 이용하면 좋다. 크몽의 경우 디자이너가 제시한 시안이 마음에 들지 않으면 한두 차례는 수정을 요청할 수 있지만 그 이후에는 부득이 추가 비용을 내거나 해당 디자인을 선택하는 수밖에 없다. 원하는 결과물을 얻지 못할 수도 있는 것이다. 2차 사용도 제약이 따른다. 의뢰했던 용도 외에 다른 용도로 사용하려면 추가 비용을 내야 하고, 혹은 사용하지 못할 수도 있다. 하지만 라우드소싱은 디자인 중에서 마음에 드는 것을 고르는 방식이기 때문에 결과물에 대한 만족도가 높고, 상금이 지급되는 순간 모든 저작권을 넘겨받아 자유로운 사용이 가능하다. 현재 라우드소싱에 등록된 디자이너는 무려 11만 명이고, 지급된 누적 상금도 80억 원을 넘어섰다. 디자인 실력이 있거나, 실력 있는 디자이너의 작품을 원하는 독자들은 라우드소싱에 관심을 가져보기 바란다.

7) 영상 편집

유튜브 시대가 도래하면서 영상 편집 수요 역시 크게 늘고 있다. 편집을 어떻게 하느냐에 따라 재미없는 영상이 재미있는 영상으로 바뀌는 등 편집자의 역할은 갈수록 중요해지고 있다. 현재 영상 편집 시장은 레드오션이다. 영상 편집을 맡기려는 수요도 많지만 영상 편집 일을 수주하려는 편집자도 많아 경쟁이 극심하다. 그러나 대단히 뛰어난 편집자가 아니라면 단가는 그리 높은 편이 아니다. 영상 편집은 다음과 같은 장점이 있다.

첫째, 정년이 없다. 영상 콘텐츠 수요는 앞으로도 꾸준히 늘어날 것이다. 영상 편집을 제대로 배워두면 평생 투잡을 할 수 있다. 갈수록 시니어 계층의 유튜브 진출이 늘고 있다. 시니어 세대가 주 시청 층인 유튜브 채널은 젊은 편집자보다 오히려 시니어 편집자가 편집하는 것이 시청자들의 감성에 더 맞는다. 다양한 연령대를 타겟으로 하는 유튜브 채널이 계속 생기고 있어서 편집자의 나이는 그 중요도가 낮아질 것으로 예상된다.

둘째, 디지털 노마드다. 영상 편집은 노트북만 있으면 할 수 있고, 시간과 장소에 구애받지 않는다. 실력 있는 편집자로 자리를 잡으면 디지털 노마드 라이프를 꿈꿀 수 있는 것이다.

셋째, 유튜브 편집 외에 다양한 활동이 가능하다. 유튜브 채널의 편집자로 채용되어 편집비를 받을 수 있다. 크몽, 오투잡 같은 재능 판매 사이트에서 외주를 따내면 된다. 직접 유튜버로 활동하는 방법도 있다. 대부분 유튜브를 하다가 포기하는 주된 이유가 바로 '편집 문제'다. 편집에 어려움이 없으면 수월하게 유튜버에 도전할 수 있고, 당연히 채널을 빨리 성장시킬 수 있다. 앞서 언급한 스톡 영상 투잡을 할 때도 유리하다. 스톡 영상을 구매하는 사람들은 대부분 편집자다. 본인이 편집자면 어떤 영상이 편집자에게 필요한지 쉽게 파악할 수 있다. 최근 브이플레이트(VPLATE)나 비디오몬스터 같은 곳에서 전문가들이 만들어놓은 템플릿을 활용해 광고 영상을 만드는 회사나 사람들이 많아졌다. 모션이 가미된 영상 전체를 편집자가 만들 경우 비용이 크게 올라가기 때문에 미리 만들어진 영상 템플릿을 살짝 변형해서 사용하는 것이다. 플랫폼에 전문가로 등록하고 영상 템플릿을 제공할 수 있다. 내가 만든 영상 템플릿을 특정 사용자가 다운로드하면 추가 수익이 발생하는 방식이다.

③ 스마트스토어를 통한 전문성 확장

개인이 쇼핑몰을 운영하는 방법은 크게 3가지가 있다.

첫째, 자사 쇼핑몰을 만드는 것이다. 플랫폼에 입점하지 않기 때문에 수수료가 발생하지 않는다는 장점이 있다. 하지만 홈페이지를 만들고 서버를 구축하고 결제 시스템을 등록하는 등 일련의 업무를 하나하나 직접 해야 한다. 이 과정을 전문가에게 외주로 맡길 경우 적지 않은 비용이 발생하게 된다. 플랫폼을 통한 유입을 기대할 수 없기에 홍보도 어려움이 있다. 쇼핑몰을 전업으로 하는 사람이 아닌 직장인이나 다른 직업인이 투잡으로 하기에는 다소 적합하지 않은 방법이다.

둘째, G마켓, 쿠팡, 위메프 같은 오픈마켓에 나의 쇼핑몰을 만드는 것이다. 오픈마켓이 결제 시스템과 판매 시스템을 제공해주기 때문에 쇼핑몰은 어렵지 않게 개설할 수 있지만, 10% 이상의 플랫폼 수수료를 내야 한다. 플랫폼 자체에서 고객이 유입되므로 홍보 측면에서는 좋을 수 있지만 판매 대금이 최소 한 달 후에 정산되기 때문에 초기 자본이 넉넉하지 않은 개인이 투잡으로 시작하기에는 현실적으로 어려움이 있다.

셋째, 스마트스토어를 만드는 것이다. 스마트스토어는 네이버가 제공하는 쇼핑몰 솔루션이다. 스토어 개설부터 상품 등록까지 모두 무료다. 네이버가 결제 시스템과 툴을 제공해주고 있어, 블로그를 개설하는 것처럼 쉽게 쇼핑몰을 만들 수 있다. 입점·등록·판매 수수료가 없고, 네이버쇼핑 매출연동수수료도 매우 저렴한 편이다. 고객이 구매 확정을 누르면 돈이 다음 날(1영업일) 바로 입금되는 장점도 있다. 직장인이 투잡으로 쇼핑몰을 하기에 가장 적합한 방법인 것이다. 이런 이유로 2018년 3월 스토어팜이 스마트스토어로 바뀌었을 때, 많은 직장인들이 스마트스토어에 뛰어들었다. 직장인들이 쇼핑몰 창업에 뛰어들면서 이전과는 전혀 다른 양상이 나타났다. 기존 쇼핑몰은 전업 형태가 대부분이었다. 전업이다 보니 스케일도 컸다. 의류를 판매하려면 동대문에서 원단을 떼고, 내 브랜드를 만들어 디자인하고, 디자인한 옷을 만들어줄 공장을 찾고, 공장에서 생산한 옷을 직접 판매 및 배송하는 방식이었다. 그러나 직장인들은 시간이 없기 때문에 이 방식으로 쇼핑몰을 운영하기가 어렵다. 그래서 '연결'만 해주고 돈을 버는 방식을 생각해낸다. 예를 들면 우리 어머니가 제주도에서 귤을 생산하신다고 가정해보자. 내가 귤을 영상과 사진으로 예쁘게 찍어서 스마트스토어에 올린다. 이후 고객이 주문하면 주소를 받아서 어머니께 해당 주소로 귤 박스를 배송 보내달라고 전화 한 통만 하면 된다. 재고를 떠안을 필요도 없고, 초기 비용도 필요 없다. 구매자와 판매자를 '연결'만 해주고 돈을 버는 게 가능해진 것이다. 주문이 들어오면 공급자에게 연락해 배송지를 알려주고 공급처에서 소비자에게 직접 배송하면 끝이다. 제품을 생산하고 직접 배송하는 절차 없이 연결만 해주고 돈을 벌 수 있다. 이것이 위탁 판매다. 중국 쇼핑몰 타오바오 등에서 괜찮은 상품을 발견했을 경우 해당 상품을 내 스마트스토어에 올리는 방법도 있다. 주문이 들어오면, 타오바오에서 상품을 구매하고 배송대행지를 통해 고객에게 직접 배송되도록 한다. 이게 구매대행이다. 하지만 현실은 녹록하지 않다. 스마트스토어 개설을 고려하고 있는 독자들은 스스로가 아래 조건에 부합하는지 충분히 고민해본 후에 시작할 것을 권한다.

> - 팔릴 상품을 고를 수 있는 안목이 있는지?
> - 진입 장벽이 높은 공급업자를 뚫을 수 있는지?
> - SNS 마케팅에 능한지?

온라인 시대가 되면서 분석 능력과 마케팅 능력이 중요해지고 있다. 불특정 다수를 대상으로 하는 온라인 판매에서는 정밀한 고객 분석과 타겟 마케팅이 중요하다. 구글 애널리틱스나 네이버 애널리틱스와 같은 분석 툴을 잘 다뤄야 하고, 여기에서 얻은 정보를 활용해 네이버, 페이스북, 인스타그램 등 SNS에 타겟 마케팅을 할 줄 아는 사람이 유리할 수밖에 없다. 디자인이 예쁜 상품을 저렴하게 판매하는 사람보다 덜 예쁜 상품을 비싸게 판매하는 마케팅을 잘하는 사람이 돈을 버는 것이 현실이다.

현재 필자는 쇼핑몰 창업자들에 대한 교육을 통해 셀러 그룹을 육성하고 있다. 조직화된 셀러 그룹은 다각적인 유통 시너지 창출의 자양분이 된다. 이로부터 파생되는 신규 비즈니스 모델을 현업에 적용하기 위한 노력을 하고 있다. 스마트스토어는 유형의 상품 외에 판매자들의 전문지식이나 교육 상품과 같은 서비스 상품 취급이 늘면서 지속적인 확대일로에 있다. 필자 역시 N잡러로 활동하면서 스마트스토어를 중심으로 더욱 큰 유통 청사진을 그리는 중이다.

참고문헌

- 최인수 외, 『2021 트렌드 모니터』 시크릿하우스, 2020.
- 마크로밀 엠브레인, '직장인 재택근무 관련 인식조사', 트렌드모니터, 2020.
- 이언 게이틀리, 『출퇴근의 역사』 책세상, 2016.
- 한국노동연구원, 해외동향, '스웨덴 근로자들의 공허노동', 2015.

저자소개

김세진 KIM SE JIN

학력
- 경영학 박사

경력
- (사)한국유통과학회 부회장
- 한국인공지능학회 부회장
- 국제융합경영학회 이사
- 서울시 서울기업지원센터 전문위원
- 서울산업진흥원 평가위원
- 경기도경제과학진흥원 평가위원
- 서울창업허브 창업멘토
- 경기·강원·제주 농촌융복합산업 코칭/평가위원
- 소상공인시장진흥공단 심의위원
- 농촌진흥청 농촌융복합산업 평가위원
- 소상공인진흥원 자영업컨설팅 평가위원
- 삼육대, 강원대, 숭의여대, 동서울대, 유한대, 우석대, 대전과학기술대 등 외래교수

- MBN, tvN, 한국경제TV, 팍스경제TV, 한국직업 방송 등 컨설턴트 패널
- 전) 대형마트, 중소벤처기업부 공공기관 재직

자격

- 국제공인경영컨설턴트(CMC)

저서

- 『미래 유망 기술과 경영』, 브레인플랫폼, 2021.
- 『언택트시대 생존방법』, 정보문화사, 2020.
- 『경영기술컨설팅의 미래』, 브레인플랫폼, 2020.
- 『인생 2막 멘토들』, 렛츠북, 2020.
- 『경영학원론』, 두남, 2017.

4장

N잡러 아이콘, 행복전도사의 실전 이야기 (경험, 학습, 코칭 사례)

김형환

① 생애 변화 및 일자리 이슈

4차 산업혁명 시대, 100세 시대를 살아가면서 인생 2막의 행복한 삶을 위해 우리는 무엇을, 어떻게 준비해야 하는가?

최근 우리를 둘러싼 주변 환경은 급속도로 빠르게 변화되고 있다. 정보통신의 발달로 많은 양의 정보를 만들어 내고 있으며, 너무 많은 양의 정보들이 실시간으로 움직이고 있다.

우리의 삶 외에 미래의 일자리에도 직간접적으로 많은 영향을 미친다. 인공지능(AI)이나 자동화의 영향으로 상당수의 일자리가 감소하거나 입지가 좁아질 것이고, 반대로 새로이 생겨나거나 기존의 직업 중 입지가 더욱 넓어지고 각광받는 일자리도 예측된다.

과거의 어느 때보다도 사회의 모습이 빠르게 변화하고 있다. 기존에 해왔던 방법과 사고방식만으로는 빠른 변화에 대응하기 어렵고, 오늘의 문제를 해결하는 데 한계가 있기 때문에 우리에게 보다 새로운 것을 요구하고 있는 상황인 것이다.

또한 건강 100세 장수 시대에 누구나 맞이하는 퇴직 후 인생 2막 40~50년의 미래를 어떻게 준비해야 하는지 고민이 깊어지고 있다. 한국인의 평균 수명은 1971년 62.3세에 불과했다. 은퇴 후 '생을 마감하는 날이 짧았다'는 말이다. 통계청에 따르면 2020년 한국인의 평균 수명은 81세로 예상된다. 이제는 퇴직자 누구나 배움과 미래 준비에 관심이 많아지고 있는 상황이다. 최근 이어지고 있는 '생애설계아카데미' 과정에 참여하고 있는 수강생 대다수는 베이비붐 세대들이 주류를 이루고 있다. 강연 주제인 '변화 관리와 행복한 미래 설계'에 대한 깊은 관심과 큰 호응을 접하면서 이들의 인생 2막 준비를 위한 열정과 눈빛에서 희망의 불씨를 보며 격려와 박수를 보내고 있다. 지금까지 만난 대다수의 수강생들은 일자리(70~80%)에 많은 관심을 보이며 경제 활동을 간절히 희망하고 있다.

필자는 N잡러이자 '희망의 날개를 달아주는 행복전도사'이다. 직업멘토, 창직멘토, 창업멘토, 경영닥터, 공공기관 면접관, 공공기관 전문강사, 공공기관 전문위원, 공공기관(지자체) 평가위원, 미래설계 전임교수, 칼럼 기고 및 저술 활동 등을 하고 있다. 즉, 꿈과 미래를 설계하고, 새로운 직업을 만들고, 창업 아이템을 사업화하고, 중소기업 및 소상공인의 지속 성장과 가치를 만드는 데 도움을 주는 마중물 역할을 충실히 하고 있다.

새로운 직업을 만드는 창직과 창업의 성공과 성장을 통해 새로운 신규 일자리가 창출되는 새로운 가치를 만드는 일에 도움을 주는 역할이야말로 이 시대가 필요로 하는 소중한 직업임을 인식하고 큰 보람과 사명감으로 일하고 있다.

필자가 퇴직 후 인생 2막을 준비하면서 몸소 체험한 실전 경험과 다양하고 수많은 코칭 사례와 현장학습 내용을 뽑아 느끼고 생각한 이야기들을 책에 담았다. 그동안 필자가 얻은 경험과 교훈을 인생 2막을 준비하는 모든 분들과 공유하고 싶다. 이 책이 여러분의 행복한 인생 2막을 준비하고 희망의 날개를 펼치는 데 도움이 되길 소망한다.

1) 변화 관리와 희망 설계

건강수명 100세의 장수 시대를 맞이하여 누구나 맞이하는 인생 2막, 행복한 미래를 위한 '변화 관리와 희망 설계'를 소개한다.

이제 막 은퇴를 시작한 베이비붐 세대(1955~1963년생), 체계적인 준비 없이 조기퇴직을 시작한 세대들과 더불어 고용 여건 악화로 비자발적 퇴직자[01]가 증가하고 있는 안타까운 현실 속에서 40~50대 '경제 허리층'이 밀려나고 있으며, 노후 준비는 점점 팍팍해지고 있다.

---

01) 비자발적 퇴직자: 직장의 휴·폐업, 명예·조기퇴직, 정리해고, 임시 또는 계절적 일의 완료, 일거리가 없어서 또는 사업 부진으로 퇴직한 자

베이비부머의 출생연도와 연령								(단위 : 세)
출생연도	2017	2018	2019	2020	2021	2022	2023	2033
1955	62	63	64	65	66	67	68	78
1956	61	62	63	64	65	66	67	77
1957	60	61	62	63	64	65	66	76
1958	59	60	61	62	63	64	65	75
1959	58	59	60	61	62	63	64	74
1960	57	58	59	60	61	62	63	73
1961	56	57	58	59	60	61	62	72
1962	55	56	57	58	59	60	61	71
1963	54	55	56	57	58	59	60	70
							60대 진입	70대 진입

[출처] 류재광(2017), '베이비부머의 은퇴 후 행복한 노후를 위한 커리어 개발', 제27차 고령사회 전문가 포럼(2017.12.5) 자료집, 한국노인인력개발원, p.14

지난 2월, 모 국회의원이 발표한 통계청 경제활동인구조사 자료를 분석한 결과에 의하면, 작년 한 해 비자발적 퇴직자는 48만9000명으로 2014년 55만2000명 이후 5년 만에 최대치를 기록했다.

모 연구소 조사에 따르면, 은퇴 준비를 하고 있는 이들은 10명 중 4명 뿐이었다. 근로 희망 연령은 72세이지만 현실에서는 경기 불황, 고용 시장 악화 등 일자리 얻기가 쉽지 않은 실정이다. 기대여명의 증가와 더불어 근로 희망 연령은 72세이지만 양질의 일자리는 줄어드는 추세로 일용직 일자리도 얻기가 쉽지 않은 실정이다.

한 예로 최근 남구로역 주변의 새벽 인력 시장의 모습을 살펴보면, 일용직 근로자들의 대다수는 일자리 부족에 따라 일터와 매칭이 되지 않고 쓸쓸히 집으로 향하고 있는 상황이다.

필자 또한 비자발적 퇴직(상장기업 임원) 후 10개월 이상의 사회 참여 준비 기간을 통해 크레바스(경제 활동 절벽)를 지나 2012년 전문 경력을 활용한 컨설팅 전문가 과정 '희망설계아카데미'에 선발되어 이를 수료하고 2012년부터 소상공인 컨설팅, 창업코칭, 중소기업 경영자문 및 현장 코칭, 직업멘토 전문자격 과정을 마치고 청소년 및 신중년 대상의 진로 직업 멘토링을 본격적으로 시작했다.

퇴직 후 현재까지 9년 동안 약 2,000회 이상의 창업자 및 소상공인 현장 컨설팅(소상공인, 예비창업자, 중소기업 포함) 실적이 있으며, 2018년 소상공업진흥발전 육성공로자로 선정되어 국무총리상을 수상했다(대한민국 소상공인대회 11.02).

<2018년 필자의 인생 샷 / 국무총리 표창>

2) 평생직업의 시대

4차 산업혁명 시대에 살아가면서 미래는 평생직장이 아닌 평생직업의 시대, 일(JOB)의 미래형 경력 곡선은 전통의 포물선 종 모양이 아닌 여러 개의 종이 편대 모양의 제2, 제3의 직업을 준비해야 한다(그림 참조).

<전통적 경력 곡선과 미래형 경력 곡선>

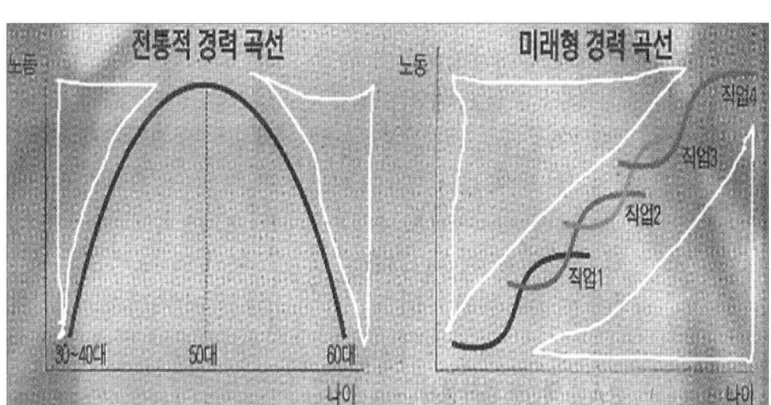

4차 산업혁명은 일자리와 우리의 삶에도 많은 영향을 미친다. 단순 반복적이며 정형화된 업무를 수행하는 일은 자동화나 인공지능(AI)으로 일자리가 감소하거나 입지가 좁아질 것이다. 반대로 새로운 일자리가 생기거나 기존의 직업 중 입지가 더 넓어지고 각광받는 일자리도 기대된다.

우리 사회는 급속한 인구의 고령화로 건강수명 100세 시대를 맞이하고 있으며, 2018년 8월 말 기준으로 65세 이상 인구 비율이 14%를 넘어 고령사회에 진입했다. 지금과 같은 추세라면 2026년 65세 이상 인구 비율은 40%를 넘어설 것으로 전망된다.

　20대는 일자리, 30~40대는 자녀교육, 50대 이상은 건강 관리와 노후 준비 등이 걱정거리로 등장하고 있는 현실에서 '현재와 미래를 준비하는 변화 관리는 선택이 아니라 필수'인 시대가 된 것이다.

　일부는 평소 자신의 취미나 장기간(20~30년 동안) 익혀온 전문성을 살려 창업이나 창직, 재취업에 성공한 사례를 접할 수 있으나, 노후 준비가 부족한 은퇴자 대다수는 일자리 찾기에 몰두하며 경제 활동을 이어가길 간절히 희망하고 있다. 필자의 창업 및 창직, 재취업 관련 강연 및 상담의 상대적 증가가 이를 뒷받침하고 있다.

3) 코뿔소와 양

<코뿔소와 양>

"어떤 동물이 힘의 강자일까?"

"두 동물 중 생존 개체 수로는 어느 동물이 많이 살아남아 있을까?"

생존 전략 관련 상기의 두 가지 질문을 통해서 얻어지는 시사점이 흥미롭고 깊은 울림을 준다. 두 동물이 주는 살아남기 위한 핵심 교훈은 독자의 몫과 상상으로 돌린다.

필자는 온실의 화초에서 탈피하여 경제 활동의 절벽 기간을 슬기롭게 극복하고 노지의 야생화로 재탄생, 현장전문가로서 변화 관리와 비전 설계를 통해 희망의 불꽃을 피우며 왕성한 활동을 하고 있다. 또한 청소년 및 중장년층 마중물 멘토로서 사명감을 가지고 큰 보람을 느끼며 일자리 찾기와 생존지수를 높이는데 기여하고 있다.

주말까지 이어지는 현장 활동 중심의 바쁜 일정을 소화하며, N잡러로서 성장 및 성공 스토리 만들기에 매진하고 있으며, 설렘과 두근거림으로 가슴 뛰는 행복한 인생 후반전을 디자인하고 있다.

'나를 나답게 만드는 일(JOB)'을 통해 비전 달성을 향해 하루하루가 가슴 벅차고 행복한 여행의 여정이 이어지고 있으며, 더불어 단순반복의 퇴적이 아닌 고수 도전의 가치 축적이 현장전문가로 더욱 담금질 되고 있다.

정말로 하루하루가 행복하며, 하루 중 가장 행복한 순간은 하루를 맞이하는 매일 아침 정해진 기상 시간으로, 현재까지 아침형 인간으로 생활하고 있다.

'자기 일(JOB)과 주변 사람들에 대한 사랑과 봉사, 이런 긍정적 감정이 이끄는 삶 때문에 열심히 사는 사람은 자기도 행복하고 남들도 행복하게 만든다'는 사실을 깊이 체감하고 있다.

② 행복한 미래 설계의 고려 요소

퇴직 후 발생하는 변화의 올바른 인지와 이를 극복하고, 내 일을 찾기 위한 새로운 시각에서 행복한 미래 설계를 준비해보자.

1) 퇴직 후 발생하는 변화

구분	퇴직 전	퇴직 후
공간	일터 / 직장	쉼터 / 집
시간	일 바쁘다 휴식 시간 부족	운동, 취미, 친구 만남 지나친 많은 시간 무엇을 하며 지내지?
소득	있다	없다
관계	직장 동료 거래처 사람	가족 친구
소속	회사원	산악회 회원(?)

서울대 고령사회연구소 조사에 의하면, 퇴직 후 가장 염려되는 점으로 '어떻게 생산적이고 의미 있는 삶을 살 수 있을까?'의 고민이 26%로 1위를 차지했다. 다음으로는 '경제적 필요 때문에 일을 해야만 상황'이 23%로 뒤를 이었다.

베이비붐 세대의 64%는 노후에 일자리를 희망했다. 그 사유로는 경제적 소득을 위한 일자리가 58.5%로 1위를 차지했고, 나머지 41.5%는 건강, 자기 발전, 여가 시간 활용, 사회 및 타인을 돕기 위한 사회공헌 순이었다.

40~50대의 퇴직 전 가장 큰 고민은 생활비와 할 일 없는 것으로 나타났는데, 이는 필자가 현장 활동을 통해서 만난 다수의 퇴직예정자 및 퇴직자의 고민과도 일치한다.

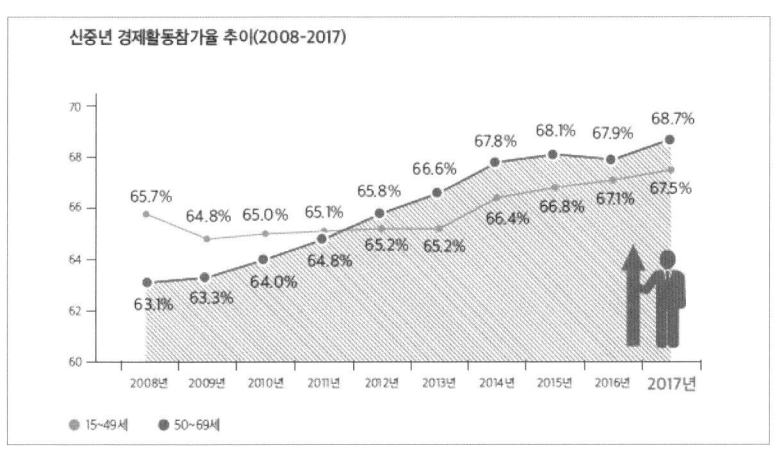

출처: 통계청, 경제활동인구조사

그리고 베이비붐 세대가 기억하는 이전 세대의 2막 후반기 모습은 주로 공원이나 산을 어슬렁거리기, 경로당에서 쪼그러 앉아서 하루 종일 화투 치기, 길거리에 삼삼오오 앉아 대낮에 소주 마시기 등의 이전 세대의 모습을 닮고 싶지 않은 반면, 대다수는 자신의 행복한 삶을 위한 미래의 모습은 그리지 못하고 있는 상황이다. 지금부터 소개하는 100세 시대, 인생 2막의 행복한 미래 설계를 위한 핵심 고려 요소가 자신의 미래 설계에 조금이나마 도움이 되었으면 한다.

2) 미래 설계 고려 요소 4가지

첫째, 관심사(Interest)이다. 시골이 고향인 필자는 먹거리와 환경에 많은 관심을 가지게 되었고 대학 졸업 후 첫 직장을 '이웃 사랑과 생명 존중'의 정신을 실천하는 대표적인 친환경 바른 먹거리 기업 P사에 공채로 입사하여 신입사원부터 이사대우, 상무보에 이르기까지 약 24년간 모든 순간순간을 배우고 습득했으며, S그룹 마케팅실 총괄임원을 끝으로 직장생활을 마감하고, 희망리턴을 통한 인생 2막 도전의 현재에도 배움의 자세와 실천은 이어지고 있으며, 이는 비전과 연계된 평생학습의 핵심 요소이기도 하다.

즉, 온라인학습, 조찬포럼, 세미나, 지식포럼, 기업교류회, 종교포럼, 역량강화교육 등에 참여하고 있으며, 지속성장과 가치를 만들기 위해 매일 이어지는 현장 활동을 하면서 무뎌지는 톱날의 관리가 핵심이라는 사실을 명심하고 Action Plan을 통해 톱날 관리에 심혈을 기울이고 있다.

연차 및 경력에 의한 단순 퇴적이 아닌 가치의 축적, 즉 고수 도전을 향한 축적의 진일보를 위해서 말이다.

매일매일 톱질을 하면서 무뎌지는 톱날 관리를 위한 비전과 연계된 관심 분야의 자기계발을 위한 투자는 인생 2막 비전 달성에 소중한 밑거름이 될 것임을 확신하며, '현장 및 지식서비스 전문가'로 거듭나기 위한 담금질은 계속되고 있다.

둘째, 취미(Hobby)생활이다. 산을 사랑하고 좋아하는 본인은 주말이면 배우자와 함께 산을 찾는다. 동아리 참석과 부부 산행을 통해서 말이다. 매주 서울 부근 근거리와 원거리 산행, 2년 내외 주기로 해외 산행에 참석하며, 배우자와 함께하는 취미생활은 건강 관리와 행복한 삶에 많은 활력소가 되고 있다.

동아리 산우회를 통해 부부 동반으로 2010년 일본 후지산, 2014년 중국 태산, 2016년 대만 양명산에 다녀왔으며, 2019년에는 동기생들과 함께 중국 태항산을 탐방했다. 또한 2013년 12월 마라도 탐방으로 시작한 한반도 동서남북 최극단 꼭짓점 탐방하기 5개년 Project는 2014년 독도 탐방, 2016년 백두산 탐방, 2018년 8월 백령도 탐방을 끝으로 버킷리스트의 한 가지를 완성했다.

이어 취미생활과 다년간의 경험을 특화해 훌륭한 직업으로 발전시킨 사례를 살펴보면, 도전정신의 활동가형 산악인 엄홍길 대장, 데이터 야구의 명장으로 명성을 떨쳤던 김성근 감독 등은 한동안 주요 기업들의 인기 강사로 많은 사랑과 주목을 받았다. 이외에도 가까운 주변에서 누구나 쉽게 만날 수 있는 직업인들, 서두에서 언급했듯이 다양한 분야에서 취미를 특화, 일(JOB)로 이어가고 있는 성공적인 직업인들이 많이 있다.

셋째, 소질(Talent)이다. 누구나 한두 가지의 소질과 특기를 가지고 태어난다. 이는 소질계발과 더불어 각자 자신이 가장 잘할 수 있는 분야를 선택하는 것이다. 타고난 개인의 소질과 전반부 인생의 경험을 통해 터득한 핵심 역량을 기반으로 간절하게 하고 싶고, 자신이 있는 분야의 진출을 적극 추천한다.

필자는 다년간 식품산업 현장에서 마케팅, 전략기획, 다양한 다수의 Project, 경영지원, 교육훈련, 영업 등 현장 활동의 풍부한 실무 경험과 전문지식, 신규 사업의 성공 경험 및 실패 학습 등 핵심 역량을 기반으로 활동 영역 및 전문 분야를 차별화(식품전문가·마케팅전문가·사업성공전파자)하여 고객으로부터 긍정적 호응을 얻고 있으며, 성공 스토리를 만들어 가고 있다.

우수 사례 소기업을 소개하면, 인천에 자리 잡고 있는 D사는 5년 차 청년창업 기업으로 창업 첫해 매출 500만 원에서 출발하여 지난해 10억을 달성하고 지속성장을 거듭하고 있다. 이어지는 추가 사례는 중년 기술창업자로 비전 설계 및 비즈니스 모델 재구축을 통해 '슈즈케어 전문

샵'을 멋지게 생산적으로 운영하고 있으며, 2~3호점 오픈을 목표로 후배 파트너를 대상으로 전수 중에 있다. 또한 코스닥에 상장, 1,000억 규모로 성장한 기업도 있다. 진정성 있는 파트너십 구축과 마중물 멘토로 거듭나기 위한 열정과 노력은 현재 진행형이다.

넷째, 환경(Environment)이다. 이는 시장 환경과 미래의 변화를 읽고 예측해야 한다. 미래 관점의 외부 환경과 내부 여건을 고려하여 최소 10년 후 외부 환경 중심의 미래 예측과 가족의 경제적 활동 및 여건을 고려해야 한다는 의미이다.

최근 쏟아지는 퇴직자들이 준비 없이 무모한 창업으로 2~3년 내 폐업하는 사례를 다수 접하며 안타깝고 가슴이 아프다.

3) 10년 후 나는 어떤 일을 하고 있을까?

<미래 설계 / 강의 자료>

미래 설계 4가지 고려사항 외에도 진정으로 원하는 인생 2막의 행복한 미래 설계를 위해서는 자신의 가치관, 성향, 독특성, 성취 동기, 기술 등 자신에 대한 올바른 이해와 진단이 필요하다.

그리고 희망 직무 및 일(JOB)에 필요한 역량을 개발하고 갖추는 일에 적극적 실천이 필요하고, 시장 환경이 요구하는 전문성 및 경쟁력을 확보하기 위해 주도적인 활동과 꾸준한 노력이 수반됨을 각오해야 한다.

이는 유리온실 속의 쾌적한 환경의 화초 생활을 뒤로하고, 열악한 노지 환경에서 야생화로 살아남기 위해 간절함과 절실함으로 무장하여 실전같이 준비하고 노력하는 것과 일맥상통한다(크레바스 극복). 또한 자신의 일(JOB)을 재창조하는 핵심은 현재하고 있는 일을 천직으로 승화시키는 것이다.

요약하자면 퇴직자 및 퇴직예정자, 희망리턴을 준비하는 예비창업자들의 인생 후반부는 전반부의 직책, 보수(수입), 브랜드, 거창한 폼 잡기 등 외적 중심에서 탈피하여 내면의 만족을 채워주는 내적 중심의 행복 설계가 바람직한 방향이다.

비전과 목표를 수립하고 나면 우선 행동으로 옮기는 강력한 의지가 필요하고 다음으로는 꾸준한 실행에 옮기는 끈기가 미래의 행복한 모습을 구현하는 핵심 동력임을 명심하지 않으면 안 된다.

필자의 희망리턴은 변화 관리와 희망 설계를 통해 행복한 미래를 구현하고 있다.

③ N잡러 활동 이야기

현재 필자가 N잡러로서 활동하고 있는 몇 가지 직업을 소개하고자 한다. 필자는 퇴직 후 2~3개 중소기업에서 짧게는 6개월, 길게는 1년간 전문계약직 형태의 자문역으로 일했다. 이 방식은 중소기업의 채용 관련 부담 없는 새로운 협업 형태의 계약 방식으로 미국, 영국 및 유럽에서도 빠르게 확산되고 있다.

주요 직무로는 경영 계획 수립, 신사업 추진, 정부 과제 및 신제품 개발 등 프로젝트 진행, 단기경영 문제 해결, 위기 상황 대응, 입찰 제안 Confirm 및 발표 참여 등으로 대안 제시 및 실행까지 컨설턴트와는 차이가 있다. 계약 기간은 보통 6~12월 기간으로 하고 월 4~5회 현장 방문 및 자문하는 조건이다.

필자의 주요 고객으로는 중소기업, 소상공인, 단체 및 개인이 있으며, 현장 맞춤형 지식 상품 및 서비스를 수행하고 있다.

1) 매일 다른 행선지 만남이 행복이다

신중년, N잡러가 경쟁력이다

필자는 10개월 이상의 희망리턴 준비 기간을 거쳐 현재의 일(JOB)을 시작했다. 희망리턴의 시점에서 주도적이며 행복한 미래를 꿈꾸는 퇴직자 및 퇴직예정자, 희망리턴을 고민하는 예비창업자들은 생각만 하지 말고 행동에 나서길 바라며, 오래 할 수 있는 일(좋아하는 일)을 찾고, 즐겁게 하는 일이 오래 유지된다는 사실을 명심해야 한다.

또한 경제 문제를 해결하려면 하나의 일(JOB)만으로는 어렵고, 앞에서 강조한 미래형 경력 곡선인 여러 개의 종이 편대 모양의 제2, 제3의 직업을 준비해야 한다.

현재 필자가 하고 있는 일(JOB)로는 소상공인 희망리턴 컨설턴트, 자격과정 전임교수 및 아카데미 전문강사, aT 한국농수산품유통공사 현장코칭 전문위원, 서울산업진흥원 전문위원, 경기스타트업플랫폼 전문위원, 창업진흥원 멘토 및 평가위원, 지역별 테크노파크 전문위원, 경기농촌융복합산업 현장코칭 전문위원, 광역소공인특화지원센터 전문위원, 장애인기업종합지원센터 전문위원, 여성기업종합지원센터 자문위원, 농어촌공사 경영체 자문 및 양평어울림공동체 활성화 전문가, 다가치포럼 강사 및 전문위원, 사회연대은행 청년 일자리 멘토(창직/창업/진로직업) 등 다수의 일(JOB)을 동시에 하고 있다.

생각보다 긴 인생, 지금부터 차분하고 철저하게 준비하고 계획하여 '일(JOB)자리 찾기' 행동에 나서자.

<필자의 명함 / 프리랜서>

매월 빼곡하게 채워지는 일정표(메모수첩 및 모바일 일정표)를 접할 때마다 마음 뿌듯하고, 일에서 느끼는 보람과 행복은 그 어느 무엇과도 비교되지 않는다. 수입의 많고 적음을 떠나 즐겁게 할 수 있는 일(JOB)이 있어 늘 감사하고, 시간과 일(job)을 주도하는 삶이 정말로 소중하고 행복하다.

따라서 건강이 허락하는 한 손에서 일을 놓지 않고 유지하며, 일을 통해 자신을 찾고 건강수명의 연장을 꿈꾸며, 정부의 한 조사에 의한 근로 희망 연령 72세를 넘기는 것이다.

또한 자기계발과 평생학습의 담금질도 꾸준히 이어가고 있다. 비전과 연계된 평생학습으로 매일매일 쉬지 않고 톱질을 하면서도 꾸준하게 톱날이 관리되고 있다. 주변에는 많은 돈을 들이지 않아도 배울 수 있는 기회는 많이 널려 있어 배우려는 실천 의지와 끈기만 있으면 된다.

2) 덕업일치

이는 내가 진정 좋아하고, 간절히 하고 싶은 행복한 일은 무엇인가? 천직, 즉 덕업일치[02]의 질문에서부터 출발한다. 덕업일치의 질문에 이어 '잘할 수 있는 일'과 '좋아하고 하고 싶은 일' 중에서 선택지는? 많은 고민이 수반된다.

3) 실행하기

긍정적 변화를 기대하기 위해서는 목표를 가지고 움직여야 한다. 목표를 달성하기 위해서는 달성을 위한 노력과 행동이 절대적이며 생각만으로 달성되지 않는다.

현장 활동을 통해 끈기와 꾸준함으로 발전적 변화 관리를 이끈 사례를 다수 접했으며, 이 사례가 주는 교훈은 자신을 대상으로 하여 '어제의 나와 현재의 나'와 비교를 통해 실행하기를 촉진하고 있다는 사실이다.

또한 실행하기 촉진을 위해서는 버릴 것은 과감히 버리고 취할 것은 취하고 얻을 것은 얻어야 한다. 석공이 만든 돌조각상의 예술품을 떠올려 보자. 완성된 돌조각상의 예술품을 만들기 위해 얼마나 많은 돌을 쪼아서 버렸을까? 다이아몬드 원석은 세공을 통하여 버릴 건 버리고 취할

---

[02] 덕업일치: 자기가 열성적으로 좋아하는 분야의 일을 직업으로 삼음

건 취해서 고가의 다이아몬드 반지로 탄생한다.

'실행하기'에 있어서 그냥 어떻게 될 것이라는 낙천적인 생각은 금물이다. 비가 온다는 일기예보가 있으면 우산을 준비하는 적극적인 자세가 뒤따라야 하고 막연히 어떻게 되겠지 하고 준비하지 않는 무방비 태도는 거절한다. 모든 것은 준비된 자만의 몫이라는 사실을 명심하고 계획하고 행동으로 옮기자.

4) 생각과 열정이 나를 바꿨다

어떤 사람은 작은 경험에서 큰 교훈을 얻기도 하고, 또 어떤 사람은 좋은 환경에서 체계적인 교육을 잘 받아도 자신의 것으로 만들기 위해 노력하지 않는 사람도 있다. 개인별 받아들이는 것에는 차이가 있을 수 있지만, 기본적으로 느끼는 것은 많은 경험이 그 사람을 강하게 만든다는 사실이다.

필자는 서두에서 언급했듯이 N잡러이다. 창직멘토, 창업멘토, 경영닥터 등. 이는 새로운 직업을 만들고, 창업 아이템을 사업화하고, 기존 기업의 지속성장과 가치는 만드는 데 도움을 주는 마중물 역할을 하는 멘토로서 열정적으로 활동하고 있다.

필자의 정체성은 한마디로 '행복전도사'이다. 덕업일치와 변화 관리를 통해 행복한 인생 2막을 구현하고 있다. 인생 2막은 자신이 열정적으로 좋아하고 잘할 수 있는 일을 통해 행복을 느끼는 것이다.

'인생 2막의 행복한 삶'은 기존의 틀에서 잘 나갔던 자신을 내려놓고 '시간과 일(JOB)'을 주도하는 삶을 의미한다. 철저한 '자기 진단'이 선행되고 '생각'이 바뀌어야 변화 관리가 가능하다.

누구나 맞이하는 인생 2막을 준비하는 모든 사람들에게 행복한 희망설계를 준비하는 데 도움을 주고자 그동안의 실전 경험과 코칭 사례 그리고 학습 내용을 담고자 노력했다.

<부록: 우리의 삶에서 행복의 결정자, 주인공은 '나'이다>

[100개 이상 - 일부 소개]

저자소개

김형환 KIM HYOUNG HWAN

학력
- 연세대학교 경영학 석사/MBA
- PDS Innovative Entrepreneur 심층과정 수료
- EWHA-USA Cambridge CMR-CCR Negotiation 과정 수료

경력
- 컨설팅그룹 아이티씨지 본부장(부사장/2012-현재)
- aT 한국농수산식품유통공사 현장코칭 전문위원
- 한국미래설계전문가 양성 전임교수/KBS 공공기관 면접관 전임강사
- 공공기관 NCS 블라인드 전문면접관/KCA 한국컨설턴트사관학교 교수
- 경기스타트업플랫폼 전문위원/경기 6차산업 현장코칭 전문위원
- 전) 부천도시공사 비상임이사(2011~2014)
- 전) 풀무원 임원(공채신입~이사대우, 상무보/1987-2010)

자격
- 창직컨설턴트, 창업멘토, 직업멘토, 경영컨설턴트, 심리상담사 등

저서

- 『창업과 창직』, 김형환 외 공저, 브레인플랫폼, 2020.
- 『인생 2막 멘토들』, 김형환 외 공저, 렛츠북, 2020.
- 『공공기관 대기업 면접의 정석』, 김형환 외 공저, 브레인플랫폼, 2020.
- 『2020 소상공인 컨설팅』, 김형환 외 공저, 렛츠북, 2020.
- '경제포커스', '경영동인', 'YS MBA 저널' 등 칼럼 기고

수상

- 국무총리 표창(육성공로자 2018.11), 우수컨설턴트 다수

5장

시니어 인턴

김상덕

① 들어가며

정년퇴직이 예정된 임금피크 적용 기간은 시니어가 새로운 사회로 나아가기 위하여 준비하는 인턴 기간에 해당한다고 할 수 있다. 고령자 고용촉진에 관한 법률에 따라 2016년 1월 1일부터 정년이 연장되면서 연장된 기간만큼 임금피크를 적용하여 급여의 일정 부분을 삭감하고 그에 상응한 별도 직무를 수행하도록 하고 있다. 별도 직무는 본인의 경력과 퇴직 후 진로를 고려하여 임금피크 기간 동안 독립적으로 실적을 낼 수 있는 업무를 해당 업무 관련 부서와 협의하여 본인이 선택하고 본인 책임하에 수행한다. 2년여 기간 동안 개인의 퇴직 후 생활에 대한 준비 상황이나 활동 목적에 따라 다양한 분야에서 활동하게 되고 회사 업무와 연관된 대외 활동의 경우 회사로부터 일부 지원도 받을 수 있다.

본 장에서는 필자가 41년간 근무한 회사에서 정년퇴직을 앞두고 'N잡러'를 준비하며 보낸 2년간의 시니어 인턴생활에 대하여 소개하고자 한다.

② 시니어 인턴의 N잡

1) 프로보노 활동으로 사회적기업 전문멘토 되다

　공기업 인사 담당으로 근무할 때 30~40년의 전문직 근무 경력을 가지고 있는 시니어들의 노하우를 어떻게 활용하면 좋을까 하고 고민하다 일본 소설 『끝난 사람』에서 힌트를 얻어 임금피크 기간에 있는 시니어들을 사회적경제에 기여할 수 있게 하는 '시니어 인턴' 프로젝트를 2017년도에 도입하였었다. 회사로서는 사회적경제에 기여하는 실적을 쌓을 수 있고 시니어는 재능 기부 활동, 즉 프로보노 활동을 통하여 사회적경제 활동 경험을 쌓아 지속적으로 활동하게 되면 서로 윈윈 하는 성과가 될 수 있다는 생각으로 기획하게 되었다. 1년이 지난 후 필자가 임금피크 기간에 해당되어 사회적기업과 소상공인을 지원하는 중간지원기관인 '사회적기업연구원'에 시니어 인턴 근무를 신청하여 6개월간 매주 1일을 경영지원팀 막내로 근무하게 되었다.

　인턴 근무 1개월 동안의 느낌을 담은 다음의 기고문으로 그 당시의 현장 이야기를 대신하고자 한다.

(한국경제신문 2019.8.1)

"나도 인턴이다"
○○○ 공기업 시니어, 사회적기업연구원 인턴 김상덕

환갑이 되는 내년에 정년퇴직 후 새로운 사회에 나아가기 위해 이것저것 열심히 준비하는 시니어 인턴이다.

번성했던 한시대에 편성해 어려움 모르고 잘 살아가다 어느 날 깨어보니 100세 시대라 점 찍고 새로 시작하라고 한다. 어렴풋이 기억나는 10여 년 전의 계획으로는 퇴직하고 낙향해 자연인처럼 사는 것이 순리에 가까운 가장 소박한 노후설계였다. 하지만 언제부턴가 분위기가 달라졌다. 평균수명이 길어져 퇴직하고 세월이 너무 많이 남았다는 것이다. 그렇다고 갑자기 정년을 늘려 줄 리는 만무하고 쓸만한 기술이 있나 하고 돌아보게 되었다. 19살에 공기업 공채로 시작해 40년의 세월 동안 한눈팔지 않고 지내온 직장생활이지만 퇴직 후 계속 이어갈 만한 송곳 같은 역량은 보이지 않는다.(중략)

회사는 별도 직무를 퇴직 후에 계획하고 있는 일과 연관된 직무를 발굴해 2년 동안 회사 업무실적도 챙기면서 새로운 사회로의 진출을 준비할 것을 권고하고 있지만 시간은 너무도 빨리 지나가 버린다는 것이 선배들의 뒷이야기다. 2년 준비로 새로운 사회에 나아가기에는 충분하지 않다. 나는 다행히도 임금피크제도 도입 관련업무를 담당했던 연유로 남들보다 일찍 관심을 가지고 고민했다. 선배들의 사례들을 타산지석으로 삼아 좀 더 오랜 기간 새로운 영역을 찾기 위해 여러 가지를 시도해 보았다고 할 수 있다.

그중의 하나가 시니어 인턴 직무이다. 내가 속한 기업에서는 정년퇴직이 예정된 시니어이지만 새로운 사회로 나아가기 위해 또 다른 기관에서 인턴 체험을 할 수 있다. 40년간 근무한 직장에서는 규정기준으로 효용이 다했고, 정년퇴직이라는 졸업장을 들고 새로운 사회로 나아가기 위한 과도기인 임금피크 기간의 일부를 새로운 체험을 통해 새로운 사회에서의 역할을 모색해 보는 것이다. '후배 세대와 경쟁하지 않고, 특히 청년들의 일자리를 넘보지는 않겠다'는 마음으로 새로운 분야를 탐색하게 됐다.

나는 임금피크 별도 직무인 재난안전 분야 경영전문가 직무를 수행하면서, 7월부터 사회적경제 활동 주체인 '사회적기업연구원'에 매주 5 근무일 중 하루를 인턴으로 출근한다.

사회적기업 연구원은 사회적기업, 마을기업, 협동조합 등 사회적경제 활동 기업들을 지원하는 사단법인이다. 부산 ○○구에 있는 연구원 본원 2층 경영지원팀 맨 끝자리가 내 자리다. 아직도 40여 명의 젊은 근무자들의 얼굴이 익숙지 않아 40년 전인 1979년도의 신입사원 때 모습처럼 내 마음은 긴장되고 아직 어리버리하다. 매주 각 단위 업무의 개념 학습을 위한 설명을 듣고 가끔 같이 밥도 먹으며 평균 근무연한 5년 정도의 젊디젊은 직장 선배님들의 눈치를 살피며 적응하고 있다. 일주일에 하루 출근하고 연구원들의 업무 특성상 외근이 많은 터라 아직도 서로가 익숙지 않다. 그렇다고 모두들 한참 일하는데 특별한 일도 없으면서 말 걸다가 업무 방해하는 개념 없는 인턴 될까 봐… 조심스럽기도 하다.(중략)

인턴생활 한 달이 빠르게 지나간다. 나의 모습이 어떻게 느껴지느냐고 물어보니 많이 힘들 것 같다고 하는 분도 있다. 시니어 인턴의 의미를 잘 모르겠다는 분도 있었다. 젊은 동료들과 소통의 물고를 터고 어울리는 것이 쉽지 않다. 오랫동안 상급자로서 하던 소통 방식으로는 통하지 않을 것이라는 생각과 기존의 조직 분위기에 방해가 되지는 않아야 되겠다는 생각에 조심이 많이 된다. 그래도 나의 정체를 최대한 밝혀야 작은 역할이라도 찾을 수 있을 것이라는 생각으로 기회 있을 때마다 나를 브리핑하는데 벌써 꼰대가 되어 있는지도 모르겠다.

주말에는 영화 '인턴'을 다시 봐야겠다.

청년들이 대학을 졸업하고 회사의 인턴이 되는 것처럼 정년을 앞둔 시니어가 회사를 졸업하고 '사회적경제' 영역으로 진입을 준비하는 제2의 인생을 위한 인턴 기간이기를 기대하며, 6개월간이라는 짧지 않은 기간을 사회적경제 영역에서 무엇을 할 수 있을지를 알아보고 체험하는 기회를 가진 것이다.

사회적경제와 관련된 프로그램에 '프로보노'와 '전문멘토' 제도가 있다. 프로보노는 라틴어로 프로보노 퍼블리크(Probono Public, 공익을 위해)에서 유래된 용어로 자신의 전문성을 통해 대가 없이 공공을 위해 봉사하는 것을 의미한다. 프로보노 활동을 통해 사회적경제 기업은 현안을 해소하고 성장의 기회를 얻는다면 프로보노는 보람과 소셜커리어 등을 찾는 계기가 된다. 전문멘토는 사회적기업의 창업·비즈니스·인사노무·법률 등 기업이 필요로 하는 부문에 맞춤형 자문으로 사회적경제 활동을 지원하는 제도로 특정 분야에 전문성이 확보된 자가 전문멘토로 위촉된다.

필자는 인턴 3개월 차부터 인턴 근무의 일환으로 프로보노와 전문멘토로서 활동을 시작하였다. 공기업 근무 경력과 경영컨설턴트 양성과정 이수, 현재 시니어 인턴으로 근무하고 있는 경력이 반영돼 전문멘토로 위촉된 것이다. 임금피크 기간 중에는 이렇게 작은 재능 기부를 통해 보람도 찾고, 퇴직 후에는 프로보노 활동을 지속하면서 전문멘토 활동을 좀 더 적극적으로 수행할 수 있다. 퇴직 후의 전문멘토 활동에 따른 대가는 일정한 수준으로 지급되고 프로보노 활동 기간을 포함하여 3년간 활동 후에는 소상공인 컨설턴트 응모 자격이 주어진다.

2) 인사처장 출신 채용전문면접관이 되다

채용에서 우수한 인재를 뽑는 것도 중요하지만 투명한 채용 절차로 선발하였는지가 더 중요하므로, 공공기관과 많은 민간 기업에서 블라인드 채용을 시행하고 있다. 블라인드 채용에서 다른 선발 단계에 비하여 어러운 단계는 블라인드 면접으로 정보가 제한되는 블라인드 상태에서 질문을 통하여 지원자의 잠재력을 이끌어 내고 우수한 인재를 알아보는 것은 면접관의 전문성과 훈련에 달려 있다.

공기업의 경우 대부분의 면접을 외부 전문가에게 일괄 또는 일부를 위탁하고 있다. 필자가 속한 공기업에서는 전문성 있는 내부 면접관 양성을 위하여 임금피크 기간에 있는 시니어들에게 전문면접관 자격과정을 이수하도록 하여 자격증을 확보하는 지원 혜택을 받을 수 있었고, 아래 인터뷰 내용처럼 기존의 사내 면접관으로서 알고 있던 내용은 유사하였지만 보다 체계적인 시스템에 의한 면접 기법을 습득할 수 있었다.

"공기업 인사팀장과 인사담당처장으로 5년 이상의 기간 동안 1,000명 이상을 채용한 실무경험자로서 나름대로 채용분야에서는 자신감이 있다고 생각했었는데 본 교육을 수강하면서 당황스러울 정도로 나 자신이 작아짐을 실토하지 않을 수 없었다. 교육과정 내내 긴장감을 놓을 수 없었고, 자격증 시험을 마치고 나서야 긴장감을 풀 수 있었다. 채용전문면접관 자격증은 사외 면접관으로 활동할 수 있는 역량을 갖추었다는 증표이기도 하다. 역량 기반의 면접 역량을 갖추었다는 것은 채용기관의 인재상에 맞는 채용을 책임진다는 자부심도 있지만 내가 인재를 알아볼 수 있다는 사실 그 자체가 개인적으로 큰 보람이고 선물이라 할 수 있을 것이다." (한국강사신문, 2020.12.14 인터뷰 내용 발췌)

전문면접관 자격증이 있어도 실습이 부족하면 진행이 원활하지 못할 수 있다. 특히 각 면접관에게 안분된 시간 한도를 잘 지켜주는 것이 가장 어려웠던 것 같고, 다른 면접관과 중복되게 질문하는 것과 다른 면접관의 질문을 가로채는 형태의 질문도 종종 발생하는 사례로서 실습이 부족해서 발생한다고 볼 수 있다.

기업의 미래를 책임질 인재를 선발하고, 지원자로서는 인생에 가장 중요한 도전의 가부를 판단하는 역할을 하는 면접관은 정년에 이르기까지 많은 경험을 쌓아 온 시니어가 가장 잘할 수 있고 보람도 느낄 수 있는 일로서 시니어에게 강력 추천한다.

3) 주말 자연인이 재난안전전문가가 되다

퇴직 후 '자연인'으로 살겠다고 마련한 조그마한 야산에 농막을 짓고 주말이면 산에서 자연인으로 사는 삶을 꿈꾸며 즐기는 수준으로 지난 수년 동안 시간과 돈을 투입했었다. 섬진강이 내려다보이는 지리산 끝자락에 위치한 야산에는 고사리와 취나물 등 자생하는 산나물이 풍족하고 자급자족 가능한 환경이라 짧지 않은 기간 동안 주말 자연인으로 나름대로 적응할 수 있었는데, 어느 날 '퇴직하고 갈 곳 없는 신세에 산에 들어와 있으면 얼마나 외로울까?' 하는 생각이 들었다. 속된말로 '산에서 일만 하다 죽으려고?' 하는 생각이 들게 되었던 것이다.

자연인으로 살면서 1년에 몇 번이라도 나를 필요로 하는 곳이 있으면 좋겠다는 생각으로 정년퇴직 5년을 앞두고 오래전에 중단되었던 학업을 계속하기로 하고 지금까지의 업무 분야와 완전히 다른 안전공학 공부를 시작하게 되었고, 정년퇴직 시점에 박사과정을 수료하고 퇴직 후 9개월간 받게 되는 실업급여가 끝나기 전에 학위를 받겠다는 일정으로 논문을 준비할 수 있게 되었다.

　안전공학 석사과정을 마치고 행정안전부에서 주관하는 국가전문자격증인 기업재난관리사 공부를 시작하면서 재난안전 박사과정에 입학하게 되었고, 기업재난관리사 자격 3개 단계(실무, 대행, 인증 분야)를 통과하고 기업재난관리에 관한 논문 등재와 학회에서 의뢰하는 논문 심사 등 재난 관련 대외활동을 병행할 수 있었다.

　박사과정 진학 계기가 된 기업재난관리사 제도는 재해경감을 위한 기업의 자율활동 지원에 관한 법률에 근거하고 있으며, 2014년도부터 행정안전부 장관 주관하에 매년 실무 분야 4회 그리고 대행과 인증평가 분야는 각 2회에 걸쳐 자격자를 배출하고 있다. 각 분야별 별도의 자격증을 교부하고, 실무 분야에 합격하여야 대행 분야에 응시할 수 있고, 대행 분야에 합격하여야 인증평가 분야에 응시할 수 있는 자격을 부여한다.

　실무 분야 합격자는 소속된 기업의 재해경감 활동 실무를 담당하게 되고, 대행 분야 합격자는 재해경감 활동 관리체계 구축을 대행(컨설팅)할 수 있고, 인증평가 분야 합격자는 행정안전부의 위탁을 받아 재해경감 활동 우수기업 인증을 위한 평가 업무를 수행한다.

　지난 7년간 양성된 기업재난관리사가 1,200명에 달하는 전문가 그룹임에도 불구하고 하나로 결집할 수 있는 구심점이 형성되어 있지 않아 동료들과 뜻을 모아 한국기업재난관리사회를 발기하게 되었고, 지난해에 행정안전부의 인가를 받아 비영리 사단법인으로 발족할 수 있었다. 퇴직 후 재난 관리라는 공익적 복적으로 활동할 수 있는 기반이 될 것으로 기대된다.

2019년도에 행정안전부는 공기업과 협업으로 재해경감 활동 우수기업 선정 시범사업을 시작하여 2020년 기준으로 100여 개의 사업장이 재해경감 활동 우수기업으로 인증되었다. 또한 공기업 경영평가에 재해경감 활동 우수기업 인증을 주요 내용으로 하는 평가 요소를 반영함으로써 모든 공기업과 공공기관의 당면 현안사항으로 부각되고 있으며, 법으로 정한 재해경감 활동 우수기업에 대한 지원(입찰 가산점 부여, 보험료 할인, 세제 지원, 자금 지원 우대 등)이 발효되면 많은 민간기업이 재해경감 활동에 참여할 것으로 예상되므로 기업재난관리사의 역할이 더욱더 확장될 것으로 기대된다.

우리나라의 재해경감 활동 수준은 아직 시작 단계에 해당한다고 할 수 있으며, 코로나19 대응 사례를 계기로 재해경감 활동(기능연속성 활동)의 중요성에 대하여 아래와 같이 기고하게 되었다.

(한국경제신문. 2020.7.8)

"코로나19 등 재난 대응, 기능연속성 계획의 실행과 안착에 달려"

김상덕 한국기업재난관리사회 운영부회장

우리 생활을 심각하게 마비시키고 있는 신종 코로나바이러스 감염증은 우리 사회를 송두리째 변화시키고 있다. 미국과 유럽 등 선진국을 포함한 대부분의 국가들은 경제 활동이 강제로 중지되는 등 지구촌 전체가 힘든 상황을 겪고 있다. 그중에서 우리나라의 코로나19 대응 사례가 가장 모범적이라 평가받고 있는 것은 대한민국인으로서 정말 자랑스럽다.(중략)

이러한 변화는 메르스와 세월호 사건 이후 재난에 대한 사회적 인식 변화와 행정안전부에서 단계적으로 추진하고 있는 재해경감 활동 우수기업 인증 등을 통한 각 분야 및 기관별 기능연속성 계획 수립 의무화 정책들과 무관하지 않다.

기능연속성 계획은 기관의 경영현황 분석을 통해 핵심 업무를 도출하고 핵심 업무를 위협하는 리스크 시나리오 식별과 위험평가 결과를 반영해 재난 예방과 대비·대응·복구계획으로 수립한다. 계획의 핵심은 재난대응 매뉴얼이라고 할 수 있다. 매일 받는 '안전안내' 문자가 몇 통이던가. 이제는 기본 생활수칙이 돼버린 코로나19 예방수칙은 포괄적으로 기능연속성 계획을 구성하는 매뉴얼이다. 실행을 체계적으로 모니터링하고 훈련과 교육을 통해 지속적으로 유지 가능한 수준의 문화로 정착돼 가고 있다. 국제사회로부터 인정을 받고 있는 것은 기능연속성 계획의 성공적인 작동에 따른 것이다.

4) 금융 문맹 탈출하고 혁신기업 투자가에 도전하다

우리를 금융 문맹으로 만든 것은 우리 사회가 거래(Trade)와 투자(Invest)를 구분하지 못하는 것에 기인한다고 볼 수 있다. 거래 차익을 누리는 단기 거래와 기업 성장 이익을 추구하는 장기 투자를 명확히 이해

할 수 있다면 주식을 금기로 여기지는 않아도 될 것 같다.

　2011년도에 도입된 퇴직연금 제도에 의거하여 본인 책임으로 관리하는 DC형으로 연금에 가입한 경우 채권형이든 주식형이든 예금이든 본인이 선택하여 운용해야 하지만 주식을 잘 알지 못하거나 퇴직이 임박한 시기가 되면 통상적으로 원금보장형 예금이나 채권으로 관리하게 된다. 금융서비스 조건에 따른 연금 운영 금융기관을 매년 바꿀 수는 있지만 금융기관에서 제공하는 서비스는 내가 아는 만큼 도움이 된다는 말이 맞았던 것 같다.

　퇴직을 준비하며 챙겨본 퇴직연금과 세금 공제를 위하여 불입한 연금저축의 수익률은 정말 실망 그 자체였다. 퇴직 후 일시불로 수령한다면 세금 부담 규모만 확인하면 되지만, 연금으로 받을 경우에는 본인 책임으로 최소 5년 이상을 금융 상품으로 운영해야 하므로 직접 관리해야겠다는 생각으로 자문을 구해보아도 자문해주는 내용을 이해하기 어려워 막연한 기대감 말고는 의사결정에 도움이 되지 못하는 현실에 '금융 문맹'을 실감하지 않을 수 없었다.

　퇴직 후 고정 수입이 없어지면 연금소득을 포함한 안정적인 현금 흐름이 아쉬울 것이라는 생각에 다급한 마음으로 금융 문맹 탈출을 우선 과제로 하고 약 6개월에 걸쳐 주식 투자에 관한 유튜브를 밤낮으로 시청하며 조금씩 늘어나는 금융지식에 재미를 갖게 되었고, 금융지식이 풍부한 선배, 동료와 줄퇴근길에 열띤 토론을 통하여 주식 투자 마인드를 조금씩 내재화시켜 나갈 수 있었다.

비관론보다 낙관론을 선호하게 되었고, 우리나라의 주식 시장은 미국 시장에 비교할 때 기반이 취약하고 외부 요인에 의한 변동성이 크다 보니 주식을 금기시하는 금융 문맹 비율이 높다는 것도 알 수 있었다. 워런 버핏의 유언(나스닥 지수에만 투자하라)이 가진 의미를 이해하고는 나에게 맞는 투자 원칙을 다음과 같이 정리하게 되었다.

'시가총액 세계 1~5위, 즉 세계 최고의 혁신기업인 빅5 기업만 투자 대상으로 삼고, 돈 생기면 매수하고, 돈 필요할 때와 새로운 빅5 기업으로 바꿀 때에만 매도한다.'

주식 투자에서 가장 기본적이면서 가장 어려운 3가지 요소에 대한 의사결정 방법을 단순하게 정리한 것이다. '어떤 기업에 투자할 것인가?'는 세계 최고의 투자가들에게 맡겨 가장 선호하는 기업인 빅5 기업을 투자 대상으로 삼고, '언제 매수하고 매도할 것인가?'는 귀신도 알 수 없다고 하니 어설프게 그래프 분석하는 수고는 하지 말고 그냥 돈 있을 때 매수하고 돈 필요할 때 매도하자는 것이다. 물론 장기 투자이니 5위에 새로 진입하는 기업이 있으면 바꿔주면 된다.

회사에서나 집에서나 주식 화면만 들여다보며 어쭙잖게 리포트 보면서 애널리스트 흉내를 내봤자 대부분의 경우 수익 내지 못하니 장기 투자 대상으로 선정된 빅5 기업만 믿고 돈 생기거나 돈 필요할 때만 투자

계정을 열어보자는 것인데 그런 믿음을 갖고 장기간 버티기 위해서는 투자한 기업이 어떻게 세상을 바꿔가는지와 거시경제가 어떻게 흘러가는지 정도는 인지할 수 있어야 한다.

지난 1년간 위의 투자 원칙으로 시범 투자해본 결과, 신뢰할 만한 결과를 얻을 수 있었다. 특히 퇴직연금 운영상품을 빅5 기업 비중이 가장 큰 펀드로 변경 운영한 결과, 누적수익률 4%대였던 것을 8개월 만에 27%의 수익을 더하여 일시불로 수령할 수 있었고, 위의 투자 원칙으로 개별 주식 장기 투자로 자신 있게 전환할 수 있었다. 연금저축은 소비재 기업 중심의 펀드에 투자하고 있었으나 누적수익률 마이너스이던 것을 빅5 중심 ETF로 전환하여 현재 40% 이상의 투자 수익을 보이며 꾸준히 성장하고 있다.

어느 정도의 직장생활을 한 사람이면 대부분 본인이 관리해야 하는 금융자산이 있기 마련이다. 피땀으로 모은 자산을 초저금리에 묶어두는 수준을 금융 문맹이라고 할 수 있을 것이고, '자본이 일하게' 할 수 있는 수준의 금융지식을 확보하여 안정적으로 자산 관리하며 수입을 만들어 갈 수 있다면 금융 문맹을 탈출하고 자본투자가로 입문했다고 할 수 있을 것이다. 물론 개인마다 위험에 대한 성향과 처한 형편이 다르니 오랜 기간 학습한 후 본인 맞춤형으로 투자 원칙을 설계하여야 할 것이다.

③ 시니어의 정리된 경험은 지적재산권이다

보직 기간이 끝나고 임금피크 기간에 진입하고 나면 지난 일들에 대하여 뒤돌아보는 것이 쉽지 않고 성가시다는 생각을 하기 쉽다. 하지만 시니어의 가치는 오랜 경험에서 나오고 그것은 본인이 주장하거나 보여주지 않으면 인정해주지 않는 것이 현실이다. 사실 아무 목적 없이 지난 일들을 정리하려면 엄두가 나지 않는다. 작은 필요라도 생길 때 적극적으로 임하다 보면 자신의 역사에 해당하는 경험과 기록들이 정리되고 시니어로서의 지난 세월에 대한 자부심과 보람을 좀 더 맛볼 수 있을 것이다. 2년간의 인턴 기간에 시행한 경험 정리 사례를 소개하니 독자 각자의 형편에 맞게 적용해 보기를 추천한다.

1) 재직 기간의 경험 분류 작업은 자부심을 깨워준다

30~40년간 몰입하여 생활하던 직장에서의 보직이 끝나고 별도의 사무실에 출근하게 되면 본인은 애써 아닌 척해도 상실감이 작지 않은 것이 사실이다. 그렇게 시작된 임금피크 시절을 다 지나고 보니 보직이 끝난 후 가장 필요하고 중요했던 일은 재직 기간의 자기 성과를 정리하는 작업이었던 것 같다. 우리는 재직 기간 동안 무슨 성과를 내고 보람을 찾았는지 잘 알고 있을 것 같지만 막상 필요해서 기억을 더듬어보면 어렴풋하게 파편들로만 기억날 뿐이다.

산업인력관리공단에서 공모하는 산업현장교수에 응모를 준비하느라 짧지 않은 기간에 걸쳐 회사에서의 나의 흔적을 찾는 작업을 후배들의 도움을 받아 진행한 적이 있다. 직원 때부터 관리자로서 마지막 보직 때까지 수행한 업무를 찾아보고 나의 역량을 입증할 수 있는 성과들을 분류하다 보니 나의 역량을 성과로 보여줄 수 있는 일들이 얼마나 많은지를 파악할 수 있었고 개인적으로는 매우 의미 있는 작업이었다. 그렇게 정리된 자료들은 인턴 기간 중에도 수차례 유용하게 활용되었고, 퇴직 후에는 확보하기 어려운 귀중한 자료가 되었다.

2) 신입사원과 대화를 준비하며 새로운 동력을 얻다

정년퇴직 1주일을 앞두고 신입사원과 대화의 시간을 가지는 행운이 있었다. 내가 신입사원으로 돌아간다면 무엇에 우선 가치를 두고 생활할 것인가 하는 마음으로 내용을 준비하였는데 코로나19로 인하여 직접 현장에서 대화하지 못하고 화상 시스템을 통하여 준비된 내용을 일방적으로 전달할 수밖에 없었던 아쉬움이 있었지만 150여 명의 신입사원에게 전달할만한 가치 있는 나의 생각을 정리하기 위해 신입사원 시절부터 41년간의 직장생활 모습을 소환하여 재조명해보는 나 자신만의 귀한 시간을 가질 수 있었다.

그 내용을 간단하게 소개하면 다음과 같다.

첫째, 전문가저럼 일하자. 새로운 업무가 부장되면 어차피 하여야 하는 일이니 업무 관련 서적을 최소 3권을 탐독한 후 업무에 임한다면 전문가 수준의 성과를 낼 수 있을 것이다.

둘째, 가능한 빨리 박사 학위를 받아라. 공부하는 것은 고통이 따르지만 한 살이라도 젊을 때 한 분야의 전문가 수준을 확보하면 그만큼 오랫동안 전문가로 인정받으며 살아갈 수 있다.

셋째, 5차 산업 시대를 생각하자. 4차 산업혁명 시대의 번성과 함께 점점 비중이 커지고 있는 5차 산업(취미나 여가생활)을 생각하며 스스로 삶의 질을 높이는 노력을 끊임없이 할 때 소소한 만족과 행복이 찾아온다.

신입사원에게 전하고자 했던 지난날의 아쉬움을 담은 당부는 제2의 인생을 시작하는 나 자신의 마음속에 깊이 새기고 싶은 말이었던 것 같다.

3) 후배 시니어와 대화를 통하여 나의 일정을 교정하다

임금피크에 들어가는 후배 시니어들에게 조금 일찍 시작한 선배로서 시니어 활동 경험을 나누고 질의 답변을 통하여 후배들의 고민과 계획을 공유하는 자리로, 주로 퇴직 후 활동을 위한 준비 내용(N잡)과 연금 상품 운영 등 금융 문맹 탈출에 관한 내용을 나누는 시간이었다. 지난 기간의 시니어 활동을 정리해보고 성과를 되짚어볼 기회가 되었다.

4) 60년 가족사를 화보집으로 보존하다

41년간 근무했던 직장생활을 포함한 60년간의 주요 순간을 기념하기 위하여 모아둔 사진들을 화보집으로 만들었다. 정년퇴직과 환갑을 기념하는 화보집에 들어갈 자료를 선별하고 연도별로 배열하여 가족 이야기로 만드는 작업은 나만이 할 수 있는 작업이었다. 쌓인 먼지를 툴툴 틀어가며 어릴 때 부모님과 함께 찍은 사진부터 시작하여, 신입사원 때의 앳된 모습과 결혼 신혼여행 사진들 그리고 아이들이 태어나고 성인이 되고 손녀들과 같이 찍은 사진들을 하나하나 살펴보며 어떤 이야기로 담는 것이 더 좋을지 고민하는 행복한 추억 여행의 시간을 가질 수 있었다.

제한된 분량의 앨범 속에 직장생활 이야기와 함께 60년의 가족사를 모두 다 담을 수는 없었지만 행복한 추억을 떠올리게 해주는 사진으로 만든 나의 60년 기록 화보집이라 그 의미가 특별했던 것 같다.

5) 경험이 집대성되면 전문성이 보인다

경험이 축적되면 노하우가 생기고 전문가로 인정받기 쉽다. 전문가의 노하우가 보편타당한 지식정보로 반복 사용 가능하도록 글로 표현되고 집대성되면 지적재산권으로 보호받게 되고 전문가로 인정받을 수 있는 근거가 된다. 글이 나를 대신하여 대중과 소통하고 관심을 끌어내어 준다고 할 수 있다.

인턴 기간 동안 회사에서 필요로 하는 역할을 적극적으로 수행한 덕분인지 다양한 방법으로 지난 경험을 정리할 수 있었던 것 같다. 개인적으로 대학원 진학을 통하여 리포트 작성과 발표 자료 작성 등 훈련 덕분에 N잡 분야별 전문성을 주장할 수 있는 논문 몇 편을 등재할 수 있었고 책 쓰기를 통하여 작가로서 입문할 수 있었으며 짧은 글이지만 언론에 기고문을 게재하는 경험도 할 수 있었다.

물론 오랫동안의 근무 경력이나 자격증과 교육 이수 이력만으로도 전문가로 활동할 수는 있을 것이다. 하지만 특정 분야에 장기간 근무하고 정년퇴직한 시니어는 무엇이든지 멘토링이 가능할 것 같은 사회적 어른으로 인식되는 경향이 있으니 퇴직 후 독립적인 전문가로 활동하기 위해서는 최소한 자기 경험 분야에 대하여는 깊이 있게 전문성을 확보하는 노력이 절대적으로 필요하다.

6) 결국은 마케팅이다

기업이라는 울타리 속에 있을 때에는 별도로 자신을 알리는 홍보를 하지 않아도 되었지만, N잡러로서 자연인이 됨과 동시에 나를 소개하고 상대방에게 알리는 것은 쉽지 않다. 많은 프리랜서들이 1인 기업 명함으로 활동하는 이유이기도 하다. 특정 분야에 전문성을 확보하고 있는 경우 간단한 블로그 같은 SNS 계정을 운영하며 마케팅에 활용하기도 한다.

개인 블로그 운영의 필요성을 느끼고 블로그 계정 개설과 운영 방법에 대하여 별도의 교육을 받은 적이 있다. 블로그 개설은 누구든지 쉽게 따라 할 수 있게 시스템화되어 있어서 시작만 하면 간단하게 개설할 수 있다. 운영 초기에는 흩어져 있는 정보와 소식들을 수집하는 수준으로 시작하지만, 운영 경력이 쌓이다 보면 수집된 정보들을 가공하여 재생산하는 작업을 시도하게 되고, 내재된 자기 역량을 바탕으로 새로운 콘텐츠를 생산해 내는 작업으로 자연스럽게 이어지게 된다. 즉, 블로그를 마케팅에 활용하겠다는 목적만 확실하게 가진다면 누구든지 셀프 마케팅을 위한 귀중한 곳간으로 만들어 나갈 수 있다는 것이다.

④ 시니어 인턴은 금턴이었다

'나도 인턴이다'라는 기고문을 게재하고 나니 같이 근무하는 체험형 인턴이 공기업의 인턴은 '금턴'이라고 한다. 치열한 경쟁을 뚫고 들어온 체험형 인턴 경력이 NCS 채용에서 서류심사와 심층면접에서 비계량 가점 요소로 작용되고 정규직 채용에 큰 보탬이 되니 체험형 인턴은 금턴이라고 할 만하다. (한국경제신문 김상덕 기고문 발췌)

사회적경제를 배우기 위한 시니어 인턴 프로젝트 참여를 통하여 위촉받은 사회적기업 '전문멘토' 활동을 시작으로, 인사 업무 경험과 노하우를 집대성하고 전문적인 시스템 기법으로 보완하여 업그레이드된 '채용 전문면접관'으로서의 활동 기반을 다졌고, 재난관리 박사 학위 취득을 위한 학업과 함께 준비한 기업재난관리사 자격과 한국기업재난관리사회를 기반으로 하는 '재난관리전문가'로서의 역량을 확보할 수 있었으며, 피땀 흘려 모은 자산이 초저금리로 은행에서 녹아나는 것을 지켜볼 수 없어서 감행한 금융 문맹 탈출의 전리품으로 '자본투자가'에 도전할 수 있었다.

지나고 보니 길지는 않았지만 그렇다고 짧지도 않았던 2년간의 시니어 인턴생활은 아쉬움 없이 마무리되었다. 한몸으로 감당하기 힘들 정도로 다양한 분야의 N잡러가 될 수 있었던 시니어 인턴생활은 어떠한 것과도 바꿀 수 없는 금턴의 시간이었다.

참고문헌

- 김상덕, '나도 인턴이다', 한국경제신문, 2019.08.01.
- 김상덕, '시니어 인턴은 금턴', 한국경제신문, 2019.09.09.
- 김상덕, '코로나19 재난대응, 기능연속성 계획의 실행과 안착에 달려', 한국경제신문, 2020.07.08.

저자소개

김상덕 KIM SANG DUK

학력
- 부경대학교 정보시스템학과 박사 수료
- 부경대학교 안전공학석사

경력
- 현) (사)한국기업재난관리사회 부회장
- 현) (사)사회적기업연구원 사회적기업 전문멘토
- 전) 한국남부발전 인사처장, 인재경영팀장, 노무팀장, 영월발전본부장

자격
- 채용전문면접관 1급
- 인적자원관리사
- 기업재난관리사(인증평가분야, 행정안전부장관)
- 협동조합 코디네이트

저서

- 『공공기관 채용의 모든 것』 김상덕 외 공저, 2021.
- (논문) 재난 예방활동 강화를 위한 재해경감활동관리체계 모델 제안, 김상덕 외 1인, 한국재난정보학회.
- (논문) 재해경감활동계획 수립에 위험 시나리오 도출을 위한 STPA기법 도입, 김상덕 외 2인, 한국재난정보학회.

수상

- 통상산업부장관상(제18044호, 1996)
- 산업부장관상(제4397호, 2003)
- 국무총리상(제152512호, 2009)
- 국토교통부장관상(제21740호, 2017)
- 산업통상자원부장관상(제123636호, 2018)

6장

신중년 회사 퇴직 전, 정부지원사업으로 창업 준비하자

조홍현

① 신중년은 왜 창업을 준비해야 하는가?

1) '사오정/오륙도/육이오', 더이상 직장인으로 정년퇴직은 어렵다

> 사오정: **4**0대나 **5**0대에 **정**년퇴직 당한다
> 오륙도: **56**세까지 회사에 있으면 **도**둑
> 육이오: **62**세까지 회사에 있으면 을사**오**적

직장인의 대부분은 60세 정년까지 일하다 은퇴해 연금을 받으며 전원주택에서 편안하게 노후생활을 누리기를 꿈꾼다. 하지만 '사오정, 오륙도, 육이오' 같은 단어에서 알 수 있듯이 현실은 정년까지 직장생활을 유지하기도 힘들고, 은퇴 후 받는 연금으로는 생계를 유지하기 쉽지 않다.

국회입법조사처가 2018년 11월 발간한 '60세 이상 정년 의무화의 입법영향분석' 보고서 및 통계청 '2020년 5월 경제활동인구조사 고령층 부가조사'에 따르면, '가장 오래 근무한 일자리를 그만둔 연령'은 2006년 평균 50.3세에서 2020년 5월 49.4세로 계속 낮아지고 있다고 한다. 또한 55~79세 연령층에서 연금을 받고 있는 비율은 47.1%이고, 연금을 수령하더라도 약 66%는 월 수령액이 50만 원 이하인 것으로 나타났다.

이런 현실에서 직장인들은 은퇴 후 다시 재취업하여 직장인의 삶을 한 번 더 추진하는 경우가 있으나, 하나금융그룹 100년 행복연구센터 '대

한민국 퇴직자들이 사는 법'에 따르면, 50살을 전후해 퇴직한 이들 가운데 단 55.1%는 경제 활동을 계속했다. 37.2%는 재취업을 했고, 17.9%는 자영업을 시작했다. 경제 활동을 하지 않고 있다는 44.9% 가운데 절반 이상(64.8%)도 재취업이나 창업을 준비하고 있다고 밝혔다. 이마저도 2년 이내 업종을 가리지 않고 일자리를 찾는 데 실패하면 재취업 성공률이 크게 하락한다고 한다. 공백기가 생기게 된 은퇴자에게 재취업 자체가 쉽지는 않은 게 현실이다. 그러다 보니 명예퇴직 등으로 은퇴는 했지만 생계를 위해 계속 경제 활동을 해야 하는 신중년들에게 창업이 많은 관심을 받을 수밖에 없다.

국세청 '2020년 국세통계 2차 조기공개'에 따르면, 2019년 신규 사업자 중 50대가 32만 4,235명으로 전체의 24.7%를 차지하며, 60대 창업자도 11%를 넘어서고 있다. 신중년의 창업에 대한 관심이 더욱 높아진 것을 알 수 있다.

2019년 2월 발표한 중소벤처기업부 실태조사 결과를 보면, 창업 외에 다른 선택의 여지가 없어 생계형 창업을 한 소상공인이 67.6%로 가장 많았다고 한다. 회사에 취업(재취업)하고 싶어도 할 수 없어 먹고살기 위해 창업하는 경우가 가장 많은 것이다. 하지만 이들 중 7명이 폐업을 경험했다고 한다. 재취업의 길이 막혀 생계를 위해 창업에 나서는 신중년들에게도 준비가 되지 않은 창업은 폐업의 위험이 기다리고 있다.

그러다 보니 직장생활에서 얻을 수 있는 안정적인 월급을 활용하고,

창업의 RISK를 최소화할 수 있는 '스텔스 창업'이 늘고 있다. 직장생활과 사업을 병행하다가 사업이 자리 잡게 되면 퇴사를 하고 창업에 전념하는 것이다. 스텔스 창업가가 어떻게 보면 N잡러의 원조라고 볼 수 있다. 이 책을 읽으면서 N잡러를 꿈꾸는 신중년 독자분들도 가능하다면 명예퇴직 전에 스텔스 창업을 통해 직장인에서 창업가로 Soft Landing 할 수 있길 기원한다.

2) 창업 관련 정보 찾는 방법

창업하기로 마음을 먹었다면 다양한 루트를 통해 정보를 찾아야 한다. 아래 소개하는 사이트는 즐겨찾기를 하고 1주일에 1번은 꼭 들어가서 살펴보길 바란다.

(1) 정부지원사업

- K-Startup 창업지원포털: www.k-startup.go.kr
- 소상공인시장진흥공단: www.semas.or.kr
- 기업마당(Bizinfo): www.bizinfo.go.kr
- 대한상공회의소 올댓비즈: atbiz.korcham.net

(2) 스타트업관련 미디어

- 벤처스퀘어: www.venturesquare.net
- 플래텀: platum.kr

② 신중년도 지원할 수 있는 정부지원사업 소개

'창업'의 사전적 정의는 '창의적인 아이디어를 직접 현실화하는 방안'(출처: 네이버 지식백과)으로 '영리를 목적으로 개인이나 법인회사를 새로 만드는 일'이다. 창업의 형태에 따라 기술 창업, 소상공인 창업, 사회적기업 창업 등으로 분류할 수 있다. 창업 형태에 따른 분류는 관점에 따라 다양하게 분류될 수 있으나, 본 장에서는 3가지에 대해서만 다루도록 하고 각 창업 형태에 따른 주요 정부지원사업에 대하여 소개하도록 하겠다. 예비창업자 대상 지원사업을 준비하고 있는 신중년 N잡러 독자분들은 미리 사업계획서 작성 등을 준비하고 있다가 지원 공고가 나오면 바로 도전해보기를 바란다.

중소벤처기업부 및 타 중앙부처의 창업사업화 지원사업에 중복 신청은 가능하나, 최종 선정은 1개만 가능하다. 그래서 여기서 소개한 사업들을 종합적으로 검토한 후 본인 상황에 가장 맞는 사업을 선택하여 지원하도록 하며, 지원사업의 상세 내용은 매년 변경되기 때문에 하단부에 홈페이지 주소도 표기하였으니 접속하여 상세 내용을 확인하길 바란다.

1) 기술창업

(1) 창업진흥원 예비창업패키지

혁신적인 기술창업 소재가 있는 예비창업자를 육성하기 위한 대표적인 정부 지원사업으로, 기술창업을 준비하는 예비창업자라면 반드시 지원할 것을 추천하고 싶은 사업이다. 혁신적인 기술을 갖춘 예비창업사에게 사업화 자금과 창업교육 및 멘토링 등을 지원하는 예비창업단계 전용 프로그램이다. 소관부처는 '중기부 기술창업과'이고, 전담(주관)기관은 '창업진흥원 예비창업 재도전부'이다. 21년 사업 규모는 약 1,002억 원이 편성되었고 21년 3월에 사업공고가 나올 것이다. 3월에 K-Start up 창업지원포털(www.k-startup.go.kr)에서 지원할 수 있다.

신청 자격은 사업 공고일까지 창업 경험(업종 무관)이 없거나 공고일 현재 신청자 명의의 사업체를 보유하고 있지 않은 자가 대상이다. 그래서 현재 직장인인 신중년의 경우 회사를 퇴사하지 않은 상태에서 해당 사업에 지원할 수 있다. 공고일 기준 출생 일자에 따라 청년, 중장년으로 구분하여 선정하고 있다. 그래서 중년을 구분해서 선발해주는 예비창업 패키지에 꼭 지원해야 한다.

창업사업화를 위해 시제품 제작, 지재권취득, 마케팅 등에 소요되는 자금을 평균 51백만원(최대 1억원) 지원해준다. 이 자금을 활용하여 인건비와 외주용역비 등으로 사용하여 제품을 개발할 수 있다. 선정자는 사업계획서의 창업 아이템 관련 업종으로 협약 종료일 2개월 이전에 중소기업기본법 상의 창업(사업자 등록)을 이행하여야 하는 의무사항이 있다. 그래서 많은 예비창업자들이 해당 프로그램으로 시제품 개발을 완료한 상태에서 창업을 시작할 수 있게 된다. 또한 전담멘토의 경영·자문 서비스가 제공되고, 창업교육(40시간) 프로그램이 지원되어 조기 창업자에게 필요한 교육도 제공된다.

(2) 중소벤처기업진흥공단 글로벌창업사관학교

저자가 BM멘토로 활동하고 있는 '글로벌창업산관학교'는 AI 분야 유망 창업 아이템 및 혁신 기술을 보유한 우수 (예비)창업자의 성공적인 글로벌 사업화 지원을 위한 프로그램으로 20년에 신설되었다. 사업화 지원금으로 최대 5천만 원을 지원하고, 국내 최초 실전 프로젝트형 실습 중심의 AI 교육을 받을 수 있다. 글로벌 기업(NVIDIA, MS, 아마존, 인텔) 및 카이스트의 실전 AI 교육을 받을 수 있다고 하니, AI 분야 기술창업을 준비하고 있는 신중년 N잡러들은 반드시 지원해보길 추천한다. 또한 캠퍼스 상주 글로벌 탑티어 액셀러레이터의 집중 보육을 받을 수 있고, 국내외 AI 관련 네트워크 구축 및 비즈니스 구체화 지원을 받게 된다.

선발과정은 서면평가와 발표평가 2단계로 진행되고 서면 평가로 2배수(60팀) → 발표평가(영어 PT)로 최종 30팀이 선발되었다. K-Start up 창업지원포털(www.k-startup.go.kr)에서 지원할 수 있다.

2) 소상공인 창업

소상공인의 정의는 규모가 작은 기업 및 생업적 업종을 영위하는 자영업자를 의미한다. 제조업, 건설업, 운수업 등은 상시 근로자 기준으로 9인 이하인 사업자를 말하며, 도소매, 서비스업은 상시 근로자 4인 이하를 말한다 (출처: 네이버 지식백과). 소상공인시장진흥공단에서 소상공인 창업을 준비하는 예비창업자를 위해 다양한 교육과 자금 지원을 해주고 있다. 이번에 소개하는 '신사업창업사관학교'와 '생활혁신형 창업지원사업' 외에도 소상공인시장진흥공단 홈페이지(https://www.semas.or.kr)의 공지사항을 수시로 확인하며 창업을 준비하기 바란다.

(1) 소상공인시장진흥공단 신사업창업사관학교

신사업창업사관학교는 혁신적인 아이디어와 자신만의 제조 기술·노하우 등을 보유한 소상공인 예비창업자를 발굴해 창업 교육, 점포 경영 실습, 사업화 자금을 단계적으로 지원하는 사업이다. 2015년 전국 6개 지역에 신사업창업사관학교를 설치한 후 142명의 교육생 선발을 시작으로 2020년까지 전국 12개 지역에서 총 12기 운영, 2,170명의 교육생을 선발했다. 21년에 선발하는 13기는 240명 내외로 선발할 예정이다. 4주간의 창업교육(150시간 상당)을 통해 기본기를 닦고, 12주간의 '온/오프라인 점포 경영 체험 교육'을 하게 된다. 교육을 이수한 졸업자 중에 사업화 지원 대상은 170명 내외로 선발한다. 지원금은 총 사업비의 50% 자기 부담 조건으로 최대 2천만 원 이내로 지원된다. 정책자금(융자)은 졸업생 대상 창업 초기 운영자금 직접대출을 지원하는데, 개인별 신용평가 및 사업성 등을 종합적으로 심사하여 최대 1억 원까지 가능하다. 청년정책 블로그에 소개된 '농부창고' 황영숙 대표는 신사업창업사관학교를 졸업하고 연 매출 10억 원을 달성하게 되었다고 한다. 사업 관련 추가 정보는 신사업창업사관학교 홈페이지(https://www.sbiz.or.kr)를 참고 바란다.

(2) 소상공인시장진흥공단 생활혁신형 창업지원사업

소상공인시장진흥공단은 생활 속 아이디어를 적용한 틈새 업종의 창업을 지원해 소상공인의 업종 과밀화를 해소하고자 '생활혁신형' 소상공인을 발굴하고 지원하고 있다. 중소기업벤처부 블로그에 소개된 사례를 보면 '여행서적만을 모아놓은 독립서점', '자연성분과 재미있는 디자인으로 만들어진 중소기업 화장품 판매점' 등이 있다. 내 사업 아이템의 생활혁신형 해당 여부는 '생활혁신형 창업 아이디어 톡톡(https://idea.sbiz.or.kr)'을 통해 확인하면 된다.

즉시 사업화 가능성이 있다고 평가된 창업자는 성공불융자로 20년 기준으로 최대 2천만 원 내 정책자금이 지원된다. 성공불융자기 때문에 3년 후 성공과 실패 여부를 심사해 성실히 일했지만 실패했을 경우엔 평가를 통해 상환 면제받을 수도 있다. 연간 예산 150억 원 한도에서 최대 1천 명에게 지원한다.

매월 말 접수 마감으로 서면·대면 단계별 평가를 거쳐 창업 의지가 확고하고, 창업 준비도가 높은 예비창업자를 선발한다. 매월 모집을 하는 만큼 이번 달에도 지원 가능 여부를 바로 확인해보는 것을 추천한다.

3) 사회적기업 창업

(1) 한국사회적기업진흥원 사회적기업가 육성사업

사회적경제 기업 창업을 준비 중인 팀을 선발하여 사회적 목적 실현부터 사업화까지 창업의 전 과정을 지원하는 사업이다. 사회적기업 개념에 대해서 생소하게 생각하는 독자분들이 많을 것이라고 생각한다. 사회적기업이란 영리 기업과 비영리 기업의 중간 형태로, 사회적 목적을 우선적으로 추구하면서 재화·서비스의 생산·판매 등 영업 활동을 수행하는 기업(조직)을 말한다. 사회적기업 육성법에서는 사회적기업을 취약계층에게 사회 서비스 또는 일자리를 제공하여 지역 주민의 삶의 질을 높이는 등의 사회적 목적을 추구하면서 재화 및 서비스의 생산·판매 등 영업 활동을 하는 기업으로서 고용노동부 장관의 인증을 받은 기관으로 정의하고 있다. 영리 기업이 주주나 소유자를 위해 이윤을 추구하는 것과는 달리, 사회적기업은 사회 서비스를 제공하고 취약계층에게 일자리를 창출하는 등 사회적 목적을 조직의 주된 목적으로 추구한다는 점에서 차이가 있다. 그래서 다른 지원사의 평가 기준에 없는 항목인 '소셜 미션'이 100점 만점에 15점을 차지하고 있다. 해결하고자 하는 사회 문제의 명확성 및 중요성, 문제 상황 및 원인 분석의 적절성, 사업을 통한 사회 문제 해결 가능성 등에 대하여 평가를 한다.

신청 자격은 창의적인 사회적경제 기업 창업 아이디어를 보유한 자로서, 지속적인 활동 의지가 있는 3인 이상(대표 포함)으로 '신규창업팀', '2년차지원팀', '재도전창업팀'으로 구분하여 모집하고 있다. 21년 모집 대상인 620개 팀 중 무려 520개 팀 내외를 초기창업팀으로 선정한다고 한다. 초기창업팀 모집에 창업을 하지 않은 자도 지원이 가능하기 때문에 사회적기업가를 꿈꾸는 신중년들은 꼭 유심히 살펴보는 것을 추천한다. 한국사회적기업진흥원 홈페이지(www.socialenterprise.or.kr)에서 공지사항 확인(연도별 사업 공고 확인) 후 사회적기업 통합정보시스템(www.seis.or.kr)을 통해 접수하면 된다.

(2) 한국사회적기업진흥원 소셜벤처 경연대회

사회적기업가 육성사업에 별도 심사절차 없이 참여할 수 있는 기회가 있다. 바로 소셜벤처 경연대회다. 청소년/대학생/일반/글로벌 부분 4개로 나눠서 대회가 운영되고 있고, 일반 부분의 경우 만19세 이상 성인이면 누구나 지원할 수 있으므로 신중년 독자들은 일반 부분으로 지원하면 된다.

한국사회적기업진흥원 공식 블로그에 소개된 '농사펀드' 박종범 대표의 경우, 2014년 소셜벤처 경연대회에서 창업 부문 우수상을 수상한 것을 시작으로, 2016년 현대자동차 H-온드림 오디션 인큐베이팅 팀 선정, 2017년 아름다운가게 '뷰티풀 펠로우' 선정 등에 이름을 올렸다. 경연대회를 통해 받은 상금은 사업의 시드머니가 되었다고 한다.

필자도 많은 경연대회에서 수상한 경험이 있다. 특히 2017년 산업통상자원부에서 주관하는 '2017 기술사업화대전 BM 경진대회'에서 장관상을 수상하였다. 경연대회를 참가를 위해 사업계획서를 작성하고 발표 준비를 하다 보면 아이디어를 구체화할 수 있고, 수상을 하게 될 경우 사업 아이템에 대한 좋은 레퍼런스가 될 수 있다. 사회적기업가 육성사업 지원을 준비하고 있는 신중년들은 소셜벤처 경연대회에 지원해보는 것을 추천한다.

③ 사업계획서 작성 A to Z

지금부터 나눌 이야기는 정부의 창업지원 사업 합격을 위한 요령은 아니다. 다만 처음 사업계획서를 작성해보는 독자 대상으로 기본기를 다지는 데 작은 도움이 되었으면 한다. 사업계획서 작성에는 지름길은 없다. 이 글을 참고하여 많이 쓰고, 고치고, 반복하면서 정리되어 있지 않았던 나의 머릿속 아이디어를 논리적인 표현으로 정리하는 연습을 지속적으로 하길 바란다.

1) 사업계획의 3대 요소(WHY-WHAT-HOW)

(1) WHY: 왜 사업을 하려고 하는가?

① Desk Reserach와 FGI

사업계획의 시작은 문제점을 정의하는 것이다. 고객의 잠재적 니즈(Unmet Needs)를 찾기 위하여 가장 먼저 시작해야 할 것은 데스크 리서치(Desk Research)를 통한 시장 분석이다. 산업과 기업에 대한 자료가 필요하면 증권사에서 발행하는 산업/기업 분석자료와 언론 보도자료를 스터디하면 된다. 네이버 증권(https://finance.naver.com/research)에 들어가면 다양한 증권사에서 발행하는 보고서를 다운받을 수 있으니 활용하면 좋다. 해외 시장에 대한 자료는 코트라(https://news.kotra.or.kr/kotranews/index.do)에서 발행하는 보고서를 추천한다.

각종 자료를 통해 1차 시장조사가 끝났다면 필드 리서치가 필요하다. 현장에서 고객의 목소리를 직접 들어보면서, 고객이 직면한 문제점을 구체화하는 과정이다. 고객을 조사하는 여러 가지 방법 중 FGI(focus group interview)에 대해 간단히 소개하겠다. FGI는 소수의 응답자와 집중적인 대화를 통하여 정보를 찾아내는 소비자 면접조사다. 표적 시장으로 예상되는 소비자를 일정한 자격 기준에 따라 6~12명 정도 선발하여 한 장소에 모이게 한 후 면접자의 진행 아래 조사 목적과 관련된 토론을 함으로써 자료를 수집하는 마케팅 조사 기법이다(출처: 네이버 백과사전). 필자는 신규 사업을 기획할 때 FGI를 통해 얻은 Insight를 반영하여 사업 아이템을 고도화하는 데 도움을 많이 받았다. 특히 이 사업을 해야 하는 이유가 개인 의견이 아닌 고객의 목소리로 이야기할 수 있으므로 심사위원이나 상사를 설득할 때 도움이 된다.

② New Tech를 활용한 문제 해결

소상공인 창업이나 사회적기업 창업의 경우 해당하지 않지만 IT/제조업 분야 기술창업에 해당하는 사항이다. 과거에는 기술력이 부족해서 해결하지 못했던 문제를 빅데이터/AI/5G/블록체인 등 신기술을 적용하여 해결되는 경우가 많다. 우리 회사가 가지고 있는 혁신 기술을 활용하여 사회 문제를 해결하겠다는 내용이 사업계획서의 제목으로 사용하는 것을 추천한다. 'OOO문제를 해결하기 위한 OO기술 기반 OOO(상품명)'으로 제목을 작성하면 한눈에 어떤 사업인지, 우리 회사의 기술 경쟁력이 어느 분야에 있는지 알릴 수 있다.

③ 글로벌 사례 벤치마크

글로벌 성공 사례 벤치마크는 사업기획에 있어 매우 중요하다. 해외에서는 도입되어 있으나 국내에 아직 시작하지 않은 사업을 가장 먼저 시작하여 국내 시장을 선점하겠다는 전략을 세울 수도 있다. 또한 사업계획을 처음 읽는 사람에게 유명한 해외 사업을 소개하면서 나의 사업을 쉽게 설명할 수 있다.

(2) WHAT: 어떤 사업을 하려고 하는가?

사업 아이템을 소개하는 데 있어 가장 중요한 대원칙은 처음 보는 사람도 이해할 수 있게 '쉽게' 설명하기다. 사업계획서를 처음 쓰는 초보자들이 가장 많이 하는 실수는 업계 사람들만 이해할 수 있는 전문용어를 많이 쓰는 것이다. 심사위원이나 면접관들도 사업에 대한 경험은 많지만 모든 산업에 대하여 다 이해도가 높기는 쉽지 않다. 가장 쉬운 용어들을 사용하고 표와 이미지 등을 사용하여 가독성 있게 표현하는 연습을 해보자.

<경쟁사 제품과 비교하는 표를 활용한 자사 제품 차별점 강조>

	자사제품	경쟁사 A	경쟁사 B	경쟁사 C
제품 이미지				
주요 기능				
장점				
단점				

경쟁사/경쟁제품이 인지도가 있는 기업/상품인 경우 바로 우리 기업의 상품이 어떤 서비스인지 연상시킬 수 있다. 또한 경쟁사의 단점을 보

완하고 장점이 더 많은 상품이 자사 제품이라고 설명을 하면서 자연스럽게 차별화 전략도 표현할 수 있다. 위 양식을 기본 토대로 추가로 설명하고 싶은 내용을 추가하여 자기만의 표현 방법을 만들어보자.

(3) HOW: 어떻게 만들고, 어떻게 돈을 벌려고 하는가?

필자가 비즈니스 모델을 정리할 때 주로 사용하는 방법을 소개하겠다. 5W1H(WHY, WHO, WHAT, HOW, WHERE, WHEN) 비즈니스 모델 양식에 맞춰 간략하게 정리하고, 비즈니스 모델 캔버스(BMC) 양식에 9가지 항목을 자세히 정리한다. 9가지 항목은 ① 고객 세분화 ② 가치 제안 ③ 채널 ④ 고객 관계 ⑤ 수익원 ⑥ 핵심 활동 ⑦ 핵심자원 ⑧ 파트너십 ⑨ 비용 구조이다.

마지막으로 할 일은 BMC에 정리한 내용을 하나의 그림으로 도식화하는 것인데, 복잡한 사업을 한눈에 보기 좋게 그린다는 것은 여간 어려운 일이 아니다. 이때 참고하면 좋은 책을 추천하겠다.『101가지 비즈니스 모델 이야기, 2021 스페셜 에디션』이다. 이 책에는 다양한 성공한 스타트업의 비즈니스 모델이 나와 있다. 자신이 준비하고 있는 사업과 유사한 사업을 찾아서 해당 그림을 참고하여 따라 그려보고, 자신의 사업에 맞춰 조금 수정을 하면 나만의 비즈니스 모델을 만들 수 있다.

지금까지 이야기한 내용들을 참고하여 정부지원사업 사업계획서 PSST 양식에 맞춰 작성하는 것을 연습해보자. PSST 사업계획서 작성 목차 및 배점 기준을 알아보고, 정부지원사업의 가점이 되는 항목들에 대하여 알아보겠다.

2) PSST 사업계획서 완전 정복

PSST(Problem-Solution-Scaleup-Team)의 순서로 구성되어 있는 사업계획서 양식은 정부지원사업을 준비하는 예비창업자라면 반드시 만나게 되는 양식이다. 정부의 주요 창업지원사업의 사업계획서가 PSST로 구성되어 있으므로 처음 사업계획서를 작성해보는 독자분들은 해당 양식으로 연습할 것을 추천한다.

(1) 사업계획서 작성 목차

1. Problem(문제 인식): 30점 (최소 득점 기준: 18점)
1-1. 창업 아이템의 개발 동기: 15점
- 창업 아이템의 부재로 불편한 점, 국내·외 시장(사회·경제·기술)의 문제점을 혁신적으로 해결하기 위한 방안 등을 기재

  창업 아이템이 아직 세상이 나오기 전 현재 상황에서 타겟 고객이 겪고 있는 문제를 통계/데이터 등을 활용하여 Fact 위주로 설명을 하자. 이 문제가 사회에 많은 주목을 받고 있는 문제점이면 더 많은 사람의 공감대를 형성할 수 있다. 작년에 저자가 멘토로 활동했던 '프로보노 ICT 멘토링'의 학생들은 '민식이법'으로 인해 사회적으로 많은 관심을 받은 '스쿨존 교통사고'를 줄일 수 있는 방법에 대하여 고민했고, IoT 기술을 활용한 스마트 횡단보도를 개발하여 경진대회에서 수상할 수 있었다.

1-2 창업 아이템의 목적(필요성): 15점
- 창업 아이템의 구현하고자 하는 목적, 국내·외 시장(사회·경제·기술)의 문제점을 혁신적으로 해결하기 위한 방안 등을 기재

1-2 창업 아이템의 목적(필요성): 15점
- 창업 아이템의 구현하고자 하는 목적, 국내·외 시장(사회·경제·기술)의 문제점을 혁신적으로 해결하기 위한 방안 등을 기재

문제점을 혁신적으로 해결하기 위한 방안을 작성하는 항목이다. 1-1에서 언급한 고객의 문제를 해결하기 위한 방안이 나의 창업 아이템이라는 내용으로 작성하여 자연스럽게 다음 작성 항목인 2-1로 넘어갈 수 있는 연결고리를 만들어주면 좋다.

2. Solution(실현가능성): 30점 (최소 득점 기준: 18점)

2-1. 창업 아이템의 개발·사업화 전략: 15점
- 비즈니스 모델(BM), 제품(서비스) 구현 정도, 제작 소요 기간 및 제작 방법(자체, 외주), 추진 일정 등을 기재

비즈니스 모델은 위에서 이야기한 것처럼 도식화하여 그림으로 한눈에 매출/비용의 흐름을 확인할 수 있게 작성하자. 비즈니스 모델 캔버스를 해당 양식에 붙여넣는 것은 공간을 많이 차지하기도 하고, 그림보다는 가독성이 떨어지기 때문에 그림으로 표현하는 것이 더 좋다. 제품 개발이 어느 정도 되어 있다면 사진 등으로 이미 많이 진도가 나가 있는 사업이라는 것을 어필하는 것도 좋다. 추진 일정은 표로 작성하여 기획/개발/디자인/QA 등 각 업무별로 구체적인 계획을 작성하도록 한다.

2-2. 창업 아이템의 시장 분석 및 경쟁력 확보 방안: 15점
- 기능·효용·성분·디자인·스타일 등의 측면에서 현재 시장에서의 대체재(경쟁사) 대비 우위 요소, 차별화 전략 등을 기재

책의 앞부분 '1) 사업계획의 3대 요소 (2) WHAT'에서 배웠던 내용을 적극 활용할 차례다. 표를 활용하여 경쟁사 대비 당사의 차별 우위 요소를 표현하도록 한다. 기능/효용/성분/디자인/스타일 측면에서 비교해야 하기 때문에 표의 행을 위 지표로 변경하여 표현해도 좋다.

3. Scale-up(성장 전략): 20점 (최소 득점 기준: 12점)

3-1. 자금 소요 및 조달 계획: 10점
- 자금의 필요성, 금액의 적정성 여부를 판단할 수 있도록 사업비(사업화 자금)의 사용 계획 등을 기재

창업 후 1년 정도의 자금 소요를 작성하고 이 자금을 확보하기 위한 조달 계획을 작성한다. 조달 계획 중에 금번 지원하는 사업에서 지원되는 사업화 자금 부분을 특히 구체적으로 작성한다. 사업화 자금을 활용해서 인건비, 외주 개발비, 마케팅비 등으로 주로 많이 사용하게 되는데 산출 근거 표를 작성할 때 현실성 있게 작성해야 한다.

3-2. 시장 진입 및 성과 창출 전략: 10점
- 내수 시장: 주 소비자층, 시장 진출 전략, 그간 실적 등
- 해외 시장: 글로벌 진출 실적, 역량, 수출망 확보 계획 등

'그간 실적' 작성을 할 때 구체적인 근거가 될만한 자료를 같이 올리면 신뢰도를 높일 수 있다. 창업을 준비하면서 참가했던 창업 관련 교육/경진대회/부트캠프 사진부터 고객사와 MOU/NDA를 체결한 증빙도 좋다. 해외 사업을 준비하는 경우에는 해당 국가에 정부 관계자/액셀러레이터와 미팅 사진을 첨부하여 실제 해당 국가에 네트워킹을 하고 있다는 증빙으로 활용하는 경우도 있다.

4. Team(팀 구성): 20점 (최소 득점 기준: 12점)
4-1. 대표자 및 팀원의 보유 역량
대표자 및 팀원(업무 파트너 포함) 보유하고 있는 경험, 기술력, 노하우 등을 기재하는 영역이다. 창업 아이템과 관련된 기업 근무 경력/학위/자격증/논문/수상 실적 등을 작성하고, 아직 확보하지 못한 인력은 추가 인력 고용 계획을 작성하면 된다.

(2) 가점 관련 증빙서류

정부지원사업을 지원할 때 가점을 받을 수 있는 항목이 있다면 미리 서류를 준비해야 한다. 가점을 받을 수 있는 항목은 정부지원사업별로 상이하고, 매년 변경될 가능성이 있지만 20년 예비창업패키지 기준으로 살펴보겠다.

2인 이상(대표자 포함)의 기술 기반 예비창업팀(1점)
협약 체결 후 3개월 이내의 창업을 완료하여 팀원을 채용하고, 팀원 1인 이상을 협약 종료 2개월 전까지 4대 보험이 가입된 직원으로 고용 유지가 가능하다면 가점을 받을 수 있다.

고용·산업 위기 지역 거주자(1점)
주민등록등본상 주소지 기준으로 군산, 거제, 통영, 고성, 창원 진해구, 울산 동구, 영암, 목포 지역 거주자인 경우는 가점을 받을 수 있다.

신청한 창업 아이템과 관련된 특허권 및 실용신안권 보유자(1점)
창업하는 데 있어서 특허권과 실용신안권은 창업자의 아이템을 경쟁사로부터 보호하고, 차별화 포인트를 가져갈 수 있는 핵심 자산이다. 특히 기술창업 분야 창업지원 할 때 창업자가 특허권을 보유하고 있을 경우 기술력을 인정받을 수 있으므로 서류와 발표평가에 큰 도움이 된다고 생각한다. 특허 출원부터 등록까지 최소 1~2년은 소요될 수 있기 때문에 미리 특허에 대해서 준비를 하도록 하자.

전국 규모 창업경진대회 수상자(1점)
모든 창업경진대회가 가점을 인정받는 것은 아니고, 모집 공고에 별도 표기된 특정 경진대회만 한정된다. 20년 예비창업패키지 수상 실적에 인정되는 주요 대회는 아래와 같다.
중소벤처기업부 '공공데이터 활용 창업 경진대회', '대한민국 창업리그', 과학기술정보통신부 '인공지능 R&D 챌린지', 산업통상자원부 '디스플레이 챌린지', 보건복지부 '바이오코리아 창업 아이디어 경진대회', 해양수산부 '수산 창업경진대회', 금융위 '핀테크 아이디어 공모전', 산림청 '산림 공공데이터 활용 창업경진대회', 특허청 '지식재산 정보 활용 창업경진대회' 등이 있다.

참고문헌

1. 신중년이 왜 창업을 준비해야 하는가?
- 국회입법조사처, 「60세 이상 정년 의무화의 입법영향분석」, 2018년 11월
- 통계청, 「경제활동인구조사 고령층 부가조사」, 2020.07.28.
- 하나금융그룹 100년 행복연구센터, 「대한민국 퇴직자들이 사는 법」, 2020.05.11.
- 국세청, 「2020년 국세통계 2차 조기공개」, 2020.11.12.
- 매일경제, 「"대안 없어 생계형 창업" 68%⋯10명 중 7명, 폐업 경험」, https://www.mk.co.kr/news/business/view/2019/02/117612

2. 신중년도 지원할 수 있는 정부지원사업 소개
- 중소벤처기업부 공고 「제2020 - 55호 '(수정)2020년 예비창업패키지 일반분야 예비창업자 모집 공고'」
- 중소벤처기업부 공고 「제2021-2호 '2021년 창업지원 통합 공고」
- 중소벤처기업부 공고 「제2020 - 308호 2020년 글로벌 창업사관학교 (예비)창업자 모집공고」
- 「2020년 신사업창업사관학교 12기 교육생 모집공고」
- 청년정책 블로그(https://blog.naver.com/we_are_youth/222033329096)
- 「2020년 생활혁신형 창업지원사업 모집공고」
- 중소기업벤처부 블로그 「'참신한 아이템은 발명이 아니다 [알유창업19-3] 생활혁신형 창업 지원사업 창업사례'」(https://blog.naver.com/bizinfo1357/221728166788)
- 한국사회적기업진흥원 공고 「제2021 - 7호 2021년 사회적기업가 육성사업 창업팀 모집 공고」
- 한국사회적기업진흥원 공고 「제2020-133호 2020 소셜벤처 경연대회 참가자 모집

공고」
- 한국사회적기업진흥원 공식 블로그
 (https://blog.naver.com/se365company/221583397343)

저자소개

조홍현 CHO HONG HYUN

학력
- 한양대학교 기술경영학 석사
- 한양대학교 공학 학사

경력
- 중소기업진흥공단 이사장 위촉 글로벌창업사관학교 AI/BM분야멘토 위촉 (2020~2021)
- 과학기술정보통신부장관 위촉 프로보노ICT멘토(2019~2020)
- 미래창조과학부장관 위촉 프로보노ICT멘토(2017)
- 정보통신기획평가원(IITP) 혁신성장 청년인재양성사업 멘토 위촉(2020)

수상
- 산업통상자원부장관상 - 기술사업화대전BM경진대회(2017)

7장

N잡러,
계속 배우고 공부하라

이점수

① 들어가며

여러분은 '공부'라는 단어를 들으면 어떤 느낌을 받는지 궁금하다. '아!' 하고 탄식을 하신 분도 있겠지만, 필자가 지금부터 어떤 이야기를 하고자 하는지 짐작하는 분도 있을 것으로 생각된다.

N잡러에 대해서는 여기 같이 책을 쓰신 전문가 선생님들께서 그 소개와 안내, 노하우 등 여러 가지 방법으로 여러분에게 자세히 설명해주실 테니 필자는 이 자리를 통하여 N잡러가 되기 위해 계속 배우고 공부해야 하는 이유와 그 중요성에 관해 설명하고자 한다. 1대1 맞춤형으로 안내하지 못함을 죄송스럽게 생각하면서 필자의 경험을 여러분에게 소개함으로써 여러분들이 개개인의 사정에 미루어 참고하시고 적용하여 보시기를 기대한다.

공부란 학문이나 기술을 배우고 익힌다는 뜻으로, 대학교, 대학원(석사과정, 박사과정) 등의 학위과정도 있지만, 악기, 외국어, 코딩, 또는 각종 자격증 등을 취득하기 위한 것도 포함될 수 있다.

여러분은 대부분 학교를 졸업하고, 취직(또는 창업)한 이후에 별도로 공부한 적이 있는가? 시간이 없어서, 또는 비용이 많이 들어서, 아니면 생각하기 싫어서, 그것도 아니라면 그냥 현실에 만족하고 안주했던 건 아닐까 하는 생각이 든다. 여러분도 아시다시피 UN에서 재정립한 평생

연령의 기준에 의하면, 0~17세는 미성년자, 18~65세는 청년, 66~79세는 중년, 80~99세는 노년, 100세 이후를 장수노인으로 분류하였다.

예전 우리 부모님 세대에서는 55세쯤 퇴직하고 손자 보면서 한 5년 정도 노후생활을 하면 생을 마감하게 되어 노후 준비라든가 인생 2모작에 신경을 안 써도 되었지만, 이제는 여러분도 아시다시피 100세 시대를 맞이하여 인생 2모작뿐만 아니라 인생 3모작을 준비하여야 한다는 것이다.

인생 2모작을 어떻게 준비해야 하는지 개개인에게 일일이 맞춤형으로 제시하여 줄 수 있다면 좋겠지만, 여러분의 상황이 저마다 다름이 있어 명확하게 제시할 수 없음을 안타깝게 생각한다. 이에 필자의 경우를 적어보고자 하니 독자 여러분께서는 자신의 상황과 비교해보고 적용하면 좋을 것 같다.

② 회사 입사 때는 고졸 사원, 현재는?

자, 여러분! 고등학교를 졸업하고 회사에 취직한 지 35년쯤 근무한 직장인으로서 이제 정년이 약 2년 정도 남은 이 시대의 가장인 남자의 현재 상태는 어떤 모습일까 상상해보자. 머릿속에 제일 먼저 떠오르는 모습은 어떤 것인가? 지금부터 필자의 이야기를 하고자 하니 여러분이 그린 모습과 비교해보도록 하자.

나는 현재 회사에 근무하면서 경영학 박사 학위를 취득했고, 3개 대학교에 출강하고 있으며, 정부 산하 공공기관 몇몇 곳의 심사위원을 맡고 있다. 나는 상고(요즘은 특성화고라고 함) 출신으로, 졸업식이 있기도 전인 그해 1월부터 회사에 출근하였다. 입사 당시 학력은 고졸이었고, 물론 지금도 회사에서는 고졸 사원이다. 당시 회사는 고졸 사원과 대졸 사원을 구별하여 선발하였고, 고졸 사원은 5년을 근무하면 대졸 사원과 같은 호봉으로 인정하였다. 처음 공부를 시작하고자 한 이유는 고객 응대를 잘하고자 하는 욕심 때문이었다. 나를 찾아와서 업무 처리를 하는 고객의 수준(직업, 취미, 관심사 등)에 맞추어 알맞은 응대를 하고 싶었기 때문이다.

그렇게 욕심내서 공부를 시작하게 되었고, 야간 입시학원을 1년 정도 다녔으며, 야간대학교를 거쳐 석사 학위를 취득한 후 총 19년을 공부하여 경영학 박사 학위까지 취득하였다.

회사에서는 현재도 고졸 사원이고 승진을 하지 못하여 입사 후배분들을 상사로 모시며 그분들의 지휘를 받으면서 근무하고 있지만, 현재 사이버대학교까지 3개 대학교에서 강의를 하고 있으며, 기술정보진흥원 심사위원 등 몇몇 공공기관의 위촉 심사위원, 그리고 공공기관 면접관, 지방자치단체의 심사위원 등의 활동을 하고 있다.

만약 필자가 고등학교를 졸업하고 현실에 안주하면서 계속 근무를 하고 있었다면 퇴식을 약 2년여 정도 앞둔 현재, 회사를 그만두고 할 수 있는 일이 무엇이 있을까? 몇 가지 에피소드를 이야기해 보고자 한다.

1) "당신이 뭔데~~~"

입사 5년 차 시절, 나는 대학교에 들어가기 위해 퇴근 후 입시학원에 다녔다. 업무가 보통 오후 6~7시 정도에 끝났는데, 학원은 6시부터 수업이 시작이었으므로 이 시간을 맞추고자 나는 5시가 조금 넘으면 퇴근을 하여야 하였다. 하루는 사무실 수석차장님이 나를 불러 세웠다.

"이점수 씨, 당신이 뭔데 부장님보다 먼저 퇴근을 하나요?"

무척이나 당황스러웠다. 그리고 당시에는 이 상황이 명쾌하게 해결되지 않으면 공부하는데 어려울 것 같은 느낌이 들었다.

"차장님, 젊은 놈이 술 처먹고 다니는 것도 아니고, 공부 좀 하겠다고 하는데 도와주세요. 차장님도 고졸 사원의 한계를 느끼고 계시잖아요."

그리하여 나는 공식적으로 일찍 퇴근할 수 있도록 허락을 받았다. 지금이라면 감히 그렇게 이야기할 수 없었을 것이다. 아무튼 그 사건 이후 나는 하고 싶어 했던 공부를 계속할 수 있게 되었다.

2) JA코리아와 함께한 시간

나는 개인적으로 2006년도부터 청소년 경제교육을 진행하고 있는 NGO 단체인 (사)JA코리아에서 직장인 봉사단 소속으로 봉사활동을 하고 있다. 봉사활동 초기에는 토요일마다 중고등학교에 방문하여 경제교육 봉사활동을 하였으며, 이후 경제교육 교재 감수위원과 특성화고 취업역량 프로그램의 모의면접 관련 봉사활동, 고등학교 창업경진대회 심사위원 등의 활동을 하였다. 어떤 해에는 지방까지 다니면서 연 100시간의 봉사활동을 한 바 있다. 나는 이를 계기로 많이 성장할 수 있었다.

3) 가슴 뛰게 만들었던 일

IMF를 지나면서 우리 사회에 처음 등장한 용어가 아마도 '계약직'이라는 단어가 아닐까 싶다. 당시 우리 회사에서도 많은 동료들이 정규직에서 계약직으로 신분이 전환되었다.

몇 년 후, 회사에서 계약직 직원들을 대상으로 정규직 전환고시를 시행하였고 나에게 주말에 시험 응시 대상 직원을 상대로 4시간 정도 강의할 기회가 주어졌다. 다행히도 전국에서 우리 지역의 합격자가 제일 많이 나왔고, 지역본부장님은 기쁜 마음에 강사와 합격자를 모두 모아서 축하하는 식사자리를 만들어 주셨다. 식사 후 광화문 버스 정류장에서 버스를 기다리고 있었는데, 한 직원이 앞으로 다가와 90도로 정중히 인사를 하면서 이야기하였다.

"팀장님 덕분에 합격한 거 같아요. 다른 분들은 들어와서 책만 읽고 나 갔는데, 팀장님은 시험 보는 요령(시험 과목 4과목, 1과목당 50분에 50문제 오지선다형 문제) 규정집과 업무 매뉴얼 보는 방법, 일주일 전부터 마음을 다스리는 방법 등을 이야기해 주셨어요. 감사해요."

이때 나는 결심하였다. 계속 공부하기로….

4) 강의를 하기 위해서

박사 공부를 하던 시절에 있었던 일이다. 회사 내의 선후배들에게 내가 마케팅 공부를 하고 있으니 혹시 마케팅 전공자가 필요한 일이 있으면 어떤 일이든 소개해 달라고 부탁을 한 적 있었다. 한 두어 달 정도 지났을까, 실제로 거래 기업에서 토요일에 회사 직원들을 대상으로 약 4시간 정도 마케팅 요약 강의를 해달라고 하였다. 물론 나는 좋다고 하였고, 질의 응답 시간을 포함하여 5시간 정도 강의를 한 적이 있었다. 등에 땀이 나서 와이셔츠가 다 젖을 정도였지만 정말로 기분이 좋았으며, 그 일로 나는 공부하는 것에 대한 자신감을 느끼게 되었다.

5) 심사위원이 되다

정부 산하 공공기관 몇 곳에 심사위원으로 위촉된 후 실제로 심사 평가를 나간 적이 있었다. 심사장에 가보면 다른 심사위원분들과 명함을 교환하며 인사하는 시간이 주어졌는데 나를 제외하고는 대부분 대학교 교수님들이셨다. 그분들은 내가 회사 명함을 드리면 이렇게 말씀하셨다.

"와! 심사하러 다니면서 회사에 근무하시는 분이 오시는 건 처음 봤어요. 반갑습니다."

그렇게 인사를 나눈 교수님 중 한 분과는 아직도 연락을 주고받는 사이가 되었다.

6) 다시 공부를 하다

경영학을 공부한 이후 나는 사이버대학교의 창업경영컨설팅학과 공부를 시작하였다. 경영학 전공자로서 창업 관련 과목으로 컨설팅과 창업, 상권 분석 등의 과목 위주로 2년 반을 공부하였으며, 재학 중에 상권분석사 1급과 창업보육전문매니저 자격증을 취득하였다. 자격증 취득을 한 후에는 학교에서 운영하는 자격증 대비반 특강도 하게 되었고, 어찌어찌하여 새로 편성된 '기술창업보육론'이라는 과목의 강의도 하게 되었다.

7) 전라남도청에 가다

전라남도청에 가려면, 먼저 KTX로 목포역까지 가야 하고, 목포역에서 택시를 타고 약 25분 정도를 들어가야 한다. 행정구역상으로는 전라남도 무안이다. 요즘은 지방자치단체에서도 각종 용역 입찰을 할 때, 외부 심사위원을 공모하여 초빙한다. 문제는 업무의 공정성을 확보하기 위하여 심사 전날 오후 4시가 넘어서 휴대폰으로 연락을 한다. 그 전화를 못 받으면 심사 평가의 기회가 없어지는 것이다. 지금 생각해보면 아마도 몇 번의 전화를 못 받은 경우도 있는 것 같다.

8) 공공기관 면접위원

브레인플랫폼(주) 김영기 대표님을 만난 건 정말 내게 큰 행운이라고 말할 수 있다. 우연히 (사)창직교육협회의 창직컨설턴트 1급 과정 교육을 같이 받았으며, 이를 기회로 공공기관 면접관 교육을 받은 바 있다. 그리고 공공기관 면접위원 활동을 하게 되었다.

9) 대학생 모의면접

공공기관 면접위원 활동 이후 또 기회가 되어 경북 영주의 경북전문대학교에서 진행되는 취업 관련 프로그램 중 하나인 대학생 모의면접위원 활동도 하게 되었다. 이 글을 쓰고 있는 지금도 경기도○○○진흥원에서 심사위원으로 위촉한다는 메일을 받았다.

여러분은 지금 근무하는 회사에서 앞으로 얼마나 오랫동안 근무를 할 수 있는가?
회사를 퇴직한 후에도 회사와 관련하여 할 수 있는 일이 있는가?

위의 두 가지 질문에 명쾌한 답을 할 수 없다면, 여러분은 N잡러가 되어야 한다.

③ 마치면서

독자 여러분은 혹시 이직하기 위하여 작성했던 이력서 말고 현재 다니고 있는 회사 이후의 이력서를 써본 적이 있는가? 필자는 노트북에 A4용지 약 9페이지 정도의 이력서를 작성해두고 추가할 내용이 있으면 언제든지 수정하고 있다. 기회가 된다면 한번 보여주고 싶다.

지금까지 필자가 직접 경험한 몇 가지 이야기를 소개하였다. 글을 마무리하면서 N잡러가 되기 위해서는 계속 배우고 공부해야 한다는 것을 다시 한번 강조하고 싶다. 그 공부라는 것은 학위와 관련된 정규과정뿐만 아니라 사진, 악기, 외국어, 컴퓨터, 그 밖의 다양한 자격증 취득까지 많은 것을 의미한다.

이 글을 읽고 있는 독자분들 모두 본인이 진짜 하고 싶은, 가슴 뛰는 일을 찾으시길 바란다. 그 일을 하기 위해서 기본적으로 준비해야 할 것을 고민하다 보면 배워야 할 것이 많다는 것을 깨닫게 될 것이다. 고민만 하다가 포기해서는 안 된다. 고민한 내용을 바탕으로 한 걸음 한 걸음 앞으로 나아가야 한다. 여러분 모두 각자의 소중한 꿈을 이루어 나가시길 기원한다.

저자소개

이점수 LEE JEOM SOO

학력

- 서경대학교 대학원 졸업
- 한국열린사이버대학교 창업경영컨설팅학과 졸업
- 서경대학교 경영학과 졸업
- 동대문상업고등학교 졸업

경력

- JA코리아 직장인 봉사단
- 세종로포럼 국정단체협력위원장
- 서경대학교 겸임교수
- 한국열린사이버대학교 겸임교수
- 한양대학교 겸임교수
- 기술정보진흥원 심사위원
- 한국콘텐츠진흥원 심사위원
- 더행복포럼 융복합산업분과 전문위원
- 충남경제진흥원 평가위원

- 경기도경제과학진흥원 평가위원

자격
- 창업보육전문매니저
- 상가분석사 1급
- 창직컨설턴트 1급

저서
- 『인간관계론』 공저, 도서출판 청람, 2011.
- 『창업과 창직』 공저, 브레인플랫폼, 2020.

수상
- 금융감독원장 표창(2010)

8장

인생 100세 시대!
국수가락이 답이다

박종현

① 왜 N잡러인가?

1) 정답 없는 인생살이

인생을 살아가는 데에 정답은 없다. 지금까지 직업적 측면에서 인생 2막을 잘살고 있는 사람들에게 제일 먼저 눈에 띄는 것은 '전문직'이다. 이들의 공통점은 건강이 허락하는 한 젊었을 때부터 해온 일을 계속한다는 것이다. 의사, 변호사, 세무사, 회계사, 법무사, 변리사 등과 같은 직업이 대표적이다.

직장생활을 하면서 틈틈이 해왔던 취미생활을 퇴직 후에 직업화하는 경우도 있다. 사진 찍기를 좋아했던 필자의 지인은 DSLR 카메라를 전문가 수준으로 활용하고 있다. 취미생활 자체가 돈이 되는 것은 아니었지만, 지금은 자신에게 행복을 주고 있다. 취미로 시작해 사진찍기 대회에 나가 입상을 하더니 어느 순간부터는 사진 전문가로 활동하고 있다. 최근엔 사진 찍는 요령을 주제로 책을 출간했고 '사진 잘 찍는 꿀팁'이라는 주제로 평생교육원에서 특강을 하는 등 행복한 일상을 보내고 있다. 사진 찍기 하나로 작가, 강연이라는 직업적 활동을 확대하게 된 사례다. 요즈음 얘기하는 'N잡러'인 셈이다.

오래전부터 우리 주변엔 'N잡러가 답이다'라는 말이 유행하고 있다. 2개 이상 복수를 뜻하는 'N'과 직업을 뜻하는 'Job', 사람을 뜻하는 '~러(er)'

가 합쳐 만들어진 신조어다. 말 그대로 '여러 직업을 가진 사람'이라는 의미다. 과거엔 한 가지 직업으로 경제 활동을 했다면 지금은 본업 외에도 다양한 부업으로 급변하는 사회에 언제든지 대응할 수 있게 겸업하는 이들이 증가하고 있다. 이런 'N잡러' 현상은 갈수록 불안정한 노동 시장에 대비한 각자도생의 자연발생적 현상이라 할 수 있다.

또 다른 축은 직장생활에서 자신의 전문성을 살려 '컨설턴트'로 활동하고 있는 사례다. 직장생활로 하지 못했던 공부를 퇴직 후 틈틈이 하면서 석, 박사 학위나 전문 자격증을 취득하여 인생 2막을 멋지게 사는 분들이 늘고 있다. 대표적인 자격증으로 국가공인 '경영지도사'가 있다. 이 자격증을 활용하여 'N잡러'로서 보람 있게 사는 분들이 주변에 많다.

마지막으로 부모의 가업을 물려받아 이어가는 경우다. 훌륭한 멘토가 부모이고, 부모의 경제 활동을 옆에서 늘 지켜봤기 때문에 그 환경에 적응하는 것은 상대적으로 쉬운 일이다. 요즘은 청년 취업준비생들에게 일찌감치 부모가 해온 일을 자식과 함께하거나 물려주는 사례가 많다.

문제는 퇴직 후 자신의 잠재 역량을 어떻게 실현해 나갈지 그 방향성을 못 찾는 사람 상당수가 조급한 마음으로 창업 대열에 진입하는 경우다. 때마침 2020년부터 시작된 코로나19는 예비창업자의 꿈조차 모조리 앗아가 버렸다. 창업은 외부 환경에 매우 민감하므로 창업만이 대안인 사람들에겐 생존의 문제로 대두되기 시작했다. 이젠 다른 어느 때보다도 하나의 직업만으론 삶의 리스크가 커지는 세상이 돼버렸다. 또한, 직업도 정보통신기술(ICT) 발달로 대체되는 속도가 엄청 빨라지고 있다. 그래서 새로운 대안으로 '창직형 창업'이 급부상하고 있다.

2) 수도꼭지 하나만 바라봤던 나의 리즈 시절

필자는 인생 전반부인 50세까지는 수도꼭지 하나만 바라보고 살아왔다. 그것이 미덕인 시대였다. 하지만 필자의 선배, 동료, 후배 중 일부는 목적이 무엇이었든 직장생활 시절부터 음으로 양으로 해왔던 전문적 취미 활동, 학위, 자격증을 퇴직 후 적절하게 잘 사용하고 있다. 필자는 오로지 수도꼭지 하나만 바라보고 살다가 어느 순간 그 수도꼭지가 내 의지와는 무관하게 고장 나 버렸다. 다시 수리해서 사용하자니 노후화된 수도꼭지가 정상적으로 가동되기엔 많은 시간과 경제적 비용이 소요되었다. 또한, 수리가 되었다 하더라도 이전만큼 콸콸 나오지도 않아 다시 수리하는 시행착오를 겪기도 했다. 아마도 인생 2막을 사는 사람의 상당수가 필자와 비슷한 경험을 했으리라 본다.

직업은 영원하지 않다. 시대의 변화에 따라 새로운 직업이 창출되기도 하고 사라지기도 한다. 나이에 따라 직업의 선택도 변한다. 세상만사 영원한 게 없듯, 세상은 끊임없이 변화한다. 그래서 필자는 인생 후반부 직업 전략을 수도꼭지 하나만 바라보고 살기보단 다양한 수도꼭지를 만들어 활용하는 전략을 택했다. 가동하는 수도꼭지 중 어느 한 곳에서 문제가 생기더라도 나머지 수도꼭지에서 물은 계속 나오기 때문에 수리 중에도 물은 계속 마실 수 있다. 그래서 지금의 '멀티파이프라인 직업 전략'은 필자에게 심리적 안정감을 주고 있어 매우 행복하다. 안정적인 직장생활을 하는 사람도 정년퇴직 후엔 새로운 직업을 찾아야 하므로 'N잡러'는 인생 100세 시대에 꼭 필요한 직업 전략이다.

3) 턱없이 부족한 나의 국민연금

필자는 만 63세부터 국민연금을 받는다. 2021년 최저임금은 시간당 8,720원이며, 월 환산금액(209시간/월, 주휴수당 포함)은 1,822,480원이다. 필자의 예상 연금을 현재가치로 단순 비교해도 최저생계비 수준에 한참 미달이다. 2020년 10월 기준 '국민연금을 받는 434만 명 중 20년 이상 가입한 수급자는 55만 명'이다. 이들의 월평균 수령액은 93만 5,320원이다. 대다수 국민이 그 차액을 메꾸기 위해서라도 일을 계속해야만 할 상황이다.

필자가 직업을 선택할 1980년대는 고도성장기다. 상대적으로 급여가 적은 공무원이나 군인, 교사와 같은 직업은 인기 직업군이 아니었다. 지금은 고용의 안정성, 고연금 등으로 공무원은 취업준비생들에게 인기 최고의 직업이다. 인생 100세 시대에 각자도생하기 위해서는 국민연금만으로는 살아갈 수 없음이 명백해졌다. 이것이 인생 2막을 살아가는 사람들의 최대 현안이자 고통이다. '어떻게 해야 이 차이(GAP)를 줄일 수 있을까?' 인생 2막의 여정이 그다지 행복하지 않은 이유가 여기에 있다.

2019년 말 현재, 65세 이상 인구는 800여만 명, 전체 인구의 15.4%

다. 베이비붐 세대의 고령화로 2025년에는 1,050만 명으로 늘어날 것으로 전망하고 있다. 전체 인구의 20%를 차지하는 '초고령사회'에 진입하게 되는 것이다. 결국, 자신만이 할 수 있는 일을 다수 만들지 않으면 고령화 사회에 국민연금만으론 절대 살 수 없는 세상이 됐다. 따라서 자신의 전문성이나, 재능, 적성, 성격을 살려 N잡러로 살아가려는 사람들에겐 이젠 선택이 아닌 필수가 되어버렸다.

② 나의 N잡러 도전기

1) '사주 애널리스트'로서의 첫걸음

오래전 우연한 기회에 동양철학 박사 'K' 교수로부터 사주 명리학에 입문하게 되었다. 그 덕분에 필자는 '사주마케팅 전략연구소'라는 블로그와 '사주마케팅TV'라는 유튜브 채널을 운영하고 있다. 사주 명리 민간 자격증도 보유하고 있다. K 교수의 사주 명리 특강은 그전까지 단순히 점으로만 알았던 사주에 대한 인식을 완전히 바꾸게 된 계기가 되었다. 많은 사람에게 '사주가 무엇이냐?'고 물어보면 '점'이라고 답한다. 특정 종교와 관련된 것처럼 인식하고 있는 사람도 더러 있다.

필자도 사주 명리학을 공부하기 전까지는 자기 일에 최선을 다하면 좋은 결과가 창출될 것이라는 신념으로 앞만 보고 달렸다. 하지만 명리학

공부를 통해서 세상의 이치가 열심히 일했다고 자기 뜻대로 되는 것이 아님을 알고서야 세상을 바라보는 시각이 달라졌다. 자연에도 사계절이 있듯, 인생에도 자신만의 계절이라 할 수 있는 운의 흐름인 '때'가 있다. 겨울엔 봄이나 여름처럼 생산적 활동이 제한적인 것처럼 인생의 계절에 겨울이 오게 되면, 아무리 열심히 일해도 그 성과가 쉽게 창출되지 않는 이치와 같다.

많은 사람이 '현재의 일에 최선을 다한다면 언젠가는 좋은 결과가 있을 거야'라는 신념으로 살고 있다. 세상사 모든 이치가 항상 좋을 수만은 없지만, 일에는 효율성과 효과성을 중시해야 한다. 지인 중의 한 사람이 부장으로 퇴직 후 1톤 트럭으로 용달차 운송 사업을 하고 있다. 이 친구의 철칙은 비 올 때는 절대 차량을 운행하지 않는다는 것이다. 사고의 위험성이 크기 때문이다. '하루하루 최선을 다한다'라는 신념이 오히려 생각지도 못한 사고로 더 큰 비용을 초래할 수 있기 때문이다. 비 오는 날 차량 운행은 일의 효율성과는 거리가 멀 수 있다는 얘기다. 고위험보다는 안전을 택한 선택이다. 한마디로 사업운을 스스로 관리한다고 볼 수 있다.

베이비붐 세대(1955~1963년생) 대부분은 인생 1막을 사랑하는 가족을 위한 책임감으로 새벽부터 밤늦게까지 열심히 일하며 가장의 역할을 했다. 그러나 퇴직 후에는 정말로 자신이 좋아하고 잘할 수 있는 일을 선택하는 것이 중요하다. 그 중심에 명리학이 있다. 자신이 누구인지, 지금 어디에 와 있고, 추구하는 가치관, 가야 할 방향이 무엇인지를 제대로 성찰하는 시간이 필요하다. 사주 명리학에서는 사람의 성격 유형을 518,400가지로 분류한다. 한 번쯤은 자신을 제대로 돌아보는 시간이 필요하다. 다행히 직장생활에서 해왔던 일을 운 좋게 계속 살려갈 수 있다면 행복한 연착륙이다.

인생 100세 시대에 남녀 기대수명이 82.7세, 건강수명이 65세라 한다. 지금부터라도 N잡러로서 인생 2막을 준비해도 늦지 않은 것이다. 그러기 위해서 조급한 마음은 절대 금물이다. 다 자신의 때(계절, 운)가 있는 법이다. 한 번쯤은 자신이 지금 나설 때인지, 물러설 때인지를 파악하는 시간도 필요하다. 아이스크림 장사도 비 오는 날씨보단 태양이 이글거리는 한 여름철에 잘 팔리는 것은 당연한 이치다. 지금은 고인이 되신 삼성그룹의 창업주 이병철 회장도 '사람은 능력 하나만으로 성공하는 게 아니다. 운을 잘 타야 하는 법이다. 때를 잘 만나야 하고 사람을 잘 만나야 한다. 운이 트일 때까지 버텨내는 끈기와 근성이 있어야 한다'라고 강조한 바 있다.

2) 이제는 익숙한 '작가'라는 애칭

가끔 지인들이 필자를 부르는 애칭 중의 하나가 '박 작가님'이다. 필자는 2004년도에 국내 최초로 『장사를 잘하려면 이마트를 배워라』라는 책을 출간했다. '이마트'라는 타이틀로는 필자가 국내에서 처음으로 책을 출간한 것이다. 그래서 강의 나갈 때마다 '국내 최초로 이마트 책을 출간한 유통 전문가 박송현입니다'라고 소개한다. '최초'라는 단어는 마케팅에서 소비자에게 미치는 영향력이 크다. 게다가 2010년 출판사의 강한 요청으로 두 번째 책『이마트의 장사 노하우』를 출간하였다. 주변에서 지인들이 필자를 '박 작가님'이라고 부르는 이유다.

2019년 3월에는 그동안 'NCS 블라인드 채용 면접관'으로 활동하면서 뜻있는 분들과 함께『공공기관 합격 로드맵』이라는 제목으로 취업준비생들을 위한 지침서를 출간하였다. 2020년 2월에는『공공기관·대기업 면접의 정석』이라는 책을 공저로 출간했다. 또한, 3월엔 인생 2막을 앞둔 분들을 위한『인생 2막 멘토들』이라는 책을 뜻있는 분들과 출간했다. 그리고 7월에는『창업과 창직』이라는 책을 출간했다. 지금까지 총 6권의 책을 출간했다. 그리고 2021년 2월엔 7번째, 3월엔 8번째 책이 공저로 출간 예정이다. 그러다 보니 전업 작가는 아니지만 '박 작가님'이란 호칭을 듣는 데는 손색이 없을 듯하다.

오랜 기간 한 조직에서 몸담은 분들이 퇴직 후 필자를 찾아오면 자신의 경험을 책으로 출간하도록 꼭 조언한다. 필자가 책을 언젠가는 써야겠다고 마음먹은 것은 대리 시절 신규사업 진출을 위해 시장 조사차 일본 NEC에 출장 갔을 때다. 당시 NEC 담당자가 필자의 경력을 묻더니 10년 가까이 담당 업무를 했으면 책 한 권 낼 정도의 전문성을 가지고 있겠다는 칭찬의 말을 듣고 뜨끔했다. 그 후 10년이 지나서야 출간을 실행에 옮겼다.

책을 쓰면 좋은 점이 많다. 첫째 동기인 K 박사는 그동안 자신이 출간한 많은 책 덕분에 정부 연구 정책 자금을 받는 데 큰 도움이 되었다고 한다. 둘째 책을 출간하게 되면 강의가 쇄도한다. 저자의 전문성과 지식 역량을 인정해주기 때문이다. 필자도 이마트 책을 처음 출간했을 때 강의 요청을 많이 받았다. 또한, 화제가 되는 책의 출간은 매스컴으로부터 인터뷰 요청을 받기도 한다. 결국, 퇴직 후 자신을 세상에 알리는 가장 좋은 방법은 '한 권의 책 출간'이라는 사실에 출간 경험이 있는 분들은 100% 공감할 것으로 생각한다.

오래전의 일이다. 필자가 모 기업에서 마케팅본부장을 하고 있을 때 업무적으로 만난 S 카드사의 A 상무가 있었다. 연초 어느 날 차 한잔 하고 싶다는 연락이 왔다. 만나 보니 '연말 임원 인사에서 보직을 못 받아 퇴직했다고 하면서 앞으로 인생을 어떻게 살아야 할지 선배의 조언을 듣고 싶다'라고 했다. 필자는 카드 마케팅을 주제로 책을 출간해보도록 권했다. '지금까지 만난 지인 중에 책을 출간해보라는 사람은 한 사람도 없었다'라면서 필자의 제안을 흔쾌히 수용했다. 그 후 6개월도 안 돼서 책을 출간한 A 상무는 그 한 권의 책으로 업계에서 상당한 '인플루언서(Influencer)'의 역할을 하면서 에너지 있게 활동 중이다. 만날 때마다 "선배님의 신의 한 수가 오늘날 자신을 있게 했다"라며 칭찬을 아끼지 않는다.

또 다른 사례는 함께 S 전자에서 일한 L 부장이다. 이 친구는 명예퇴직 후 전략적으로 인생 2막을 즐기면서 활동하고 있다. 기본 콘셉트는 '워라벨(work & life balance)'이나. 명예퇴직 후 자신의 다양한 경험담을 두 번

씩이나 책으로 출간했다. 출간 후 강의, 인터뷰가 쇄도했다. 또한, 책쓰기 강사로도 활동하고 있다. 다소 우울하고 무기력할 수 있는 인생 2막을 '한 권의 책 출간'을 계기로 자신의 인생을 주도적으로 개척하고 있다.

경영컨설턴트 한근태 대표는 자신의 저서『당신이 누구인지 책으로 증명하라』에서 "책을 쓰는 일은 최소의 자본으로 최고의 효율을 낼 수 있는 인생 2막 연착륙 수단"이라고 강조했다. 출간 후 강연의 기회는 가치 상승과 커리어 축적도 가능하게 한다. 결국, '퇴직 후 자신의 가치와 자존감을 어떻게 높일 것인가?'에 대한 답은 한마디로 책을 출간하여 자신의 브랜드를 포지서닝(Positioning)하는 것이다. 유튜버로 맹활약 중인 70대 박막례 님도 2019년『박막례 이대로 죽을 순 없다』라는 책을 출간했다. 실버 유튜버가 '한 권의 책 출간'으로 자신의 외연을 확장한 사례다.

N잡러의 첫 출발을 글쓰기부터 해보라고 권하고 싶다. 책쓰기는 '최소의 자본으로 최대의 효과를 창출할 수 있는 수단'이다. 자신의 브랜드 가치를 올리는 일에 책을 출간하는 것만큼 좋은 방법은 없다. 책은 그 사람의 전문성을 상징하고, 전문성은 이 시대를 살아가는 경쟁력이다. 자투리 시간을 이용해 틈틈이 책을 쓰면 부담도 덜하다. "책을 쓰는 것은 평생 돈을 벌 수 있는 시스템"이라고 한근태 대표는 강조한다. '한 권의 책 출간'은 자신의 가치를 상승시킬 뿐만 아니라 강연, 컨설팅, 칼럼 기고, 인터뷰의 기회가 오기도 한다.

기회는 언제나 준비된 자에게만 온다. 그 기회는 누가 만들어주는 것이 아니라 자신이 만들어 가는 것이다. 경영컨설턴트 한근태 대표는 "인생 2막을 보다 행복하게 살기 위한 사업자본이 필요하다면 은행 대출보단 지금 당장 자신의 이름으로 한 권의 책을 출간해보라"고 강조했다. N잡러가 되기 위한 첫 행보로써 자신의 경험과 이야기가 담긴 책을 꼭 출간하길 조언한다.

3) 자존감을 높여준 NCS 블라인드 채용 면접관

사람의 운명은 타고난 사주팔자와 규칙적으로 변화하는 운의 흐름에 달려 있다고 한다. 그래서 자신의 미래 운명은 예측할 수 있기에 인생을 개척할 수 있다는 논리가 성립된다. 그런데 사주팔자에 나타나 있지 않은 것 중의 하나가 바로 '누구랑 만나는지'와 '자신의 노력과 의지'다. 이것은 만나는 사람과 자신의 노력과 의지에 따라 자신의 운명을 바꿀 수 있다는 의미로 해석할 수 있다. 필자가 자존감의 회복이 필요할 시기에 컨설팅 업계의 지존인 K 박사를 만났다. 당시 K 박사의 제안으로 2017년 1월 '공공기관 면접관 양성과정'이라는 교육을 이틀간 이수하였다. 인생 2막을 살아가는 과정에서 K 박사를 만난 것은 큰 행운이었다. 지금도 많은 도움을 받고 있다. 교육 수료 후 필자는 2021년 2월 현재 100회 이상의 채용 면접을 경험했다.

면접관 활동은 필자의 자존감을 살려주기에 충분했으며, 삶의 보람과 활력소가 되었다. 한편으로는 취업준비생들에게 어떻게 하면 좀 더 합격의 지름길이 될 수 있을지에 대한 코치역량도 키운 계기도 되었다. 그래서 K 박사를 비롯하여 뜻있는 분들과 그간의 경험을 바탕으로 공저로 최초 출간한 책이 바로 『공공기관 합격 로드맵』이다. 필자는 이 책을 계기로 대학생들에게 '실패를 줄이는 취업전략'이라는 주제로 강의도 했다. 게다가 일부 대학생을 상대로 자기소개서, 면접 관련 1:1 개인 코치도 하는 등 삶의 모티브가 되고 있다.

K 박사는 향후 면접관의 수요가 더 증가할 것으로 예상하여 비대면 화상 교육도 병행하고 있다. 이 과정에서 필자도 중요한 역할을 하고 있다. K 박사는 2020년 KBS 스포츠예술과학원과 양해각서를 체결하고 'KBS 공공기관 면접관 양성 교육과정'을 개설했다. 필자도 KBS 스포츠예술 과학원으로부터 전임강사로 위촉됐다. 필자는 전업 강사는 아니었지만, 평소 그 꿈을 놓지 않았다. 호시탐탐 기회만 엿보고 있을 때 K 박사의 추천으로 함께 배를 타게 된 것이다. 아무에게나 강의를 맡길 수 없는 K 박사의 마음을 알기에 기대에 부응하기 위해 최선을 다하고 있다.

또한, 현장에서 함께 면접 활동을 했던 다른 면접관이 필자의 면접 역량을 좋게 보고 공무원 면접관 기회까지 추천해주어 지금은 공공기관뿐만 아니라 공무원 채용, 승진 면접까지 영역을 넓혀가고 있다. 결국, N잡러가 되려는 사람들에게 필요한 것은 위축되지 않고 다양한 사람들을 적극적으로 만나서 그들에게 자신의 역량을 널리 알리는 활동이다. 자동차도 움직여야 방향을 조절할 수 있다. 기회는 움직이는 사람에게만 다가온다. 2017년 시작한 '공공기관 NCS 블라인드 면접관' 활동이 지금은 3권의 면접 전문 서적으로 출간되어 'NCS 공공기관 채용 전문 면접관'이라는 브랜드 포지셔닝(Positioning) 구축에 큰 일조를 했다.

4) '블로그' 시작 2년 만에 순 방문자 수 28만 돌파

필자의 강점 키워드는 '말하기', '글쓰기', '도전'이다. 무엇을 하든 처음이 힘들다. 남들이 한 권 쓰기도 힘들다는 책을 7권(단독 2권, 공저 5권)이나 출간했다. 인생 2막을 살아가는 사람들에게 중요한 것은 자기 자본 들여 뭘 해야겠다는 생각에서 벗어나야 한다는 것이다. 물론 돈 한 푼 안 들이고 할 수 있는 일은 별로 없다. 하지만 큰돈 들여 뭘 해야겠다는 생각은 우선순위보단 차순위다. 필자는 오랜 기간 공부해온 사주 명리를 주제로 2019년 3월 '사주마케팅 전략연구소' 블로그를 시작했다. 다소 어려울 수 있는 주제지만 오픈한 지 8개월 만에 순 방문자 수 10만 명을 돌파했다. 그리고 3월 현재 29만 명을 향해 달리고 있다. 지금은 작지만 블로그에서 수익이 창출되고 있다. 이것이 언젠가는 눈덩이(Snow Ball)가 될 것이라 믿는다.

글을 꾸준하게 게시하는 행위 자체가 힘들고 당장 필자에게 경제적으로 큰 부를 주고 있지는 않더라도 필자의 자존감과 가치는 한층 배가 되었다. 인터넷에 '사주마케팅'을 검색하면 필자의 블로그가 검색된다. 블로그 개설의 목적은 필자의 '글쓰기' 역량을 활용해보자는 것이다. 또한, 사주 명리 저변 확대를 위해 편하게 읽을 수 있는 책을 출간하기 위한 원고 쓰기 차원도 있다. 요즈음 메가 트렌드 중의 하나가 디지털트렌스포메이션(Digital Transformation)이다. 그중 블로그는 디지털의 베이직

(Basic)이다. 또한, 자신의 브랜드를 구축하기 위한 필수 도구이기도 하다.

N잡러로서 자신의 인생을 변화시키려면 지금부터라도 글을 쓰는 습관을 만드는 것이다. 글을 쓰면 자신의 부족함을 알 수 있고, 생각을 정리할 수 있으며, 논리적으로 될 수 있다. 경영컨설턴트 한근태 대표가 자신의 저서에서 언급한 "전문가만이 글을 쓰는 게 아니라 글을 써야 전문가가 되는 것이다", "자신이 누구인지를 꼭 책으로 증명해보길 권한다"라는 말이 새삼 와 닿는다.

5) 시니어 '인터넷 기자'의 길

블로거로 활동하다 보니 인터넷 신문사에서 생각지도 않은 기자 제안이 왔다. 필자의 학창 시절 꿈 중의 하나가 기자였다. 필자는 그 제안을 즉각 수용했고, 지금은 서울데일리뉴스 기자로서 필자의 글쓰기 역량을 발휘하며 시민들의 알 권리를 위해 노력하고 있다. 인터넷 신문의 장점은 신속성이다. 모바일 시대에 정보를 빠르게 확산시킬 수 있는 장점은 기존의 종이 신문으로는 한계가 있다. 그래서 필자는 중앙지의 관심 분야가 아닌 틈새를 취재해 정보 수요가 있는 독자들에게 신속히 알리는 일에 무게중심을 두고 있다. 이 또한 필자에겐 '나도 할 수 있다'라는 자존감을 충분히 세워주고 있다. 또한, 인터넷에 필자의 기사가 검색되는 등 필자의 브랜드 구축에도 보이지 않게 기여하고 있다.

기자로서의 활동은 블로그로 연결된 새로운 경험이다. 자신의 강점을 찾아내고 그것에 집중하다 보면, 새로운 기회는 언제든지 봇물 터지듯 쏟아진다. 기회는 준비된 사람 못지않게 움직이는 사람에게 온다. 구기 종목에서 우리 편이 공을 주길 기다리기보단 먼저 다가가 공을 받는 게 훨씬 유리하다. 필자의 기자로서의 직업적 가치는 재능 기부와 글쓰기 역량 확충이다. 인생도 그러하듯, 기자로서의 글쓰기가 어떤 형태로든 외연 확장에 도움이 될 것으로 생각한다.

한 번은 모 시의회 의원들이 의정 활동을 얼마나 제대로 하고 있는지 기획 기사를 취재해 몇 차례 내보낸 적이 있었다. 의정 활동의 객관성을 보증하기 위한 KPI(Key Performance Index)를 설정해 의원별로 정량적인 평가를 하게 되었다. 그 기사 하나로 시의회가 발칵 뒤집혔다. 지금까지 객관화된 지표로 의정 활동을 평가한 적이 없었는데 시민들은 누가 더 열심히 의정 활동을 해왔는지 객관화된 지표로 일목요연하게 검증할 수 있었다. 의원들의 반응은 다양했다. 불만을 가진 일부 의원이 항의하기도 했고, 반성한다고 말한 의원도 있었다. 블로그가 기반이 되어 시작한 기자 활동이 이 시대를 살아가는 N잡러로서의 역할이 무엇인지를 보여주는 좋은 계기가 되었다.

6) 이젠 나도 '유튜버'

지금은 유튜브의 시대다. 서점에 가면 유튜브로 성공한 사람들의 책이 많이 나와 있다. 목마른 사람이 우물을 판다는 말이 있듯, 필자는 그

책 대부분을 읽었다. '나도 유튜브를 할 수 있을까?' 어떻게 해야 할지 몰라서 고민도 했고 망설였다. 필자의 블로그를 본 지인들도 유튜브를 해보라고 강력히 추천했다. 지금은 젊은 사람 못지않게 실버 세대의 유튜브 진출이 활발하다. 그 중심에 70대 유튜버 박막례 님도 있다. 그분이 쓴 『박막례 이대로 죽을 순 없다』라는 책을 읽어보면 "아, 진짜로 유튜브 하길 잘했다"라는 글귀가 자주 등장한다. 그분의 활동 때문에 유튜브의 사장이 박막례 할머니를 보러 한국까지 올 정도로 유명인사가 됐고, 유튜브 때문에 구글 CEO도 만났다. 그녀는 "유튜브를 통해 자신의 인생이 바뀌었다"라고 한다. 지금 생각하니 필자도 70대 박막례 유튜버의 말처럼 유튜브 하길 참 잘했다고 생각한다.

필자는 2019년 8월에 유튜브를 시작했다. '70대인 박막례 님도 했는데 나라고 못 할쏘냐'라는 마음으로 인내하며 실행했다. 필자의 유튜브 주제는 블로그와 같은 사주 명리다. 채널명은 '사주마케팅TV'다. 다른 채널과 차별화하기 위해 사주를 마케팅 관점에서 분석하기 위해 브랜딩했다. 인터넷으로 '사주마케팅'을 검색하면 필자의 글과 영상물이 함께 나온다. 지금 동영상이 120개 넘게 업로드되어 있다. 구독자 수가 1차 관문인 1,000명을 갓 넘어 전업 유튜버보단 엄청 초라하지만, 필자는 그래도 나 자신에게 칭찬해주고 싶다. N잡'를 꿈꾸는 사람들에게 지금 바로 유튜브를 하라고 권하고 싶다. '유튜버는 21세기 농부'라고 한다. 즉, 농부처럼 모심는 마음으로 콘텐츠를 제작해 올리라고 전문가들은 조언한다. 모 심자마자 수확할 수는 없듯, 꾸준하게 올리다 보면 그중 하나가 자신의 채널을 먹여 살리는 날이 올 수 있다는 것이다. 이것이 유튜브로 성공한 사람들의 공통적인 얘기다.

'준비가 때(운)를 만나면, 기적이 일어난다'고 했다. 지금 바로 'JUST DO IT'. 유튜브가 매력적인 것은 점포 창업처럼 수억 원의 자본이 투자되지 않는다는 것이다. 물론 진입 장벽이 낮은 만큼 높은 수익과 성공의 가능성은 작을 수 있다. 하지만 자신만의 콘텐츠와 재능과 끼를 잘 살린다면은 누구나 도전할 수 있다. 생각지도 못한 곳에서 일과 삶을 균형 있고, 주도적으로 살아갈 수 있는 자신의 역량을 우연히 발견할 수도 있다. 유튜브는 전 세계 18억 명이 시청하는 대형 미디어 플랫폼이다. 초등학생의 희망 직업이 2018년에 유튜버가 5위, 2019년엔 3위로 올랐다는 조사보고서도 있다. 살아가는 데 필요한 모든 것이 유튜브에 있다고 해도 과언이 아니다. 전 세계 자본이 동영상 플랫폼으로 몰리고 있다 하니 시사하는 바가 크다. 언젠가는 대체재가 나오겠지만, 핵심은 최소의 자본으로 자신의 잠재 역량을 동영상이라는 아이템을 통해 창출해보자는 것이다.

7) 하이패스 형 '꽃 배달' 서비스

모바일과 온라인이 대세인 시장에서 플랫폼 비즈니스는 일상화된 수단이다. 필자는 우연한 기회로 꽃 배달 플랫폼 비즈니스를 하고 있다. 틈틈이 시간 나는 대로 알리고 고객이 주문하면 실시간으로 주문 현황과 결제 내용이 필자의 스마트폰으로 확인된다. 한마디로 필자가 다른 일을 하고 있더라도 플랫폼에서는 누군가의 주문으로 실시간 매출이 발생한다. 고속도로 무인 자동결제 시스템인 하이패스와 같은 맥락이다. 직원이 없어도 통행료는 수거되고 있다. 투자 대비 수익률만 보면 꽃 배달 비즈니스만 한 게 없을 듯하다. 정년도, 감가상각도, 최저임금도 없는 '1인 기업'이다.

인생 2막에 정답은 없지만 어떻게 하면 삶의 리스크를 줄일 수 있을지에 대한 합리적인 답은 있어 보인다. 자신의 강점을 찾아 강화하는 길이다. 국가대표 리듬체조 선수로 활약하고 은퇴한 손연재가 좋은 사례다. 20대의 젊은 나이에 리듬체조 선수로 은퇴하다 보니 앞으로 무엇을 해야 할지에 대한 진로와 자신의 정체성에 고민이 많았다고 한다. TV에도 몇 차례 출연도 하고, 2년 넘게 쉬면서 새로운 길을 모색했지만 결국 자신의 강점인 '리듬체조'를 자신의 정체성으로 규정했다고 한다. 2019년 '리듬체조 아카데미'를 오픈해 이제는 '전 리듬체조 선수' 손연재가 아니라 '20대 사업가' 손연재 대표로 활약하고 있다.

위험을 최소화하기 위해서는 큰 자본을 들여 사업하겠다는 발상부터 버려야 한다. 사업을 시작하면 사무실부터 먼저 임대해야 한다고 생각하는 사람들이 많다. 지금은 공유 오피스가 대세다. 필자 역시 공유 오피스를 이용하고 있다. N잡러 준비는 강박관념으로 서두르기보단 자신의 '정체성'이 무엇인지부터 파악하고 출발해도 늦지 않다. 인생 1막이 '빠름의 행보'라면 인생 2막은 '느림의 행보'로 가길 권한다. 인생 100세 시대에는 인생 2막에 이어, 연장전인 3막까지 갈 수 있다. 스포츠 게임에서 승부는 전반전보단 후반전에서, 때로는 연장전에서 날 때가 있음을 우리는 경험을 통해 잘 알고 있다.

8) 공공기관 심사·평가위원으로 영역 확대

인생을 살면서 '누구를 만나느냐?'에 따라 그 결과는 많이 달라진다. 필자는 대기업 건설회사 차장으로 근무하면서 면접위원으로 활동하고 있는 지인과 소통할 기회가 있었다. 자신이 지난 10여 년간 직장생활을 하면서 공공기관 용역제안서 심사 및 평가위원으로 80회 이상 활동한 경험을 들려주면서 필자에게 강력히 추천했다. 진행 방식을 들어보니 용역사가 프레젠테이션하고 평가위원들이 질의 응답하는 방식이다. 신입사원 채용 시 PT 면접과 유사하다. 또한, 필자가 현업에서 업무상 늘 접했던 형식이다. 한마디로 필자에게 익숙하고 딱 맞는 일이었지만 이 분야에 전혀 경력이 없는 나로서는 선뜻 용기가 나지 않았다.

하지만 새로운 일을 하는 곳에 자본이 투자되는 것도 아니고 필자의 평가 역량을 기반으로 업을 확산하는 방식이 나의 N잡러 콘셉트와 일치하기에 '수적천석'의 마음으로 추진하기로 했다. 처음엔 공공기관 양식에 맞춰 일일이 신청서를 작성하거나 첨부 내용이 많아 적응하기 쉽지 않았지만, 반복적으로 작성, 신청하다 보니 이젠 잘 적응하고 있다. 수십 차례 지원한 2020년 5월 어느 날 강원도 모 기관에서 이틀간 평가위원으로 선정됐다고 전화가 왔다. 기뻐 날뛰면서도 한편으론 긴장감, 설렘, 두려움이 앞섰다. 세상만사 안 가본 길을 가려면 다소간의 두려움은 있는 법이지만 그래도 떨렸다. 일단 부딪혀보기로 하고 면접관 활동으로 다져진 필자의 기본 역량과 현업에서의 프레젠테이션 질의 응답 역량이 잘 어우러져 성공적으로 첫 임무를 완수했다.

N잡러로서 또 다른 새로운 직업이 탄생하는 순간이었다. 평가위원 활동은 한마디로 필자의 적성과 성향에 딱 맞는 안성맞춤 직업이다. 또한, 필자의 자존감을 한층 더 높여주는데도 큰 몫을 하고 있다. 요즈음 일과 중 하나는 전국 공공기관에서 진행되는 평가위원 모집에 지원하는 일이다. 자신의 역량을 기반으로 새로운 시장으로 진출하는 것은 기업에서 하는 '시장 확대 전략'과 같은 맥락이다. N잡러에게 절대적으로 필요한 전략이라 생각한다. 이런 활동을 통해서 필자는 2020년 5월 첫 출격 후 2021년 2월 말 현재 짧은 기간에 무려 33회나 평가위원회에 참석할 정도로 큰 성과를 거두었다.

평가위원 활동은 경쟁이 상당히 치열하다. 필자도 수십 차례 고배를 마셨다. 그럼에도 포기하지 않고 지원하고 있다. 평가위원 선정은 총 지원자 중 1차에서 21명으로 압축한다. 21명 후보자 중 제안서 참여 업체의 추첨에 의한 득표순으로 최종 7명을 선정한다. 이 또한 상당한 행운이 따른다. 따라서 선정되면 자존감 상승과 묘한 희열감도 느낀다. N잡러로서 직업을 고려할 때에 공공기관 용역제안서 평가위원 활동을 꼭 해보길 추천한다. 첫술에 배부를 수는 없다. 하지만 '열 번 찍어 안 넘어가는 나무 없다'라는 마음으로 시작하면 기회는 얼마든지 올 수 있다. 무엇을 하든 첫 시작이 어려운 법이다.

저자소개

박종현 PARK JONG HYUN

학력
- 경제학 학사, 경영학 석사, 경영학 박사과정

경력
- 현) 이수컴즈 대표
- 현) 서울데일리뉴스 취재 국장
- 현) 공공기관 용역제안서 심사 및 평가위원
- 현) NCS 공공기관 블라인드 채용 면접위원
- 현) 공무원 채용 면접위원
- 현) 한국산업인력공단 HRD 능력개발 전문위원
- 현) 경기도 경제과학진흥원 전문위원
- 현) 한국콘텐츠진흥원 전문위원
- 현) 충남경제진흥원 전문위원
- 현) 안양창조산업진흥원 전문위원
- 현) 중소기업유통센터 전문위원
- 현) 시너지&엑스퍼트 컨설팅 전문위원

- 현) (사)중장년고용협회 전문위원
- 현) 스마일모닝㈜ 본부장
- 현) ㈜아이온텍 마케팅본부장
- 현) 한국컨설턴트(KCA) 사관학교 전임교수
- 현) KBS 스포츠예술과학원 전임강사
- 현) 서울신용보증재단 창업강사
- 현) 한국세일즈협회 이사
- 현) Gerson Lehrman Group 한국유통 자문위원
- 현) (사)한국 동양사상연구회 학술위원(사주 명리 연구가)
- 전) 대한민국 ROTC 23기 임관
- 전) 삼성그룹 공채 28기 입사
- 전) 신세계 백화점 상품본부 MD
- 전) 신세계 이마트 지점장
- 전) 삼성전자 판매㈜ 마케팅 기획 그룹장
- 전) 전자랜드 마케팅본부장
- 전) SK네트워크스 IM 총괄 MD 고문
- 전) HR 컨설팅그룹 컨설턴트

저서
- 『공공기관 채용의 모든 것』 공저, 브레인플랫폼, 2021.
- 『공공기관·대기업 면접의 정석』 공저, 브레인플랫폼, 2020.
- 『인생 2막 멘토들』 공저, 렛츠북, 2020.
- 『창업과 창직』 공저, 브레인플랫폼, 2020.
- 『공공기관 합격 로드맵』 공저, 렛츠북, 2019.
- 『이마트에서 배우는 장사 노하우』 무한, 2010.

- 『장사를 잘하려면 이마트를 배워라』 무한, 2004.

자격
- AACPM(미국 상담심리치료학회) 인증 국제 조직코치
- Professional Interviewer(PI)
- 심리상담사 1급, 창업지도사 1급, 창직컨설턴트 1급
- AI역량 검사(면접) 컨설턴트 1급
- 빅데이터 전문가, 사주애널리스트

기타
- 블로그: 사주마케팅 전략연구소, 공공기관 취업 전략연구소
- 유튜브: 사주마케팅TV
- 이메일: eowhduddud@naver.com

9장

N잡러의 다모작 시대!
일자리 매칭 플랫폼이
열쇠다

이성순

① N잡러 시장의 새로운 트렌드 변화

1) N잡러가 노동 시장의 트렌드

현대인의 라이프스타일 변화와 함께 직업의 종류와 의미가 다양하게 확장되면서 평생직장은 옛말이 된 지 오래다. '요즘은 N잡러가 답이다'라는 말이 있듯이, 본업에 비교적 부담이 가지 않은 수준에서 틈틈이 자신의 부수입을 준비하는 사람들이 늘어나는 추세다. 특히 새로운 패턴의 N잡러가 노동 시장의 트렌드로 자리 잡고 있다. 현재 직장인 10명 중 약 8명 정도가 N잡러를 원한다고 한다. 자신만의 역량을 키우고 불안한 미래의 대비를 위한 안정적인 추가 수입원을 만들고자 하기 때문이다.

이러한 사회적 현상은 최근에 시행된 주 52시간 근무제의 영향이 무척 큰 편이다. 근무 시간의 단축으로 각종 수당 등이 줄어들면서 또 다른 수입원이 필요해졌다. 동시에 업종과 업태에 따라 비교적 빨라진 퇴근 덕분에 시간을 좀 더 생산적으로 활용할 여유가 나타난 현상으로 볼 수 있다. 현재의 코로나19 등으로 실업률은 비교적 늘어났고, 실업급여를 받는 인원이 더 많아진 것도 한 이유다. 게다가 취업 시장도 이미 얼어붙고 은퇴의 나이는 점점 빨라져 노후생활의 불안정이 오고 있기 때문으로 분석된다.

최근 유튜브 등에서 다양한 N잡러늘이 온라인으로 활농할 수 있는 새로운 플랫폼들이 속속 나타나고 있다. 투잡, 쓰리잡. N잡러로 활동하는 사람들이 그만큼 많아졌다는 뜻이다. 다수의 연예인들과 1인 방송 등 곳곳에서 수익 창출을 위해 N잡러로 활동하고 있는 것을 종종 볼 수 있다.

이러한 현상은 직업의 다변화 시대에 따른 생존 전략으로, 극심한 경쟁에 노출될 수밖에 없는 큰 이유다. 지금의 초등학생이 성인이 되었을 때 현존하지 않는 65% 수준의 새로운 직업을 가지게 될 거라는 예측이 있을 정도로 직업 패턴은 이미 빠르게 변화해 나가고 있다.

N잡러는 생존형 업무를 병행하는 투잡족 부업과는 다르다. 생존형 투잡족은 본업으로 부족한 수입을 메꾸기 위해 대리운전, 점포 창업 등 자신의 흥미와 관계없는 일을 하는 경우를 의미하는데 N잡러는 경제적 소득 외에도 본업에서는 충족할 수 없는 개인의 자아실현을 중시하며 다른 부업과 취미생활을 통해 가치를 충족시키는 사람들이다.

신중년 시니어는 그동안 주된 일자리에서 쌓아온 경험과 역량, 네트워크 등을 활용하여 자아를 실현할 수 있는 관심 분야에 도전하는 N잡러에 도전할 능력이 충분하다. 특히 재능 있는 개인이 주목받을 수 있는 각종 온라인 플랫폼을 활용할 수 있다면 N잡러는 어렵지 않다. 따라서 신중년 시니어는 전문 분야 경험과 역량을 공유함으로써 수익을 창출하면서 자신의 재능을 활용하게 된다면 지속적인 수익은 물론이고 퍼스널 브랜딩으로 일을 할 수 있는 선순환 구조가 가능하다. 앞으로 기업에 정규직으로 취직하지 않더라도 다양한 형태로 기업과 일할 수 있게 될 것이다. 직업의 기회가 더욱 다양하고 유연하고 넓어지는 것이다. 중장년 시니어가 직업에 대한 태도를 바꾸고 소통의 방식을 바꾼다면 이러한 고용 시장에서 충분히 N잡러로 경쟁력을 갖출 수 있다.

2) 밀레니얼 세대들 새로운 트렌드

자신의 커리어 개발을 중요시하는 밀레니얼 세대들이 직장 내에 대거 등장하면서 '잠재적 이직자(당장 구직 활동을 하진 않지만 좋은 기회가 있다면 언제든 이직을 하려는 직장인)'가 점차 늘어나고 있는 것으로 보인다. 이들 중에서는 평소 자신의 업무 성과나 이력서를 틈틈이 정리해두고 있는 사례가 많은 것으로 나타났다. 최근 직장인들은 '생각 날 때마다 가끔씩 업무 성과나 이력서를 정리해두고 있다'고 하는 경우가 있고, '정기적으로 이력서를 업데이트하고 있다'는 직장인들도 증가하고 있다. 이직에 대한 정보는 대부분 취업 포털 등에서 제공하고 있는 채용 공고나 정보를 이용하고 있는 경우가 많았다.

한편 이들이 여름 휴가 대신 이직 준비를 하는 이유로는 '코로나19 여파로 휴가를 떠나기 불안해서'가 가장 많으며, 휴가 동안 여유롭게 이직할 기업도 알아보고 지인들도 만나보려는 직장인이 늘고 있다고 한다.

3) 제2의 인생 설계, '경제적인 자유' 트렌드

100세 시대를 맞아 인생 2모작을 준비하는 직장인들이 늘고 있는 것으로 나타났다. 실제 직장인 10명 중 8명 이상은 제2의 인생 설계를 준비하고 있었으며, 제2의 인생에서 이들이 가장 중요하게 생각하는 것은 '경제적인 자유'인 것으로 나타났다. 인생 2모작을 위해 직장인들이 현재 준비하고 있는 것으로는 재테크 등 경제력 향상이 가장 크고, 다음으로 이직 및 재취업, 취미 및 특기 개발, 외국어, 직무 능력 향상 등 자기계발, 개인사업 및 창업 준비 등이 있다.

또한 인생 2모작을 준비하는 데 있어 어려운 점은 자금 부족이라고 생각하는 경우가 많으며 시간 부족, 가족 부양, 의지 부족, 거시적 안목 부족이라고 생각하는 경우가 뒤를 이었다. 제2의 인생에 있어 가장 중요하게 생각하는 것은 '경제적으로 자유로워야 한다', '마음 편히 살아야 한다', '일하면서 보람을 찾아야 한다', '봉사활동 등 사회공헌을 해야 한다'는 의견이 있다.

② 디지털 혁신 AI 시대, 일자리 잠식 전망

1) AI 시대가 오면 일자리가 줄어들 것이라는 전망

AI 시대가 오면 사람들의 일자리가 줄어들 것이라는 전망이 우세한 가운데 '사라지는 일자리와 새로 생기는 일자리가 비슷비슷해 결국 일자리 수는 현상유지 될 것'이라는 일부 의견도 있다.

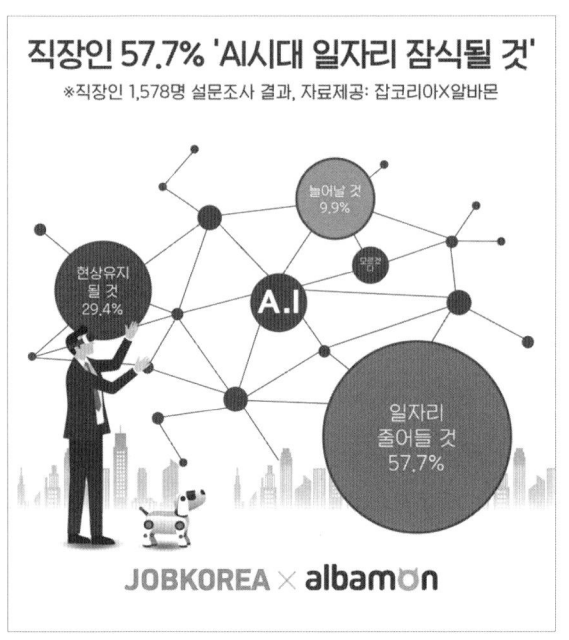

한편 직장인들이 AI 시대 경쟁력 확보를 위해 대비 중인 것 1위는 '커뮤니케이션, 소통 능력을 통한 경쟁력 향상'으로 나타났고, 2위는 'AI와의 협업, 관리가 가능하도록 인공지능, 빅데이터 등의 관련 기술 지식 습득, 3위는 '고객 및 동료와의 교감, 유대감 형성을 통한 경쟁력 확보'인 것으로 나타났다.

이밖에 '업무에서의 유연성, 문제 예측 및 해결 능력 등 AI에 뒤처지지 않는 경쟁력을 갖추기 위해 노력, 'AI가 대체할 수 없는 다른 직무로의 전환을 준비, 'AI 시장을 개척하거나 AI를 직접 실무에 적용하는 등 이미 AI를 적극적으로 업무 영역에 활용하고 있는 경우도 있다.

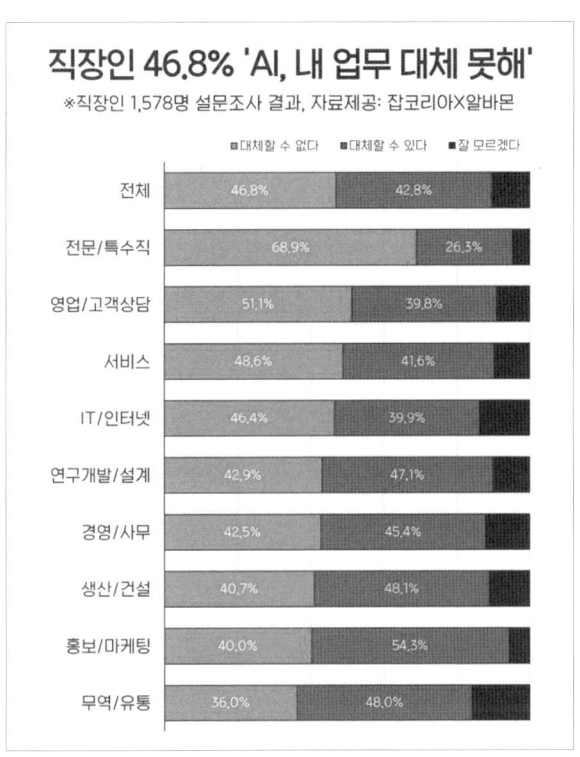

2) AI 시대, 최근 직장인들 이직 불안감 팽배

직장인들은 무엇 때문에 자신이 이직에 실패했었다고 생각할까? 그 이유로는 '이직할 회사와의 타이밍 불일치'가 가장 많은 것으로 나타났다. 이직 당시 직급을 기준으로 실패 사유를 살펴보면 사원급은 직무 관련 경험 부족, 이직에 대한 적극성 및 의지박약, 직무 관련 전문성 부족을 들었고 대리급은 성급한 업직종 변경을 이직 실패의 가장 큰 이유로 들었다. 과장급 또한 타이밍 불일치가 응답률 중 가장 높았으며 부장급의 경우 너무 무거운 연차 및 직급이 주요 이유인 것으로 나타났다.

한편 이직에 실패한 직장인은 이직 실패에 따른 후유증을 겪고 있다고 답했는데 직장인들이 겪은 이직 실패 후유증으로는 '자신감 하락'이 대표적이었다. '의욕 상실, 일상생활이 무기력해졌다, '이직 준비에 집중하지 못하거나 이직 시도를 포기했다'는 의견도 있었다.

3) 코로나19 여파로 퇴사 불안감 가중

기업에서 퇴사자가 가장 많이 발생하는 직원의 연차는 '경력 1년 미만', 직무 부서 중에는 '생산·현장직'과 '영업·영업관리직' 직원들의 퇴사가 가장 많은 것으로 나타나고 있다. 이러한 직원들의 퇴사 이유로는 연령대별로 차이를 보인다. 즉, 20대 직원의 퇴사 이유 중에는 '직무가 적성에 맞지 않아서' 퇴사를 하는 경우가 가장 많았고, 30대 이상의 직장인 중에는 '연봉에 만족하지 못해' 퇴사를 하는 경우가 많았다.

진로 결정의 어려움으로 인해 사회생활 초기에 이직을 통해 적성에 맞는 일을 찾아가는 직장인들이 많은 것으로 보인다. 그러나 지나치게 잦은 이직은 본인의 커리어 관리에 도움이 되지 않으므로 신중한 구직 활동이 필요하다.

또한 코로나19 여파 등 최근 기업 경영 환경이 불안정해지면서 '스스로가 급작스럽게 퇴사를 할 수도 있다'고 생각하는 직장인들이 많은 것으로 나타났다. 특히 코로나19 여파를 상대적으로 많이 받는 판매·서비스직 직장인들의 경우 타 직종에 비해 퇴사 불안감을 느끼는 경우가 높았다. 특히 급작스러운 퇴사에 대한 불안감은 여성 직장인들이 남성 직장인에 비해 다소 높고, 근무하는 기업별로는 중소기업에 근무하는 직장인들의 경우가 가장 높았으며, 다음으로 외국계 기업, 대기업, 공기업 순으로 나타났다.

③ 일자리 창출은 '매칭 플랫폼 활성화'로 해결

1) 직장인들 "투잡 의향 있다"

직장인 5명 중 4명은 투잡 의향이 있는 것으로 나타났다. 직장인들이 투잡을 통해 기대하는 월 수익은 평균 61만 원이었다. 최근 리크루트타임스에서 직장인 642명을 대상으로 '투잡 의향' 조사를 실시한 결과, 전체 직장인 중 84.1%가 투잡 의향이 있는 것으로 나타났다. 세부적으로 살펴보면 기혼보다 미혼 직장인 그룹에서 투잡 의향이 있다는 답변이 높았다. 연령대별로는 20대와 30대가 평균보다 투잡 의향이 높았고, 40대 이상 그룹은 상대적으로 낮았다.

직장인들이 투잡을 희망하는 가장 큰 이유는 단연 '추가 수입을 벌기 위해서'였다. 이외에 '평소 흥미를 가지고 있던 일을 해보기 위해서'와 '퇴근 후 시간이 남아서', '자기계발·취미생활의 일환으로', '창업 등 새로운 커리어 준비를 위해서' 투잡을 희망한다는 의견도 있었다. 직장인들이 투잡을 위해 투자할 수 있는 시간은 하루 평균 '3시간', '2시간' 순으로 나타났다.

현재의 직장 경력을 포기하고 신입직 채용에 '올드루키(Old Rookie)'로 지원하는 경우도 늘고 있다. 올드루키 지원 경험은 남성 직장인이 여성 직장인보다 많다. 연령대별로는 30대 중 올드루키 지원 경험이 가장 많았다. 직장인들이 경력을 포기하고 신입직 채용에 지원하는 가장 큰 이유는 '복지제도가 우수한 기업에서 일하고 싶기 때문인 것'으로 나타났다. 그 다음으로는 '높은 연봉을 받기 위해서', '비전이 높은 기업에서 일하기 위해서', '현재 업무에 만족하지 못해 새로운 일을 하기 위해서', '빨리 회사를 옮기고 싶어서', '취업경쟁력을 높이기 위해서' 순으로 나타났다. 이를 통해 원하는 조건의 직장에 취업하기 위해 경력을 포기하고라도 계속 구직 활동을 하는 직장인들이 증가하고 있는 가운데 복지제도나 연봉 등 원하는 조건을 갖춘 일자리를 찾는다면 경력을 인정받지 못하고 신입사원으로 취업해도 괜찮다는 직장인들의 다양성을 엿볼 수 있다.

2) 신중년 시니어 '부캐 문화' 긍정적

2020년 연예계를 중심으로 '부캐' 열풍이 불었다. 한 사람이 다양한 캐릭터로 분화돼 각각에 걸맞은 활동을 하는 부캐는 '부(副) 캐릭터'의 줄임말로 게임에서 '본(本) 캐릭터' 외에 새롭게 만든 캐릭터를 지칭하던 용어였다. 이제는 하나의 사회적 현상으로까지 번지고 있는 부캐 열풍에 대한 직장인과 구직자들의 의견을 들어봤다.

부캐 열풍에 대한 선호도는 30대에서 가장 높았으며, 부정적인 견해는 40대에서 가장 높아 연령대별로 차이가 있었다. 부캐 문화 열풍에 대해 긍정적으로 생각하는 이유로는 '다양한 자아정체성을 표출할 수 있다', '새로운 자아 발견', '현실에 포기된 꿈 및 취미 실현' 등이 나타났고, 반면 부정적으로 생각하는 이유로는 '거짓 행동 같다', '디지털 세상이 가져온 양면적인 모습', '익명을 내세워 악용될 소지가 있다', '나에 대한 정체성 혼란' 등의 의견이 나타났다.

이들이 부캐를 가지고 있거나 향후 가지고 싶은 이유로는 '또 다른 내 모습을 만들거나 표출하기 위해서'라는 것이 가장 높았으며, '퇴근 후 직장과 다른 모습으로 모드 전환', '인스타그램, 유튜브 등 SNS 부계정 운영', '현실에서 좌절된 꿈 실현을 위해서', '부캐를 활용한 투잡을 위해서', '그냥 재미있어서' 등의 의견이 나타났다.

부캐를 통한 향후 직업으로의 연결에 대해서는 부캐는 철저하게 일 바깥 영역이고 싶다는 의견이 부캐를 통해 세컨잡을 찾고 싶다는 의견보다 다소 높은 것으로 나타났다.

3) 인공지능(AI), 일자리 창출 '매칭 플랫폼 활성화'

AI 기술은 신규 일자리 창출에 유의미한 영향을 끼치고 있으며, 미래 일자리 증가를 견인할 것으로 보인다. 아세안 6개국을 대상으로 한 연구에 따르면, 2028년까지 산업과 직종 전반에 걸쳐 미래 일자리가 증가할 것으로 예측했다. 이를테면 중국은 AI로 인한 소득효과만으로도 2037년까지 전체 고용이 12%까지 상승할 수 있을 것으로 추산된다. 무려 9,300만 개의 일자리 증가를 내다볼 수 있는 수치다.

AI는 직무 역량과 특성에도 상당한 영향을 미치는 것으로 나타났다. 동남아시아에서 AI를 도입한 기업의 비율은 2017년 8%에서 2018년에는 2배에 가까운 14%로 급증하였고, AI를 도입한 기업의 매출 이익이 산업 평균 이윤보다 15% 높은 것으로 조사됐다.

또한 우리나라의 노동생산성은 AI 도입 시 31%까지 상승할 것으로 보인다. 일본과 같은 인구 노령화로 인해 고민을 안고 있는 국가에서도 AI로 인해 2035년까지 예상 경제성장률이 3배 이상 상승할 것이란 주장이다.

AI가 반복적이고 일상적인 업무를 처리할 수 있단 것은 더 긍정적인 대목이다. 이로 인해 근로자들은 보다 고차원적인 업무를 수행할 시간이 늘어날 수 있기 때문이다. AI와 자동화 기술 도입으로 근로자의 업무가 고차원적 사고가 필요한 역할로 전환됨에 따라, 근로자의 임금을 2030년까지 10% 상승시키는 것으로 확인됐다. 또 호주와 일본에서 이루어진 연구에 의하면 AI 도입으로 위험한 육체노동이 대체됨에 따라 업무 환경 재해가 11% 감소하고 직무 만족도는 20% 증가할 것으로 조사됐다. 따라서 인공지능 도입의 긍정적 효과를 도출하기 위해선 그에 맞는 교육과 대응이 필요하다. 인공지능(AI) 기술 도입이 사회와 경제에 긍정적 요소로 작용하기 위해선 손 놓고 기다리기만 한다고 해결할 수 있는 일은 아니다.

AI로 인한 사회, 경제적 변화에 앞서 각국 정부와 기업들이 선제적으로 정책과 전략을 준비할 필요성을 강조하고 있다. 정부와 기업은 일자리와 인력의 미스매치를 해결하기 위해 일자리 매칭 플랫폼을 활성화하고 노동시장의 유연화로 인한 새로운 고용 기회 창출을 위해 노력하는 한편, 시장 수요에 부합하는 AI 인력 양성을 위해 교육 커리큘럼을 개발하고 교육을 시행해야 한다.

또한 미래 소득 불평등의 확대를 줄이기 위해서는 직업 전환을 지원하는 재교육의 역할이 중요하다고 역설한다. 호주의 한 연구에 따르면, 실직 가능성이 있는 근로자의 75%를 재교육했을 때 미래 소득 불평등 폭이 절반 이상 감소하는 것으로 나타났다. 즉, 근로자가 충분한 재교육을 받고 AI로 창출되는 새로운 일자리로 전환할 수 있도록 적극적인 지원이 필요하다는 것이다. 실직이 실패나 도태로 이어지지 않는 방책이 필요하다는 뜻이다.

4) 방법이 다를 뿐 불가능은 없다(저자의 N잡러 일자리 매칭 플랫폼 사례)

4차 산업혁명 시대와 동시 다모작 시대를 맞이하여 변화의 속도가 빨라지면서 업의 경계가 없어지는 가운데 N잡러의 시대가 급속하게 확산되고 있다. 이제는 여유 시간에 틈틈이 일을 하고, 자신이 원하는 만큼

만 일하기를 원하는 사람이 늘고 있는 것이다. 바꿔 말하면 다양한 플랫폼들이 생겨나면서 여유 시간이 생기면 즉시 모바일로 필요한 일을 찾아 수입을 올릴 수 있는 여러 일자리가 생겨나고 있다는 것이다. N잡러를 원하는 직장인뿐 아니라 학업과 병행하고 싶은 대학생도 손쉽게 일자리 매칭 플랫폼에서 일거리를 찾아 원하는 시간에 일하며, 원하는 만큼 벌 수 있는 서비스가 눈길을 끌고 있다.

필자는 다년간 대기업에 근무하면서 N잡러를 꾸준하게 진행해왔고, 현재도 중소기업 2개 법인을 운영하면서 꿈과 비전을 갖고 새로운 일자리 매칭 플랫폼에 도전을 멈추지 않고 있는 실질적인 N잡러로서의 사례를 소개하고자 한다.

30년 전 시대 상황은 지금의 상황과 너무나 달랐다. 직장인의 하루하루가 너무나 빠르게 지나갔다. 새벽녘에 출근하여 업무를 마치고 퇴근하여 집에 도착하면 거의 자정을 알리는 뻐꾸기 소리를 듣는 경우가 많았다. 이러한 경황없는 '삼성인'의 생활에서 학업을 병행한다는 것이 얼마나 힘겨운 것인가를 새삼 깨닫게 되었고, 결국 둘 중 하나를 선택하는 상황에 이르렀다. 몇 달을 고민한 결과, 한 살이라도 젊었을 때 석·박사 과정을 하지 않으면 시간이 갈수록 더 어려워질 것으로 예측되어 과감하게 학업 병행을 결정하게 되었다. 물론 학업 중간에 건강이 안 좋아져 병원에 입원하는 상황을 초래하여 주변 많은 분들에게 심려를 끼쳐 드리기도 하였다. 그 당시에는 어려운 상황을 극복하고 나면 이제 좋은 일만 있을 것으로 생각되었는데 현실은 그리 녹록하지 못했다. 한 달에 대형 점포를 많게는 4~5개까지 오픈해야 하는 강도 높은 업무가 10여 년간 지속되었다. 이러한 상황에서의 주경야독은 정말 삶의 사활을 거는 전쟁 수준이었다.

돌이켜보면 그때 힘겨운 상황에서의 학업 병행이 더없이 소중한 보약으로 작용하여 현재의 교육 플랫폼 시장에 쉽게 뛰어들 수 있게 되었다. 예를 들면 여러 대학과 대학원 강단에 설 수가 있고, 전문교육기관을 통하여 대기업, 중견기업에서 강의 요청이 있었으며, 더불어 중소기업에서는 경영컨설팅을 맡을 수 있게 되었다. 더 나아가 15~20곳의 공공기관 평가위원, 전문위원, 전문컨설턴트 등에서 활동적으로 참여할 수 있어 현재는 시간이 경과 할수록 N잡러의 역할 수행은 더욱더 바쁜 일정으로 몰아가는 느낌이다.

결론적으로 누구나 삶에 과정에서 N잡러의 길은 열려 있으니 어떠한 어려움이 있더라도 결코 포기하지 않고 주어진 목표를 향해 최선을 다해 경주할 수만 있다면 방법이 다를 뿐 불가능은 없다고 생각된다.

참고문헌

- 김난도, 『트렌드 코리아 2021』, 미래의창, 2020.
- 김용섭, 『라이프 트렌드 2021』, 부키, 2020.
- 전승환, 『프로N잡러』, 인터비즈, 2020.
- 유석윤, 『N잡러를 위한 '된다'』, 이지스퍼블리싱, 2021.
- 한승현, 『이번 생은 N잡러』, 매일경제신문사, 2021.
- 최하나, 『언젠간 혼자 일하게 된다』, 더블엔, 2020.
- Peter W, Hawkes (Ed.), 『Advances in Imaging and Electron Physics, Vol. 103-Academic Press』, 1998.
- Donald L. Voils, 『Advanced Business Programming with C#』, 2005.
- 미디어피아(www.mediapia.co.kr)
- 리크루트타임스(www.recruittimes.co.kr)

저자소개

이성순 LEE SEONG SOON

학력
- 중앙대학교 무역학과 졸업
- 중앙대학교 국제경영학과 경영학석사
- 홍익대학교 경영학과 경영학박사
- 고려대학교 경영대학원 최고경영자과정(AMP 71)

경력
- 주식회사 베스트키퍼스 대표이사
- 주식회사 한국기업자금평가원 대표이사
- 경희대학교 겸임교수, 협성대학교 객원교수, 강남대학교 겸임교수
- 중앙대학교, 홍익대학교, 을지대학교, 안양대학교 외래교수
- (사)한국여성경제인협회 전문평가위원
- (사)한국강소기업협회 전문위원
- 농업기술실용화재단 경영기술전문가 컨설턴트
- 중소기업유통센터 평가위원
- NCS 블라인드 공공기관 전문면접관

- 중소벤처기업부 비즈니스지원단 전문위원
- 한국어촌어항공단 ONE-STOP 창업지원 컨설턴트
- 중소기업기술정보진흥원 평가위원
- 경기도 기술개발사업 평가위원
- 탤런트 뱅크 전문가 인증
- 경기도경제과학진흥원 평가위원
- 서울산업진흥원 서울기업지원센터 전문위원
- 전) 삼성그룹 공채(제29기)
- 전) ㈜신세계백화점, ㈜이마트 상무이사
- 전) 농촌진흥청 유통, 마케팅 자문위원
- 전) 한국생산성본부(KSA) 전문위원
- 전) 한국표준협회(KPC) 전문위원

자격

- 경영지도사
- 창업지도사
- ISO 9001 및 ISO 37001 국제심사원
- 기업 R&D 지도사
- 창직컨설턴트(1급)
- 사회적기업컨설턴트, 협동조합코칭컨설턴트(1급)
- 신지식인 인증(교육)

저서

- 『고객을 사로잡는 머천다이징』 공저, 청람, 2015.
- 『쉽게 배우는 상품기획 및 매입』 한국표준협회, 2015.

- 『쉽게 배우는 상품 및 운영 경쟁력강화』 한국표준협회, 2015.
- 『쉽게 배우는 점포운영 실무』 한국표준협회, 2015.
- 『4차 산업혁명 시대 AI 블록체인과 브레인경영』 공저, 브레인플랫폼, 2020.
- 『창업과 창직』 공저, 브레인플랫폼, 2020.
- 『경영기술컨설팅의 미래』 공저, 브레인플랫폼, 2020.
- 『신중년 도전과 열정』 공저, 브레인플랫폼, 2020.

수상
- 서울지방중소벤처기업청장 우수중소기업 표창(2018)
- (사)한국문화교육협회 대한민국문화교육대상(2020)

10장

N잡러의 베이스캠프 인터넷 쇼핑몰

조창준

① 들어가며

모든 것이 막막하던 2013년 봄, 무모하게 도전한 인터넷 쇼핑몰 창업은 인생 후반전의 많은 것들을 바꾸어 놓았다. 이러한 쇼핑몰 창업 도전은 작으나마 성취를 경험케 하였고 N잡러로서의 새로운 출발을 가능케 하였으며 내 삶의 주도자가 되는 길을 열어주었다.

이 글이 미처 대비하지 못한 퇴직으로, 사업 실패로 또는 곧 닥쳐올 퇴직 이후에 대한 고민으로 새로운 길을 모색 중인 많은 신중년들에게 또 다른 가능성을 제시하는 사례로 쓰일 수 있다면 큰 기쁨일 것이다.

② 57세 퇴직자의 인터넷 쇼핑몰 창업기

1) 인터넷 쇼핑몰이어야 했던 이유

1981년 공채 신입사원으로 출발한 종합상사 SK네트웍스에서 상사맨의 외길을 걸은 지 22년. 최종 직책 자회사 CEO로 SK를 떠나게 되었고 이어서 중견 교육기업 전문경영인 CEO로 스카우트되어 5년을 재직하며 비교적 순탄한 직장인으로의 삶을 살아온 편이었다. 그러나 예기치 않은 퇴직을 한 것이 2009년 12월.

갑작스런 퇴직으로 준비되지 않은 상태에서 서둘러 독립 브랜드의 카페 프랜차이즈 본사를 창업하였다. 3호점까지 출점하였으나 전문성 부족, 자금 부족과 수익성 악화로 모든 걸 접고 새로운 길을 모색할 수밖에 없는 상황이 되었다. 모든 것을 걸고 뛰어든 사업이었기에 그 후유증은 삶의 기반을 뒤흔드는 상황이 된 것이다.

새로운 사업을 위한 자본력이 없는 상태에서 선택할 길은 두 가지. 취업 아니면 무자본 창업일 수밖에 없는 상황. 적지 않은 나이에 또다시 지시를 받는 조건으로 경제적 대가를 기대하는 삶은 생각하기도 싫었고 최소한의 자본으로 할 수 있는 사업을 찾아야만 했다. 그때 무수한 고민 끝에 SK 독일 주재원 시절 아내가 그리도 좋아했던 전자레인지 가열 방식의 스위스산 체리 찜질팩이 떠올랐다. 유난히 추운 유럽생활 내내 찜질팩을 데워 끌어안고 자며 아내가 자주 하던 말, "당신 없이는 살아도 얘 없인 못 살 거 같아요".

그 당시 아무리 인터넷을 뒤져봐도 유사한 상품을 찾기 어려운 것을 확인하고 또 이런 제품을 생산, 판매, 유통하는데 그리 큰 투자 비용이 들지 않겠다는 판단이 선 순간, 국산화를 통한 제품화와 인터넷 판매라는 어려운 길을 가기로 하고 본격적인 시장 조사를 시작하였다.

그 당시 시중에 이미 많은 찜질팩이 있었지만 모두 허브를 소재로 사용하고 있었고 스위스 체리 찜질팩과 같이 씨앗, 열매 등을 소재로 한 제품은 찾기 어려움을 확인하였다. 이후 경동 시장, 동대문 종합 시장,

방산시장 등 소재 전문 도매시장에서 수없이 발품을 팔며 탐색한 끝에 티베트산 복숭아 씨앗과 캐나다산 아마 씨를 소재로, 순면을 원단으로 확정하여 제품 개발을 시작하였으며 외주 봉제 공장을 찾아 독자 디자인으로 2013년 초 시제품을 완성하였다. 그즈음 마침 동국대학교 창업지원센터의 입주 기업 모집 공고를 보고 지원, 사업계획서가 통과되어 매우 좋은 조건으로 사무실도 갖출 수 있게 되었다.

사업화의 첫 단추는 브랜딩이라는 믿음이 있었기에 수많은 고민 끝에 아내의 "찜질팩이 남편보다 낫다"라는 표현에 착안하여 "또 하나의 배우자"라는 컨셉의 세컨허즈(SECONDHUZ)를 브랜드로 확정, secondhuz.com과 co.kr 도메인을 확보하고 상표 등록을 마친 것이 2013년 4월. 힐링 용품 전문몰 '세컨허즈' 청사진의 밑그림이 그려진 순간이었다.

사업화를 제품 준비는 얼추 갖추게 되었으나 문제는 판로 확보. 수출 쪽은 잘 알고 있었지만 내수 판매는 경험도, 기반도 없었고 오프라인 진출에 필요한 자금력도 없었기에 인터넷 판매는 선택이 아닌 필수일 수밖에 없는 상황이었다. 인터넷 쇼핑몰 창업에 뛰어드는 일만 남은 셈이었다.

2) 쇼핑몰 창업 분투기

요즈음의 쇼핑몰 창업환경은 더 이상 좋을 수 없는 수준이라 할 것이다. 스마트폰 한 대만 있으면 유튜브를 통해 배우고 촬영해서 몇 번의 클

릭으로 나만의 스토어를 뚝딱 만들 수 있는 상황이 된 것이다. 하지만 2013년은 거의 모든 것을 스스로 하나씩 배워가며 해야 했던 시절이었다.

아무것도 모르는 상태이고 자본도 부족한 여건에서 그나마 무료였던 쇼핑몰 솔루션인 카페24로 창업하기로 결정하였다. 그 후 쇼핑몰 관련 유·무료의 각종 강의, 세미나, 관련 서적들을 섭렵하였고 무지에 대한 불안감에 스스로 강박증이 있는 것 아닌가 의심할 정도로 몰입하며 하나씩 준비해 나가기 시작하였다. 그러나 디지털에 문외한인 57세 창업자에게 쇼핑몰 창업은 여전히 어렵기만 한 고난도의 미션이었다.

더 늦출 수 없기에 조바심을 하던 차 카페24 수원센터에서 1백만 원에 HTML/카메라 촬영/포토샵 1개월 완성 및 쇼핑몰을 개설해 준다는 광고를 접하고 2013년 5월 등록하여 일산-수원 출퇴근을 시작하였다. 일산에서 수원센터까지 3번 갈아타고 편도 3시간 걸려 다니기를 1개월여. 그러나 HTML은 외계어 같고, 카메라 촬영은 감을 잡지 못하고, 포토샵은 레이어의 장벽을 넘지 못해 교육 자체를 거의 포기하는 상태에 이르게 되었다.

어쩔 수 없이 카페24 수원센터장에게 모든 것을 맡겨 쇼핑몰 스킨을 주문 납품받고 수원 원정을 끝내게 되었다. 이때 받은 스킨은 사소한 것 하나라도 변경하려면 별도로 의뢰해야만 해서 두고두고 어려움을 안겨주는 존재였다. 참고로 그때의 아픔이 계기가 되어 2018년 직접 변경이용이한 6 Shop으로 솔루션을 변경하게 되었다.

완성된 쇼핑몰 스킨에 상품 상세페이지를 올리기만 하면 될 터. 그러나 여전히 사진 촬영과 포토샵 미숙으로 어쩔 수 없이 주변의 도움을 받기로 하고 SK 출신 후배에게 사진 촬영을 의뢰하는 한편, 지인에게 상품 상세 페이지 외주 제작을 맡겨 마침내 2013년 8월 쇼핑몰을 오픈하기에 이르렀다. 오픈 후 며칠을 기다려 첫 주문이 들어오던 그 날 아침의 감격은 앞으로도 잊혀지지 않을 것이다.

내가 잠든 사이 세컨허즈와 아무 연고도 없는 지방 거주 어느 여성 고객이 온라인으로만 제품을 판단하고 돈을 지불했다는 사실, 경이로운 일이었고 희망을 품기에 충분한 바이털 사인이었다. 이때 감사의 뜻을 담아 동봉한 포스트잇 손편지는 고객 관리의 중요한 툴로 자리 잡았고 오늘에 이르기까지 큰 틀에서 그대로 유지하고 있다.

이후 네이버 샵N(지금의 스마트스토어), 11번가, 옥션, 쿠팡, 카카오 등 거의 모든 대형 쇼핑몰에 입점하는 한편 매년 3~4회 전시회에 참가하여 거래선 확보와 마케팅 활동을 꾸준히 하였다. 그 결과 현재 네이버 후기 8천 개 이상이 달린 찜질팩 등 다수의 스테디셀러 상품을 보유한 쇼핑몰 사업자로 자리매김할 수 있었다.

제품도 찜질팩 일변도에서 편백잎을 활용한 숙면 베개, 피톤치드 원액, 건강기능식품 등으로 다변화를 이루며 힐링 용품 전문 쇼핑몰이라는 비전에 한발씩 다가가는 사업자가 될 수 있었다. 한편으로 숄더팩 제품 특허도 보유하고 2개의 서브 브랜드도 등록하며 지적재산권을 확장해 나가는 중에 있다.

사업 초기인 2014년 창업과정 교육에서 블로그에 눈을 떠 2014년부터 직접 운영 중이며 인스타그램, 페이스북 등 SNS도 직접 운영하고 있다. 이제 제품 생산에서 상품 관리, 마케팅, 배송, A/S에 이르는 전체 프로세스를 직접 수행하는 멀티플레이어로 탈바꿈하고 있으니 57세 디지털 취약자의 놀라운 변신이 아닐 수 없다.

이제 8년 차 쇼핑몰 CEO가 되었지만 경쟁이 날이 갈수록 더 치열해져 가는 요즈음, 초심을 되새기며 오늘도 치열히 분투노력 중이다.

3) 베이스캠프 인터넷 쇼핑몰

쇼핑몰 사업자를 넘어 인생 후반전 N잡러로의 삶을 지향하고 있는 내게 쇼핑몰은 한 마디로 베이스캠프라 할 수 있다. 베이스캠프의 사전적 정의는 "대규모인 장거리 등산·탐험을 하는 경우에 전진기지로서 물자를 저장해 두는 고정적인 시설·텐트"(두산 대백과)이다. N잡러에게 인터넷 쇼핑몰이 베이스캠프로 작용하는 의미는 두 가지로 볼 수 있다.

하나는 '언제든 돌아올 곳이 있다'는 점일 것이다. 지식 서비스 제공 기반의 N잡러를 지향하는 이들에게 앞날은 본질적으로 불안정하고 불투명할 수밖에 없는 상황인데 자리 잡고 운영 중인 쇼핑몰이 있다는 것은 설령 목표로 하던 봉우리 정복에 실패하더라도 언제든 돌아와 몸을 추스르고 재도전할 수 있는 곳이 있다는 말이다. 돌아올 곳이 있으면 쉬 포기하거나 부당함에 굴복하거나 N잡러로서의 자아를 훼손하는 위험으로부터 보다 자유로워질 수 있게 된다.

또 다른 하나는 '물자와 힘을 보충할 수 있다'는 점일 것이다. 언택트형 사업의 특성에 기인한 주체적 시간 관리와 원격 근무는 N잡러로 활동하기에 필수적인 자원을 제공하여 준다. 점점 더 많은 쇼핑몰 운영자들이 스마트폰, 위탁 판매, 제3자 물류의 신무기로 무장하여 더 이상 시간과 장소에 구애받지 않고 사업을 영위하는 모습들이 보편화되는 추세에 있다. 이러한 디지털 노마드화는 N잡러에게 시간적·경제적 여유를 가능케 하여 새로운 도전을 위한 재충전과 재보급을 가능케 한다.

③ 쇼핑몰을 넘어 N잡러로

1) N잡러의 출발점, 컨설턴트

쇼핑몰 운영과 별도로 또 다른 꿈에 도전하고 싶었다. 경영자로서의 오랜 경험을 바탕으로 경영상의 많은 문제들로 고민하는 중소기업, 소상공인, 창업자들에게 도움을 주는 경영 컨설팅 전문가가 그것이었다. 그러던 중 서울산업진흥원 주관의 시니어 컨설턴트 양성 프로그램인 '희망설계 아카데미 2013' 과정을 알게 되었다.

그해 8월에 오픈한 쇼핑몰이 채 자리 잡기 전이었으나 소망하던 길이었기에 과감히 두 가지를 병행키로 하는 결정을 내리게 되었다. 그 이전에도 법정관리인 자격도 취득하고 혼례지도사 자격도 취득하는 등 다양한 루트를 통해 N잡러로서의 가능성을 모색하였으나 여러 이유로 포기하게 된 상황이었기에 컨설턴트에의 도전은 가슴 설레는 일이었다.

12월에 컨설턴트 과정을 수료한 이후 약 4년간 강남창업센터 소속 창업닥터로 30여 청년 스타트업 기업들의 멘토, 컨설턴트, 평가위원 등으로 활동하였으며 사회적경제진흥원 소속 SE 프로로도 활동하였다. 적은 보수였지만 젊은 초기 창업자들의 성장에 힘을 보탠다는 기쁨에 보람을 느끼며 활발히 활동하였다. 그러나 컨설팅 분야에 대해 알면 알수록 최대 발주처인 정부기관 및 지자체들의 주관사업과 같은 메인 마켓으로의 진입에 한계가 있다는 점을 절감하고 새로운 돌파 방안을 모색하게 되었다.

고심 끝에 국가공인 자격증인 '경영지도사'에 도전키로 한 것이 2019년 봄이었다.

2) 준비된 N잡러로 거듭나다

학부에서 경영학을 전공했지만 졸업한 지 38년, 합격률 20%를 넘지 않는(2019년 최종 합격률 14.84%) 국가공인 경영지도사 자격증을 향한 도전이 결코 쉬운 일은 아니었다. 특히 목표로 했던 마케팅 부문의 경우 통계학이 가장 큰 걸림돌이었던 것으로 기억된다. 그래도 다행히 2019년 10월 합격의 기쁨을 누리고 연수를 거쳐 2020년 1월 정식으로 경영지도사로 거듭나며 목표한 바를 성취하게 되었다.

2020년 경영지도사로서의 첫해, 여러 사업의 전문위원, 평가위원, 멘토로 나름 활동하였으나 코로나19로 인해 많은 사업들이 축소되어 기대에 못 미치는 활동으로 한해를 마감한 것은 많은 아쉬움이 남는 일이었다.

한편으로 또 다른 가능성을 열기 위해 2020년 KCA 한국컨설턴트 사관학교 공공기관 전문면접관 과정도 수료하였고 공동저자로도 이름을 올리게 되어 쇼핑몰 CEO, 경영지도사, 강사, 전문면접관, 저자 등 훨씬 업그레이드된 N잡러가 되어 새로이 2021년을 맞이하게 되었다.

3) 인터넷 쇼핑몰과 컨설팅의 교집합

나를 대표하는 3개의 키워드, '쇼핑몰 CEO', '경영컨설턴트' 그리고 '60대 중반'. 이 키워드들의 교집합은 '디지털 취약자들을 위한 쇼핑몰 창업 지원 전문가'에 포커싱 될 것 같다. 주위의 많은 쇼핑몰 사업자나 컨설턴트들을 둘러보아도 이와 유사한 프로필을 아직 본 적이 없고 새로운 분야 개척에 대한 소명의식도 갖고 있기에 본인만의 차별화 요소로 가다듬어 새로운 길을 개척해보려 하고 있다.

동국대 창업지원센터 입주 시절이던 2017년 주변의 창업자들, 주부들이 쇼핑몰 창업에 많은 목마름이 있는 것을 보고 5주 무료 강좌로 '차오름'이라는 코스를 개발하여 4기까지 운영한 적이 있다. 그중 일부는 지금도 활발히 사업을 영위하고 있으며 이들과 네트워크로 연결되어 있다. 또 그해 11월에는 마포 서울창업허브에서 '시니어를 위한 쇼핑몰 창업'이라는 주제로 강의한 소중한 경험도 갖고 있다.

코로나19로 언택트 비즈니스로의 전환이 대세가 된 지금 인터넷 쇼핑몰 전문 코칭, 멘토링, 컨설팅에는 더 많은 기회가 주어질 것으로 기대하고 있다. 최근 한국장학재단의 멘토링에 제안한 '대학생 인터넷 창업' 코스가 선정되어 2021년 멘토로 활동하게 되었다는 기쁜 소식도 있었으며 서울 신용보증재단의 소상공인 대상 컨설턴트인 업종닥터 2021년 모집요강에도 '최근 3년 이내 전자상거래업을 영위한 자'라는 항목이 신설되었음을 확인하였다. 앞으로 갈수록 더욱 유망한 컨설팅, 멘토링 분야가 될 것으로 기대해본다.

57세에 시작한 인터넷 쇼핑몰 창업과 이를 베이스캠프로 한 N잡러로서의 자리매김, 2021년이 그 원년이 될 수 있지 않을까 조심스레 전망해본다.

④ 신중년을 위한 쇼핑몰 창업 가이드

1) 신중년에게 인터넷 쇼핑몰을 권하는 이유

신중년을 '퇴직 이후에도 경제적 활동을 영위해야 아는 50대 혹은 그 이후 세대'라는 좁은 의미로 제한하면 이들에게 닥쳐오는 현실은 엄혹한 것일 수밖에 없다. 사회 전반의 급격한 디지털 전환으로 인해 갑자기 닥쳐오는 실직, 준비되지 않은 은퇴로 내몰린 이들에게 선택지가 그리 많지 않은 것이 사실일 것이다. 재취업 아니면 자영업 창업, 이 둘 중 하나로 귀결되는 것이 일반적이다.

그러나 재취업의 경우 기회가 제한적인 뿐 아니라 낮은 급여와 직급, 비정규직 취업 등 고용상의 불이익을 감수해야 할 가능성이 높다. 설령 재취업에 성공하였다 하더라도 한시적인 경제 활동일 수밖에 없기에 100세 시대의 노년을 대비하기에 턱없이 부족한 형편이다. 좋은 답이 되기 어려운 이유이다.

또 다른 선택지인 자영업의 경우 2015년 기준 생존율 27.5%에 달하는 작금의 현실에서(출처: 「폐업률 90% 자영업 위기? 문제는 생존율」, KBS 2018.08.27.) 성공을 기대하기란 매우 어려운 일이다. 자영업 창업에 실패할 경우 거의 그러하지만 최소한의 안전장치도 없이 길어진 노후를 하층민으로 전락해 살아가게 될 가능성이 매우 높기에 이 역시 바람직한 선택지가 아닐 가능성이 높다. 다른 가능성은 없는 것인가?

이러한 현실에서 갈등 중인 신중년들에게 어쩌면 무모해 보일 수도 있는 제3의 길, 인터넷 쇼핑몰 창업을 권하는 이유 4가지를 살펴보자.

(1) 낮은 리스크(Low Risk)

대부분 자영업 창업의 경우 가능하면 소위 목 좋고 임대료가 비싼 1층에 거액의 권리금을 주고 설비와 인테리어에 투자하여 만든 점포에 직원을 고용하여 창업하는 것이 일반적이다. 이에 투입한 투자금은 돌이킬 수 없는 손실로 귀결될 가능성이 매우 높다. 자영업 5년 생존율 25.7%가 이를 입증하고 있다. 전형적인 하이 리스크(High Risk)를 안고 창업하는 셈이다.

재취업의 경우에도 자신의 거의 유일한 자산인 활동 가능 기간을 저가에 판매함으로써 결국은 얼마 후 또 취업 시장을 기웃거리게 될 리스크로부터 자유롭지 않다.

반면 인터넷 쇼핑몰의 경우 최소한의 투자로, 심지어 스마트폰 하나로도 가능하기에 리스크를 크게 줄일 수 있다. 이 순간에도 많은 젊은 사업자들이 집에서, 점포 한 켠에서 쇼핑몰 초기의 어려운 시절을 이겨내며 성장해 나간다. 설령 실패할지라도 유형 점포의 손실과는 비교할 수 없는 손실의 최소화로 재기의 가능성을 높일 수 있다. 직장인의 경우 투잡으로도, 간이사업자로도(물론 일정 기간이지만) 창업이 가능하다. 한마디로 로우 리스크(Low Risk)이다.

로우 리스크를 선택하는 것, 이것은 새로운 경제 활동에 나서는 신중년들에게 선택이 아니라 의무라 하겠다.

(2) 완전한 자기 고용(Ageless Employment)

50대 카페 신규 창업자를 상상해보자. 오전 10시에서 오후 10시까지 그리고 마감까지 하루 12시간 이상 근무하는 것이 힘든 줄 모르고 일한다 하자. 그러나 10년이 지나도 과연 그러할까? 60대에도 젊은 고객들을 응대하기가 쉬울까? 체력이 뒤따라줄까?

50대 재취업에 성공한 신중년을 상상해보자. 어렵게 재취업한 직장에서 10년 고용 지속을 확신할 수 있는가? 20년을 바라볼 수 있을까?

반면 인터넷은 나이를 모른다. 고객들에게 만족스러운 제품과 서비스를 제공하는 한 고객들은 인터넷 쇼핑몰 주인에 대해 아무 관심도 없고 알려고 하지도 않는다. 한마디로 70세, 80세 혹은 그 이후라도 본인의 의사에 따라 얼마든지 계속 사업 활동을 영위할 수 있다. 그야말로 연령 제한 없는 완전한 자기 고용의 실현이다.

(3) 자유로움(Freedom at Work)

많은 사람들이 시스템으로 돈을 버는 방법, 즉 '내가 잠든 사이에' 경제적 부가 창출되는 삶을 꿈꾸지만 현실의 장벽은 높기만 하다. 투입 자본과 노하우의 부족으로 여의치 않은 것이 현실이다.

인터넷 쇼핑몰 사업은 이런 부분을 만족시킬 가능성이 상대적으로 높은 사업 분야이다. 비대면으로 전국 소비자를 대상으로 영업시간 제한 없이 24시간 스토어를 운영한다는 것은 건강과 노후를 대비해야 하는 신중년에게 특히 매력적인 요소로 작용한다. 사업화가 한 단계 더 나아가 물류 아웃소싱까지 갖추게 되면 일상적이고 육체적인 업무 부담으로부터 자유로워질 가능성이 더욱 높아지게 된다.

내가 잠들어 있어도, 발리 풀빌라에서 쉬고 있어도 주문은 계속 들어온다. 제주도에서, 대구에서, 산간벽지에서도 인터넷 스토어는 쉬는 법이 없다.

(4) 거시 트렌드(Mega Trend)

지금은 디지털 트랜스포메이션의 시대, 가능한 모든 것이 디지털로 전환해 나가는 시대임은 주지의 사실이다. 여기에 코로나19로 인한 언택트 사회로의 전환은 이제 거스를 수 없는 거대한 흐름이다. 유통도 예외가 아니어서 이제 온라인 쇼핑몰의 소매판매 점유율은 국내 총 소매유통의 27.2%인 161조 원에 이르는 실정이며 이러한 변화는 가속화될 전망이다(출처: 「2020년 온라인쇼핑 거래액 161조 원…음식료품·가전↑」, KBS 2020.02.03.).

거스를 수 없는 메가트렌드인 언택트 비즈니스 시대에 신중년이 인터넷 쇼핑몰로 트렌드에 올라타는 것은 성공의 확률을 높일 수 있는 바람직한 미래 투자 방향일 것이다.

2) 신중년 인터넷 쇼핑몰 창업 성공을 위한 가이드

50대 이후 신중년의 경우 젊은이들에 비해 상대적으로 디지털에 취약하다 볼 수 있을 것이다. 출발점에서부터 약점을 안고 뛰는 셈이다. 그러나 젊은이들과 비교해 분명 강점을 갖는 부분도 있다는 점을 인지하자. 본인의 강점과 약점을 알고 철저히 준비하면 성공에 이르는 길이 의외로 가까울 수 있다.

(1) 작게 그리고 가까운 곳에서 시작하라

차별화를 갖춘 나만의 제품을 발굴한다는 것은 쇼핑몰 성공의 첫 번째 중요한 요소라 할 수 있다. 성공적인 아이템 선정은 당연히 성공 가능성을 크게 높여준다. 이 지점에서 신중년의 강점을 찾을 수 있다. 살아온 오랜 경력, 경륜과 인간관계는 젊은 창업자 대비 훨씬 많은 접점과 가능성을 제시해줄 수 있다. 모든 가능한 가용자원 풀(Pool)을 하나씩 되짚어 보고 찾아보라. 현재 직업에서, 지금의 일에서, 예전 직업에서, 취미에서, 소비자로서의 아쉬움에서 모든 것을 다시 한번 고민하고 찾으면 유망 품목이 보일 것이다.

그리고 작게 시작하라. 실패해도 다시 시작할 수 있는 수준으로 시작하는 것이 좋다. 사업 초기 투잡으로, 집에서 그리고 간이사업자로, 위탁

베이스로 가능한 리스크를 최소화해서 출발하기를 추천한다.

(2) 큰 그림을 그려라

품목이 정해졌으면 처음에 단일 품목으로 출발하더라도 최소한 상품 카테고리 중분류에서 상위 사업자가 되는 청사진을 그리고 출발하라. 그에 따른 사업계획서 작성을 통해 미래의 모습을 그리고 출발하는 것이 좋다.

사업의 첫 출발은 브랜딩. 차별성을 갖되 확장성과 대표성을 고려한 네이밍을 완성하라. 자칫 머리핀을 판다고 '머리핀공주'라는 네이밍으로 출발해 다른 카테고리로 확장이 불가한 어리석음을 피하라. 네이밍이 결정되면 스토리를 입혀가며 브랜딩을 차근차근 준비하라.

(3) 네트워크를 확장하라

혼자서 가는 길은 외롭고 쉽게 지치는 법. 쇼핑몰 사업자들이 모여 어려움과 고민을 함께 나누고 정보 교환하는 쇼핑몰 사업자 카페에 가입하여 적극적으로 활동하라. 사업 선배들의 노하우, 다양한 품앗이 활동들을 통해 전문 사업자로 함께 성장해 나가라.

(4) 나만의 멘토를 찾아라

두 점 간의 최단거리는 직선이라는 수학의 공리는 사업에도 적용된다. 그러나 시행착오 없이 사업을 성공으로 이끌 가능성은 매우 낮다. 모든 것이 처음이고 생소하니까. 사업 전체를 조망하는 프레임을 갖고 나를 보살펴줄 전문가가 필요한 이유이다.

사업 전 과정을 코칭해줄 나만의 멘토를 찾아라. 멘토는 유튜버일 수도 있고 전문강사일 수도 있고 주변의 드러나지 않은 쇼핑몰 고수일 수도 있다. 사업 초기일수록 이러한 멘토 찾기에 많은 노력을 기울이는 것이 성공 코스를 곡선이 아닌 직선으로 이끄는 비결이 될 것이다.

(5) 끊임없이 공부하라

모든 것이 낯설고 막막한 상황에서 치열한 배움은 초보 쇼핑몰 사업자에게는 너무도 당연한 것. 하루가 다르게 새로운 마케팅 채널이 생기고 디지털 트렌드가 빠르게 전개되는 현재의 국내 쇼핑몰 환경에서 살아남기 위해서는 가능한 모든 관련 인터넷 지식, 유튜브 동영상을 섭렵하고 유·무료 강의에 참석함은 기본이다. 가능한 많은 지식을 흡수하여 내 것으로 만들어라.

끊임없는 공부, 디지털에 취약한 신중년 사업자에게 더욱 강조되는 덕목인 이유이다.

3) 신중년 창업자들을 위한 제언

쇼핑몰 창업을 위한 구체적이고 실무적인 가르침은 인터넷, 유튜브에 차고 넘친다. 본인 노력 여하에 따라 얼마든지 빠른 시일 내 전문가 수준에 이를 수 있는 최고의 환경이 조성된 셈이다. 인터넷 클릭 몇 번이면 수많은 전문가들, 사업 선배들로부터 무료로 노하우를 배울 수 있고 조금 더 준비하려면 관련 서적들을 참고해 하나씩 하나씩 채워나가면 될 것이다.

포토샵을 모르면 포토스케이프를 배우면 되고 디자인을 모르면 무료 디자인 사이트의 도움을 받으면 된다. 스마트폰 하나면 이제 창업부터 최근 트렌드인 라이브 커머스까지도 가능한 시대이다. 마음만 먹으면 얼마든지 배워서 인터넷 창업이 가능한 시대인 것이다.

새로운 길을 모색하는 신중년 인터넷 쇼핑몰 창업자들에게 진정으로 중요한 것은 자신에 대한 믿음, 성공에 대한 확신 그리고 무엇보다 과감한 실행일 것이다. 이제 인터넷 쇼핑몰의 바다에 과감히 뛰어들 일만 남았다.

동시대를 살아가는 어느 신중년 N잡러의 도전기와 제언이 새로운 도전을 앞둔 신중년들에게 조금이나마 도움이 되었기를 바란다. 모쪼록 인터넷 쇼핑몰 성공의 꿈을 품은, 그리고 쇼핑몰을 넘어 N잡러로 거듭날 꿈을 품은 이 땅의 모든 신중년들의 도전에 응원을 보내며 그들에게 이 글을 바친다.

참고문헌

- 「폐업률 90%" 자영업 위기? 문제는 '생존율'」 KBS 2018.08.27.
- 「2020년 온라인쇼핑 거래액 161조 원…음식료품·가전↑」 KBS 2020.02.03.

저자소개

조창준 CHO CHANG JOON

학력
- 서울대학교 경영학과 졸업
- 연세대학교 프랜차이즈 CEO 과정 수료

경력
- 현) 경영지도사
- 현) 세컨허즈 대표
- 전) (주)한우리열린교육 대표이사
- 전) (주)위즈위드 대표이사
- 전) SK네트웍스 사업부장
- 현) 중소기업 유통센터 마케팅지원사업 평가위원
- 현) 경기 테크노파크 전문위원
- 현) 장애인기업 종합지원센터 전문위원
- 전) 서울산업진흥원 창업닥터
- 전) 사회적경제진흥원 전문위원 SE프로

자격

- 경영지도사

11장

멀티플레이어 세상

소승만

① 100세 시대의 도래

2019년 말 우리나라 평균 수명은 83.3세(출처: 통계청)이며, 5년마다 평균 수명이 약 2년씩 증가하여 20년 후인 2040년에는 90세를 초과할 것으로 예상되고 있다. 이렇게 길어진 노년기, 어떻게 해야 우리는 보다 행복하고 성공적으로 살 수 있을 것인가?

현재 우리나라는 65세 이상에 대하여 노인의 기준연령으로 잡고 있으며, 의료 기술 발달 및 평균 수명의 증가 등 100세 시대에 접어든 상황에서 현행 기준연령을 70세로 높이는 방안을 의견 발의 중으로, 노인 복지 재정 부담을 줄일 수 있고 근로자 부족 상황 완화 등 여러 방향에서 활발한 논의가 펼쳐지고 있다.

건강한 가정환경 속에서 오래 산다는 것은 모든 인간이 본능적으로 추구하는 목표이자 희망이지만, 단순히 생물학적 의미에서만 오래 살았다는 사실은 그리 행복한 삶은 아니겠으며, 개인마다 추구하는 목표는 다르겠으나 전반적으로 볼 때 삶을 영위하고 지속하는 경제적인 부분 그리고 삶의 가치, 욕구 및 비전이 적절히 동반된 모습이라 하겠다.

이렇듯 갈수록 늘어나고 있는 평균적인 은퇴 후의 여명이 길어지고 있는 요즈음, 혹자는 '노인이 되어서 그때부터 행복하게 살면 되는 것 아닌가?', '아직 내가 준비하기에는 이른 게 아닌가?'라고 생각할지도 모른다.

너무 극단적일지 모르겠지만 작고 소소한 불행들은 이러한 자신에게 너무 관대함 속에 시작되는 것은 아닌지 모르겠다.

그렇지만 이러한 자의적 판단은 노인이 되어 어느 날 갑자기 계획을 세워 달성될 수 있는 것이 결코 아니며, 조금이라도 젊어서부터 미리 성공적인 노후를 설계해 준비할 필요가 있는 것이다.

하지만 대부분은 지금 현재의 삶이 너무 바쁘고 복잡하기에 노후에 관한 생애 설계를 장기적으로 마련하지 못하고 있고, 현실과 다가올 미래에 대하여 막연한 불안감 속에 시간이 흐르고 있음은 주지의 사실이다. 혹은 우리 스스로의 노후를 성공적으로 언제, 어떻게, 무엇부터 설계해야 하는지를 구체적으로 잘 모르는 분들도 있을 것이다.

그렇다면 보다 더 행복하고 성공적인 노후를 맞이하기 위해서 언제, 무엇을, 어떻게 준비해야 하는지, 조금 더 젊고 왕성한 활동을 하는 시기인 청·장년 시기에 미래를 설계하여 다가올 은퇴 후의 인생 2막을 미리 설계해봄직도 좋은 방법이다.

물론 직접 노인이 되기 이전에는 그 해답을 찾기란 쉽지 않지만, 현재 노인들을 대상으로 성공적인 노년기를 보내기 위해 기본적인 부분을 파악해보고, 미리미리 준비를 해보는 방법도 좋을듯하다. 일반적으로 노년의 행복하고 성공적인 삶이라 보는 몇 가지를 살펴보자.

'노년에 부부가 함께 건강하게 해로하기'
'자녀가 걱정 없이 살아주고 자녀와 좋은 관계 유지하기'
'마음을 털어놓고 지낼 수 있는 친구가 있기'
'소일하며 보낼 즐겁고 흥미로운 여가가 있기'
'편안한 거처를 마련하기'
'자녀에게 경제적으로 부담을 주지 않기'
'자녀에게 의존하지 않을 만큼 돈의 여유가 있기'
'병에 걸리지 않고 건강을 스스로 관리하기'
'마음을 편히 다스리기'
'일정한 몸을 움직이는 일거리 찾기'
'초연하게 죽음을 맞이할 수 있기'

대체로 위에 나열한 사항들이 골고루 달성하게 될 때 노년에 우리는 '성공적인 삶을 살았구나'라고 말할 수 있는 것으로 나타나고 있다.

가장 기본적인 육체 및 정신적인 건강, 그리고 경제적인 능력이 주요 사항으로 남은 기대수명 동안의 인생 2막에서 더욱 가치 있는 활동들을 통하여 스스로에 대한 자존감 유지, 대인관계의 형성, 삶에 대한 가치관 제고, 인생 2막에서의 경제적 자립 등을 통해 보다 나은 삶을 영위한다고 할 수 있다.

물론 개인마다 추구하는 성공적인 노후의 모습은 각기 다를 것이다. 예를 들어 혹자는 돈만 많으면, 건강만 있으면, 친구만 있으면 성공적으로 노화할 수 있다고 말할 수 있을 것이다. 그러나 돈 혹은 건강과 같이 어느 하나의 요소에만 치중해서 노년을 준비하다가 어느 날 갑자기 건강을, 돈을 모두 잃게 되면 노년의 삶은 전부를 상실하게 되는 것이다.

따라서 젊었을 때부터 어느 영역 하나에만 치중하여 성공적인 노후 생애를 설계하지 않고 여러 영역에서 모두 성공적이고 행복한 노후의 삶을 달성할 수 있도록 젊어서부터 고루 노후 생애 설계를 한다면 실제로 노년기에 접어들었을 때, 이 가운데 어느 하나, 혹은 둘을 상실해도 다른 영역에서 준비된 삶으로 보다 성공적인 노년의 삶을 살 수 있을 것이다.

물론 위와 같은 모든 영역들을 모두 달성할 수 있도록 젊어서부터 고루고루 준비한다면 더할 나위 없이 행복하고 성공적인 노년을 모두 맞이할 수 있을 것이다.

다양한 일(job, 직업)을 통하여 경제적 재화를 취득하는 일차적인 문제를 떠나, 각자의 가슴속 깊은 곳에 묻혀 있는 욕구를 하나씩 끄집어 올리는 작업 속에서 삶의 가치와 성취욕을 극대화하여 존재 자체에 대한 긍정적인 요소를 쌓아가는 과정이다.

따라서 이러한 행복하고 성공적인 노년을 맞이하기 위해 젊었을 때부터 위의 여러 모든 영역에서 균형 잡힌 노후의 삶을 설계할 필요가 있을 것이다.

요즘처럼 자고 일어나면 세상의 패러다임(paradigm)이 바뀌어 가고 있는 현실에서 변화에 대한 적극적인 마음 자세는 매우 필요하다 하겠다.

우리 자신에게 무한히 제공될 것 같은 '내일'이라는 미래는 다시 주어지지 않을지도 모르는 희망사항일 뿐이다.

② 멀티플레이어(Multi Player)

예전에 유행했던 '사오정'이란 유행어가 지금도 회자되고 있다. 사오정! 45세 정년, 정리해고 바람이 사회 저변에 널리 퍼져 45세를 전후하여 그동안 몸담아 왔던 크고 작은 조직에서 나올 준비를 해야 한다는 것이다.

오래전 몸담았던 직장에서 한우물을 파고 정년을 맞이하기란 시간이 지나면 지날수록 더더욱 힘들어지고 있으며, 자의 반 타의 반 퇴직이라는 사각지대로 나가야 하는 현실은 주변의 가까운 지인들의 상황을 둘러보아도 알 수 있다.

주어진 분야에서 최고의 자리에 올랐다 할지라도 급변하는 경제 상황에서는 언제 어느 시기에 나락으로 떨어질지는 아무도 모를 일이다.

요즈음은 여명도 예전보다 훨씬 길어져 가고 있는 추세인데, 45세 즈음에 황당한 퇴직, 권고사직의 현장에 자신이 처해 있다면 얼마나 당황스럽고 한겨울 눈보라 치는 벌판에 나 홀로 던져져 앞으로 다가올 세상을 누구와 함께, 어떻게 건너야 할지 불안한 마음이 아니 크겠는가!

원하지 않는 현실이지만, 실업 후 재취업에 실패하면서 경기 침체와 장기 불황으로 인해 장기 실업자 신세로 전락하는 사회적 양상은 그리 오래전 이야기가 아니다(참고: 2020년 12월, 실업자 수 113만 명, 실업률 4.1%/통계청, 경제활동인구조사).

주변 상황을 둘러보고, 조금이라도 먼저 준비를 해보자! 현재 자신이 수행하고 있는 분야가 최후의 보루라 여겨지겠지만, 인생 2막, 3막까지를 담보하지 못하기에 조금이라도 늦기 전에 다가올 새로운 환경에 미리 준비를 해보자.

그동안 수행하였던 직무를 기본으로 삼고, 나아가 가슴속에 남아 있던 자아 욕구를 분출하여 제조, 도소매, 서비스, 경영, 관리 및 용역 분야 등 도전을 권하고 싶다.

수많은 국가공인 및 민간 자격증은 아래 언급할 내용 이외에도 직무별로 매우 다양하게 분포되어 있다. 분야별 자격증을 간단히 소개하겠다.

<경영, 관리 및 서비스 분야>
경영지도사: 경영, 재무, 회계 및 인사 컨설팅
직무전문면접관: 공기업, 금융기관 및 강소기업 신규 채용 인력 면접위원
금융해설사: 공공기관, 일반기업 및 민간인 대상 금융 강의
경비지도사: 시설물 관리 및 요원 경호
주택관리사: 공동주택 및 시설물 관리
물류관리사: 원자재 조달, 화물수송, 보관, 하역 등 물류체계 구축
연예인관리사: 연예인 예술활동 일정관리 및 업무지원
건축토목기사: 건축 및 토목 관련 설계, 시공, 유지 및 관리
브랜드매니저: 브랜드의 기획, 홍보 및 마케팅 관리
텔레마케팅관리사: 정보통신기술을 활용하여 고객에게 정보 제공, 신상품 소개, 고충사항 처리, 시장조사
치기공사: 이빨 관련 금니, 틀니 등 보철물 제작
의공기사: 의료 관련 기계, 전기, 전자 등 기기 연구 및 안전 관리
국내여행안내사: 국내여행 일정 및 각종 정보 제공
가맹거래사 : 가맹사업의 공정질서 확립, 검토, 교육 등 대행업체의 사업 전반 경영 및 법률 서비스 제공

<업무 대행 분야>
행정사: 국민의 권리 의무 등 행정 관련 업무 대행
공인중개사: 부동산 매매 및 전세 등 중개업
도배기능사: 건축물의 벽, 바닥 및 창호 등에 도배 수행
조경기능사: 환경 복원, 환경 조성 및 생활공간 등 조경 조성
타워크레인운전기능사: 항만, 부두 및 고층건물 크레인 관리

<상담 및 관리 분야>
직업상담사: 구직 관련 직업 정보 제공 및 적성검사 등 안내
사회복지사: 환자 또는 장애인의 프로그램 생활 지도, 보호 및 상담
심리상담사: 의뢰인의 심리 문제 상담
보건교육사: 개인 및 집단의 보건, 건강증진 지도 상담
요양보호사: 노인성 질환자 신체 및 가사지원 전문적 서비스 제공
동물보건사: 동물 간호, 검진 예약 및 스케줄 관리
간호조무사: 간호 및 진료 보조

<평가, 조사 및 분석분야>
손해평가사: 농어업 재해 손해 평가
손해사정사: 보험사고 손해액 보험금 산정
도로교통사고감정사: 교통사고 체계적 조사, 분석 및 감정
수산물품질관리사: 수산물 생산, 유통, 안전성 평가 및 품질 관리
농산물품질관리사: 농산물 생산, 유통, 안전성 평가 및 품질 관리
유기농업기능사: 유기농업 입지 선정, 작목 선정 및 경영 분석
보석감정사: 다이아몬드, 루비 등 보석 감정 및 평가서 발행

③ N잡러를 꿈꾸며

　선배 중에 금융기관 점포장 이력자로 명예퇴직 대상자가 되어 약 30여 년의 경력을 보유한 채로 퇴직한 후 여러 중소기업 단기 고용 과정을 거쳐 요즘처럼 불황기에 창업을 준비 중이나 요즈음의 코로나 여파, 최근 경기가 정점을 지나 경제 수축기에 접어들어 새로운 직업을 구하고자 하나 이 또한 여의치 않음은 불 보듯 뻔한 현실이다.

　정규대학을 수학한 취준생에게도 취업의 문이 많이 닫혀 있고, 공기업, 대기업 및 민간기업에서 매년 신규 채용을 실시해도 합격의 문은 낙타 구멍을 통과하기 어려울 정도로 취준생에게도 높은 경쟁률을 보이고 있는 요즘의 현실이다.

　이것은 무엇을 말해주는 것일까? 그래도 금융 분야 최고의 전문가라

자처했을 법한 점포 경영 이력자로서 그동안의 쌓아온 금융 실무, 상담 능력, 고객 분석, 협상력, 조직 관리, 재무 관리 등 여러 분야의 매우 정통한 엘리트 코스를 밟았다 할지라도 외부의 환경 요건 등 전반적인 퇴직 후의 재고용 현황은 전혀 다른 방향으로 흐르고 있음을 간파할 수 있다.

얼마 전에는 자신이 맡은 분야에서 최고의 전문가적 역량으로 최대의 성과를 시현하여 평생직장으로 삼아 은퇴하는 것을 매우 큰 덕목으로 여겼다. 전혀 틀린 말은 아니지만, 작금의 현실은 다변화된 상황에서 향후 미래를 준비하는 차원에서 보면 한편으로는 확실한 현실에 놓이는 상황이라 하겠다.

현실적으로 다방면에 걸쳐 자신이 맡고 있는 역량 외에 추가적인 전문 역량을 몇 개쯤 보유하여 사오정, 정년 퇴임 이후에도 매우 양질의 조건에 맞는 직무는 젊은 경쟁자 등과 치열한 경쟁을 해야겠기에 많지는 않겠지만, 아무 준비 없는 퇴직 이후의 환경보다는 조금 롱런할 것으로 본다.

요즘에는 본업 외에 '평생직업'을 준비하는 사람들이 늘고 있다. 미국 어느 방송사에서는 사람보다 다소 실수를 매우 적게 하고 똑똑하다는 이유 등으로 향후 로봇에게 일자리를 내줘야 하는 직업군을 방송하였는데, 생각외의 결과를 보면 현재 우리 자신의 일자리는 직·간접적으로 그리 오래가기는 어려운 현실이라 하겠다.

향후 로봇 대체 직업군, 사라질 직업 및 미래 유망 자격증은 다음과 같다.

<로봇 대체 직업군>
1. 약사
2. 변호사와 변호사 보조원
3. 운전기사, 비행조종사
4. 우주비행사
5. 점원(계산원)
6. 군인
7. 베이비시터
8. 재해 재난 구조원
9. 스포츠 기자와 리포터 외

<10년 내 사라질 직업>
1. 약사
2. 변호사
3. 모델
4. 요리사
5. 저널리스트
6. 운전자, 택시기사
7. 스포츠 심판
8. 콜센터, 은행원, 펀드매니저 등 상담직
9. 네일 아티스트 외

<미래 유망 자격증>
1. 경영지도사
2. 사회복지사
3. 상담심리사
4. 노인심리상담사
5. 직업상담사
6. 청소년상담사

7. 하브루타지도사
8. 감정코칭전문가
9. 성폭력상담사
10. 가정폭력상담사
11. 생애설계사
12. 방과후지도사
13. 디지털정보활용능력
14. 한국어교원
15. 손해사정사
16. 동물보건사
17. 도로교통사고삼정사
18. 건축기사
19. 전기기사
20. 전기응용기술사 외

최근 인공지능(AI)과 로봇의 발달 등에 따라 세상은 이처럼 빠르게 변화가 예상되고 있고, 머지않은 미래에 과거와는 전혀 다른 양상으로 산업의 방향이 바뀌는 등 매우 빠르게 변하고 있다. 무엇을, 언제 도전해봐야 할까?

직무와 관련된 미래 유망의 학위 및 자격증을 취득하여 유관 업무를 수행하거나 전혀 다른 비전공 분야를 개척하여 정년 이후의 또 다른 건강한 삶을 위한 전초기지를 마련하여 정년 후 재취업이 매우 힘든 상황을 위해 다수의 평생직장을 몇 개쯤 미리 마련해보는 것이 좋겠다.

평생직장 시대는 이미 지나갔다고 판단되지만, 정년 퇴임 이전부터 연금 수령 이후까지 소득 공백기를 다소 메울 수 있는 다방면의 직무 등 영역에서 자신의 미래 비전을 성취하고 적극적이고 활발한 경제 활동에 참여하는 방법이지 않을까 한다.

저자소개

소승만 SO SEUNG MAN

학력
- 노인복지학 학사(서울사이버대학교)

경력
- 전) 우리은행 지점장
- 전) SCU 중서부지역 회장
- 현) 전국퇴직금융인협회 위원
- 현) 공공기관 NCS 블라인드 전문 면접위원
- 현) 사회복지사, 금융해설사, 투자상담사, Compliance Officer

강의
- 주요 금융상품 해설
- 성희롱 예방교육
- 직장인 매너 및 에티켓

수상

- 서울시경찰국장 표창(87년)
- 우리은행장 표창(01, 03년) 외
- 우리은행장 상장(18, 19년) 외

트렌드 N잡러 교육과정

이지영

① 프롤로그

　필자는 KBS스포츠예술과학원 교육본부장을 하면서 연세대학원 창업학석사 졸업 후 박사과정 재학 중으로 창업강의와 창업컨설팅, 창업마케팅 등을 하며 스타트업 크리에이터를 하고 있는 N잡러입니다.

　코로나19로 인해 어려운 시기이지만 필자는 천운으로 KBS스포츠예술과학원 정부 방역 지침을 엄수하면서 N잡러가 되기 위한 교육과정을 진행하였고, 소상공인들의 힘겨운 귀와 발이 되는 스타트업 크리에이터로서 소상공인, 농업인 등의 홍보를 맡고 있습니다. 부족하지만 필자는 앞으로도 N잡러로서 최선을 다하고자 합니다.

　코로나 시대라는 거대한 장막 앞에서 우리 모두는 너무나 많이 어렵고 힘든 현실을 살고 있습니다. 하지만 의외로 코로나 시대기에 남는 시간을 자기계발이나 부족한 공부를 통해 자신에게 시간을 투자하는 사람이 많아졌습니다.

　그러다 보니 예전보다 훨씬 퀄리티 있는 강의로 코로나 시대를 이끄는 강사들이 많이 나타나고 있습니다. 2021년 새로운 트렌드에 맞게 코로나를 이끌고 있는 N잡러가 될 수 있는 과정들을 여러분께 소개할까 합니다.

② 트렌드에 맞는 N잡러가 되자

세상살이, 먹고 사는 것만큼 중요한 것이 직업입니다. '어떤 공부를 해서 어떤 직업으로 얼마의 연봉으로 내 삶을 꾸려갈 것인가?' 언택트 시대를 맞이해서 생겨나는 신종 직업과 없어지는 직업이 많습니다.

언택트시대 뜨는 직업·사라질 직업

	자동화 위험 높은 직업	자동화 위험 낮은 직업	재택근무 어려운 직종	재택근무 용이한 직종
1	통신서비스 판매원	영양사	건물 청소 관리	컴퓨터·수학
2	텔레마케터	의사	식품 조리 서비스	교육·훈련
3	인터넷 판매원	교육관련 전문가	건설·채굴	법률 서비스
4	사진인화 및 현상기 조작원	보건의료 관리자	유지 보수 관리	기업·금융 영업
5	관세사	컴퓨터시스템 설계 및 분석가	생산직	관리직

※ 출처: LG경제연구소   ※ 출처: 전미경제연구소

빠르게 변화하는 사회와 함께 새로운 산업의 발달과 쇠퇴 역시 빨라지고 있으며, 그에 따라 직업의 종류와 수도 달라지고 있습니다. 미국의 직업 사전은 10년마다 개정되는데 그때마다 약 25% 정도의 직업이 바뀐다고 합니다. 가장 최근 조사에서도 10년 동안 3,500개의 직업이 사라지고 2,100개 정도의 직업이 새로 생겼다고 합니다.

우리의 미래를 지배하게 될 산업과 직업에는 어떤 것들이 있을까요? 미래 산업의 경향을 반영한 실질적인 미래 직업을 알아볼 수 있는 미래 직업 박람회에서 정한 6대 미래 산업은 녹색 산업, 첨단 산업, 정보통신 및 융합 산업, 문화 콘텐츠 산업, 첨단 의료 산업, 지식 기반 산업입니다.

미래의 국가 경쟁력은 창조적인 과학 기술자를 얼마나 잘 길러내느냐에 달려 있다고 할 수 있습니다. 지식이 기반이 되는 미래 사회의 주인공이 되기 위한 노력의 시작은 빠를수록 좋을 것입니다.

이제부터 N잡러 교육과정을 소개할까 합니다.

1) 2021 KBS트렌드강사과정 - 이지영 본부장

늘 바뀌고 변화하고 진보하는 2021년 트렌드에 맞는 교육과정으로 구성되어 있습니다. KBS스포츠예술과학원에는 모두 13개의 과정이 있으며 분기별로 교육이 꾸준하게 이뤄지고 있습니다.

일정	첫째날	둘째날
10~11	이지영 본부장의 오리엔테이션	이지영 본부장의 오리엔테이션
11~1	성창운 교수의 트렌드 사상체질 케어	유영만 교수의 트렌드 스피치
1~2	LUNCH & BREAK	
2~3	박찬조 교수의 글로벌 전자정부	미지원 교수의 웰다잉 이야기
3~4	박일서 박사의 트렌드 신체 힐링	미현순 박사의 트렌드 매직 이야기
4~5	박서연 박사의 트렌드 이미지 메이킹	4:00-5:30 감익수교수의 트렌드 유투브 만들기
5~6		5:30-6:00 수료식

KBS 스포츠예술과학원

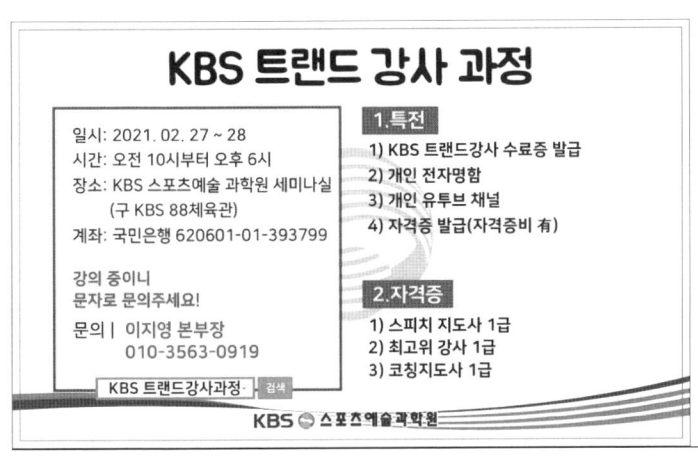

2) KBS지역경제관리사과정 - 김미회 주임교수

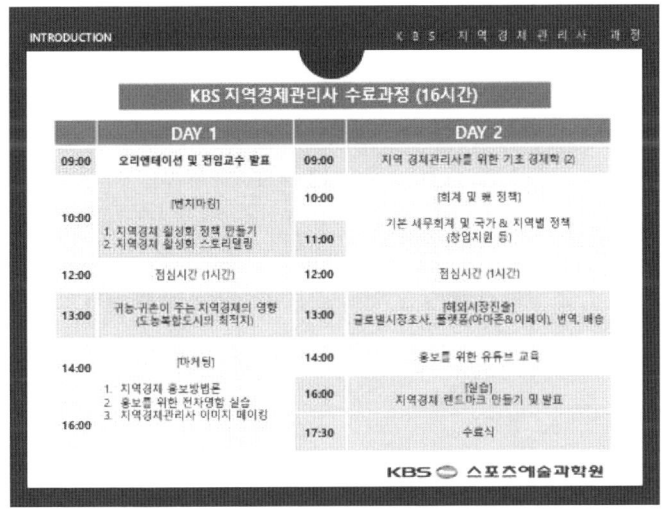

2020년 6월 KBS 스포츠예술과학원에서 처음 개강한 '지역경제관리사' 과정은 다양한 분야에서 활발히 활동하고 있는 일곱 명의 강사진과

함께 경제원리, 회계, 정부정책, 마케팅, 글로벌 시장 진출에 이르기까지 지역경제관리사가 갖추어야 할 알차고 핵심적인 강의들로 구성되어 있습니다.

지역경제관리사는 新5060세대의 축적된 경험과 노하우를 바탕으로 지역경제에 기여할 수 있는 전문인력입니다. 지역경제관리사는 지역경제에 대한 전문성을 가지고 지역 내 소상공인 및 스타트업 회사에 멘토링 지원, 각 지역의 랜드마크를 형성한 지역특산물의 홍보, 미래 고령화 사회의 청장년층 경제 활동 지원 등을 통하여 정년·은퇴 후에도 지역구성원의 일원으로써 지역경제의 안정적인 발전에 기여합니다.

3) KBS공공기관면접관 고급과정 - 김영기 주임교수

KBS공공기관면접관과정은 공공기관 채용 전문기업인 브레인플랫폼(주)_KCA한국컨설턴트사관학교와 함께하는 과정으로 '인생 2막 N잡러'를 지향합니다. 2020년 4월부터 KBS 1기 공공기관면접관 52명을 시작으로 KBS 1, 2, 3기 공공기관 면접관 100명 이상을 배출하였고 이들은 정부의 채용 투명성과 공정성 정책을 위한 NCS 기반의 블라인드 채용 전문가로 활동하고 있습니다.

NCS기반의 블라인드채용전문가 양성
KBS스포츠예술과학원 공공기관면접관 교육 및 실습 심화(1급)과정

2020년 4월 18일(토) 09~18시
KBS스포츠예술과학원 1층 세미나실
(서울시 강서구 공항대로 376)

KBS 스포츠예술과학원

[KBS스포츠예술과학원 1기 공공기관 면접관 프로그램 시간대별 진행순서]

구분	운영시간	내용
1부	09:00~10:00	등록 및 오리엔테이션, 면접관 리뷰(김영기 전임교수)
	10:00~11:00	공공기관 입사지원서, 자기소개서, AI면접 이해 교육 김영기 KBS스포츠예술과학원 전임교수, KCA한국컨설턴트사관학교 교장
	11:00~12:00	공공기관 7년차 면접관 경험담 교육 김영기 KBS스포츠예술과학원 전임교수, KCA한국컨설턴트사관학교 교장
	12:00~13:00 중식 및 휴식		
2부	13:00~14:00	면접관 실전 면접 경험 사례별 태도 교육 김영기 KBS스포츠예술과학원 전임교수, KCA한국컨설턴트사관학교 교장
	14:00~16:00	인성면접 및 직무 면접관 실습 김원일 ㈜더엠플랫폼 대표이사, 매경면접관 총괄교수
	16:00~18:00	PT발표면접 실습 및 그룹토론(GD) 면접관 실습 김원일 ㈜더엠플랫폼 대표이사, 매경면접관 총괄교수
	Break Time		
3부	18:00~18:30	[KBS스포츠예술과학원 공공기관 면접관 심화(1급)과정 1기] 수료식
	18:30~	마무리

4) KBS바이오힐링지도사과정 - 조정상 주임교수

바이오힐링지도사과정은 1990년도에 코넬대학에서 알려준 PPM인 예지(Predictive)와 예방(Prevent)을 기반으로 진행하는 과정입니다. 1950년대에 러시아와 미국에서 우주비행사들의 건강을 정밀분석하고 치유하기 위해 개발된 장비를 통해 바이오 레조넌스(생체공진) 기술을 충분히 익히도록 합니다.

바이오 레조넌스 기술을 이용하여 짧은 시간 내에 건강에 관한 종합 진단하는 기술을 익히고, 종합 진단된 빅데이터를 정밀하게 분석하는 기술을 충분히 익히고, 신체 각 기관별로 분류하고, 건강 상태와 아건강 상태 그리고 질병 상태 등으로 분류하는 기술을 익히며, 충분한 실습과정을 통해 아건강 상태에서 질병 상태에서 건강 상태로 되돌려 주는 기술을 익히도록 하여 모두가 건강해지도록 하고 사회 활동에 적극 참여하여 많은 분들의 건강에 도움을 드리는 과정입니다.

일정	1일차 강의명	교수진	일정	2일차 강의명	교수진
9~10	오리엔테이션	이지영본부장	9~10	바이오 힐링 분석법	조정상교수
10~11	바이오 힐링지도사		10~11	바이오 힐링 분석 기술	
11~12	비파괴검사와 공진분석	조정상교수	11~12	바이오 힐링 분석 실습	
12~1	LUNCH & NETWORK TIME				
1~2	건강 공진분석 기술		1~2	바이오 힐링 치유법	조정상교수
2~3	건강 공진분석 실습		2~3	바이오 힐링 치유 기술	
3~4	바이오 힐링 예지법	조정상교수	3~4	바이오 힐링 치유 실습	
4~5	바이오 힐링 예지 기술		4~5	총정리	조정상교수
5~6	바이오 힐링 예지 실습		5~6	KBS수료식	과학원원장

5) KBS시니어여가지도사과정 - 이갑숙 주임교수(노인복지학 박사)

여러분은 12분 전의 일을 기억하십니까? 전 세계적으로 치매 환자가 12분에 한 명씩 발생합니다. 이제 어느 누구도 치매가 걸리지 않을 것이라고 장담할 수 없고, 해가 거듭됨에 따라 그 연령대가 낮아지고 있어 치매가 전염병처럼 유행하고 있는 게 아닌가 싶을 정도로 공포로 몰아가는 것이 오늘날의 치매입니다.

암보다 더 무서운 인생을 망가뜨리는 뇌 질환 치매는 '공든 탑이 무너진다'는 속담처럼 한평생 쌓아둔 좋은 추억이 무너지게 되는 결과를 초래합니다. 그래서 치매 관리를 처삼촌 벌초하듯 대충할 수가 없습니다.

2003년 저명한 외국학회지에서 "노인 연령에서 다양한 인지 프로그램의 여가 활동에 참여하는 경우 치매의 발병률이 낮다. 책을 읽고 도구를 다루는 간단한 게임을 하고 음악을 연주하는 것과 같은 여가 활동은 치매의 위험을 줄이는 데 도움이 될 수 있다"고 발표하였습니다. 이런 과학적인 근거를 바탕으로 개발된 시니어 여가 프로그램을 통해, 치매 환자는 치매 완화 차원에서 또 건강한 어르신은 치매 예방 차원에서 자신감과 삶의 활력을 불러일으키도록 훈련된 '시니어여가지도사'가 당연히 필요하게 됩니다.

저는 목표가 있습니다. 고령사회, 베이비부머가 노인이 되는 이 시기에 시니어여가지도사에 대한 틀을 제대로 잡아놓는 것입니다. 그렇지 않으면 노인은 늙은이라고 무시당하기 쉽고, 시니어여가지도사 역시 우습게 보일 수 있습니다. 이제 우리 사회는 노인의 나이 듦이 경력임을 알고 인정해드려야 합니다. 그래야 우리도 노인 되었을 때 대접받을 것입니다.

그러므로 이 땅의 노인들이 어르신으로 제대로 존경받고, 행복한 노년기를 보낼 수 있도록 고퀄리티의 시니어여가지도사를 배출하는 것이 저의 목표입니다. 이에 KBS스포츠예술과학원에서 시니어여가지도사 과정을 운영하고 있습니다. 은퇴 후 인생의 1/3~1/4이 비자발적인 여가 시간으로 주어지는 이 시대 '시니어여가지도사'라는 고령사회의 맞춤 직업을 원하시는 N잡러 여러분의 많은 참여와 관심 부탁드립니다. 감사합니다.

〈KBS 시니어 여가지도 강사과정 일정표〉			
일정	첫째날(2/22)	일정	둘째날(2/23)
9:00~9:20 학장 본부장	오리엔테이션 KBS여가원부장의 오리엔테이션	9:00~10:00 동영철 강사	마음브레이킹으로 실버리더 시동걸기 오임에서의 아력함과 경계율 실버계로 잘 깨는 방법 배우기
9:20~12:00 이김숙 컨설교수	뇌 팡! 웃음 팡! 치매예방 팡! 제미, 유머, 감동의 레크에 충격받은 뇌가 지게체창 되는 비밀 공개	10:00~12:00 류지영 강사	낙상과의 이별예방 어르신들의 안전하고 예방법 노후즐기 살아가는 낙상 발생 원리 및 낙상예방 분당법
12:00~1:00	LUNCH & BREAK	12:00~1:00	LUNCH & BREAK
1:00~2:00 김정환 강사	스팟 능력 200% 대박 강의 비법! "아" 달린 대화를 "팡" 평함 대웅으로 바꾸는 스팟 7법 배우기	1:00~3:00 정연우 강사	목소리 20년 젊게 '시원하게 외쳐보자' 노인 스피치 발성 & 실전연습
2:00~4:00 최종열 강사	시니어 리더십 코칭 행복한 시니어여가생을 위한 리더십 배우고 익히기	3:00~5:00 김해성 강사	노(NO)쇠 예방 건강장수 오락(五樂)운동 강 심 폐 근육뼈 노력강제 강화운동 오력(五力)으로 쥬신 마음근심 근력 일상생활 바꾸기
4:00~6:00 황성환 강사	강사의 유튜브 브랜드 채널 만들기 유튜브 계설 목표, 동영상 촬영과 편집, 업로드, 동영상의 노유출 방법 배우기	5:00~6:00	시니어 여가지도 강사과정 수료식 시니어여가지도 강사과정 수료식
		KBS 스포츠예술과학원	

6) KBS웰다잉지도사과정 - 이지원 주임교수

우리가 행복해지기 위해서는 돈, 건강, 친구, 명예 등 많은 조건들이 필요하다고 합니다. 그렇다면 이러한 조건들이 없으면 행복하지 않을까요? 이러한 것보다 더 필요한 것은 '어떻게 사는가'에 대한 고민과 '잘 살아가는가'에 대한 스스로의 해답을 찾는 것입니다. 어떻게 사는지에 대한 해답을 찾아가는 것이 바로 웰다잉 교육입니다.

웰다잉 교육은 '웰에이징'을 위해 삶을 어떻게 설계할 것인지에 대해 성찰합니다. 나를 알아차리고 타인과의 관계를 위해 노력하며 존엄한 삶을 스스로 지킴으로써 인생의 마무리에서 후회 없는 삶을 살아가기 위한 과정을 이해하고 실천하는 것이 웰다잉 교육입니다. 즉, '잘 죽는 것'은 '잘 사는 것'을 말합니다. KBS웰다잉지도사과정은 영화나 문학을 통해 삶과 죽음을 이해하고, 전 세대의 죽음 준비 교육을 통해 생명의 존엄과 삶의 가치를 깨닫게 하는 교육과정으로 구성되어 있습니다. 자신의 삶에 만족하고 감사가 넘치는 행복한 삶을 누릴 수 있도록 돕는 과정입니다.

KBS-웰다잉지도사 과정

이지원 전임교수

1일(5월23일/토)	2일(5월24일/일)	3일(5월30일/토)	4일(5월31일/일)
오리엔테이션-이지영본부장 삶의 목적 찾기 - 이지원전임교수	연명의료결정법 - 정선경강사	영화를 통한 웰다잉 - 한애경교수	유산및상속에 관한 이해 - 김광식강사
웰다잉의이해 -최영숙교수	세계의 웰다잉문화 -이진아강사	생명존중 및 자살예방 -최수인강사	관계회복(핸드크라프트테라피) -김미화강사
문학작품을 통한 웰다잉 -권혁녀강사	청소년 웰다잉문화 -이현정강사	용서와 화해 -이영자강사	버킷리스트&자서전쓰기 -이지원전임교수
사전연명의료의향서 -정선경강사	행복한 노년의 삶 -이명임강사	유언장의 법적 이해 -김광식강사	감사나누기 및 수료식

KBS 스포츠예술과학원 교육과정

7) KBS국제복지전문가과정 - 정윤주 주임교수

하나의 지구 공간 내에서도 어떤 지역은 자본과 자원이 풍부하여 잘 사는 것에 비해 어떤 지역은 그렇지 못해 살아가는 데 많은 어려움을 겪기도 합니다. 일반적으로 자본과 자원을 이용하는 데 유리한 위치를 점하고 있는 선진국들은 후진국들에 비해 경제적으로 우월한 위치에 있으면서 세계 질서를 좌지우지합니다.

이러한 결과, 소수의 선진국가와 다수의 저개발국가 간에는 경제적인 종속 관계가 발생하게 되고, 세계 무역 기구 WTO와 같은 국제 조직에 의해 이런 종속 관계가 합법화되면서 전 세계가 선진국 중심으로, 하나의 경제국으로 통합되는 세계화 현상이 추진되고 있습니다.

세계화는 잘사는 선진국과 못사는 후진국으로 양분되어 소득의 양극화로 저개발국가에 대한 선진국들의 경제 착취는 저임금과 노동과 노동시간의 요구로 인해 발생하게 됩니다.

국제복지란 나라마다 어려움을 겪고 있는 문제점을 해결하려고 전 세계에 걸쳐 빈곤 퇴치를 위해 노력하고 있습니다. 국제 자원봉사, 국제 자원활동, 해외 자원봉사 등등 진행되고 있지만 올바른 사용 방법을 모르고 있는 문제점을 개선 보완해 국제복지전문가 과정을 통해 전달하려고 합니다.

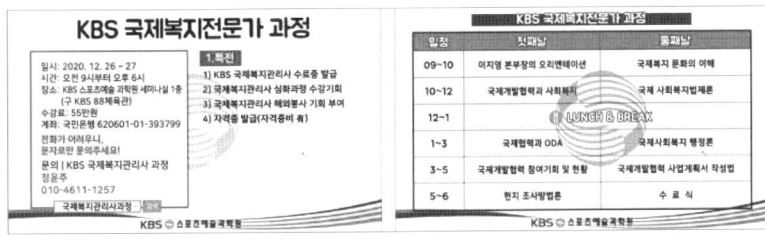

8) KBS아트지도사과정 – 송남숙 주임교수

1. 나만의 그림으로 세상에 하나뿐인 아이템을 만들 수 있습니다.
2. 인체에 무효한 안료로 손으로 만져도 밀리거나 묻어나지 않습니다.
3. 남녀노소 초보자도 쉽게 할 수 있습니다.
4. 작품 완성 후 실생활에 유용하게 사용할 수 있습니다.
5. 미술치료의 한 방법으로 체험 가능하며 심리적 안정을 도모할 수 있습니다.
6. 유약을 바르기 전 초벌 도자기에 직접 그림을 그리는 기법으로 소소한 행복을 느끼며 할 수 있는 작업입니다.
7. 직접 그리고 디자인한 그림이나 글을 넣어서 나만의 감성을 표현할 수 있습니다.
8. 각박한 현대인들의 삶을 미술치료의 한 방법으로도 체험하는 예술 장르입니다.
9. 아름다운 도자기와 그림을 접목한 작업을 통해서 자신감과 힐링의 시간을 가질 수 있습니다.
10. 세라믹 페인팅은 이미 제작된 형태에 표면을 장식하는 내용이어서 지도하거나 배우는 입장에서는 한결 쉽게 이해하고 즐길 수 있는 예술 장르입니다.

9) KBS유튜브과정 - 박서연 주임교수

모든 것이 미디어가 되고 모든 일상이 콘텐츠가 되는 세상, 기술과 미디어의 발달로 급변하며 성장하고 있는 영상, 콘텐츠 산업! 최근 특별한 자신의 경험과 노하우, 취미 등을 유튜브를 통해 공유하는 1인 미디어가 주목받고 있습니다. 취미생활도 되고, 은퇴 후 수익 창출에도 도전할 수 있는 유튜브과정을 KBS스포츠예술과학원에서 진행하고 있습니다.

유튜브와 다양한 1인 미디어 플랫폼에 대한 콘텐츠 기획부터 제작, 운영 능력을 키우는 통합적 교육 프로그램을 통해 디지털 시대를 선도하는 유튜버와 콘텐츠 크리에이터로 성장할 수 있습니다. 유튜버는 새로운 직업이라 대중들에게는 잘 와 닿지 않는 직업이기도 합니다. 그러나 유튜브에 접속만 해도 이를 직업으로 하시는 분들을 쉽게 찾아볼 수가 있습니다. 하지만 누구나 유튜브 크리에이터로 성공하는 것은 아닙니다. 따라서 콘텐츠 기획부터 운영 능력을 키우는 전문적인 교육이 필요하다고 생각합니다.

1. 창의적인 크리에이터를 양성하는 실무 교육과정
2. 유튜브 플랫폼의 이해, 1인 플랫폼 활용, 스마트폰을 이용한 콘텐츠 제작 등 기초 교육
3. 유튜브 제작 기획, 영상 편집, 영상 연출, 방송 시스템 구축과 운영 등 유튜버 실무 과목 심화 교육

10) KBS홈케어전문관리사과정 - 정상윤 주임교수

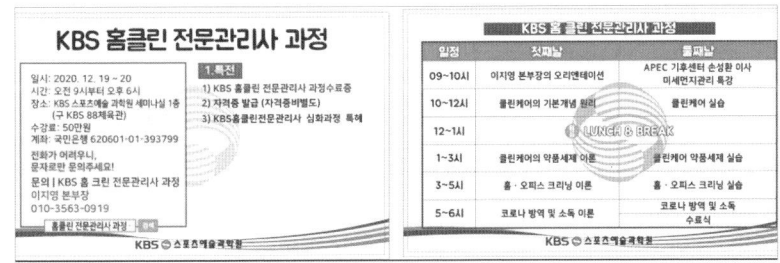

11) KBS서화예술지도사과정 – 김극선 주임교수

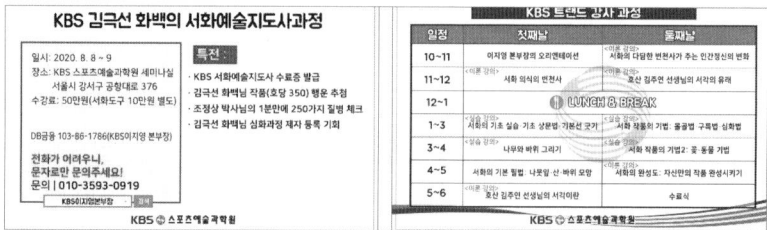

12) KBS신지식언론인과정 – 지창남 주임교수

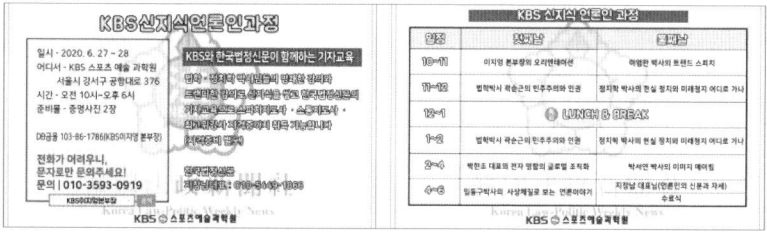

13) KBS스타트업크리에이터과정 – 장영애 주임교수

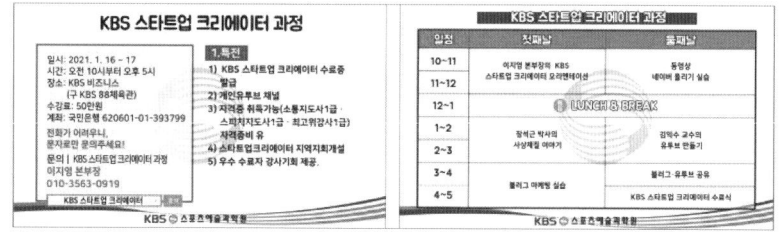

KBS스포츠예술과학원은 22년 된 4년제 학사·전문학사 교육기관으로 13개 교육과정이 운영되며 매년 인재들이 수료하고 교육에 매진하고 있

습니다. N잡러가 되기 위한 교육과정 문의는 이지영 본부장에게 연락주세요.

KBS 스포츠예술과학원 교육과정

1) 트렌드 강사 과정 이지영 본부장
2) 지역경제관리사 과정 김미희 교수
3) 공공기관 면접관 고급과정 김영기 교수
4) 바이오힐링지도사 과정 조정상 교수
5) 시니어여가지도사 과정 이갑숙 교수
6) 웰다잉지도사 과정 이지원 교수
7) 국제복지전문가 과정 정윤주 교수
8) 아트지도사 과정 송남숙 교수
9) 유투버 과정 박서연 교수
10) 홈케어전문관리사 과정 정상윤 교수
11) 서화예술지도사 과정 김극선 교수
12) 스타트업크리에이터 과정 장영애 교수
13) 신지식언론인 과정 지창남 교수

문의 : 이지영 교육본부장 010-3563-0919
(강의중이니 문자로 연락부탁드립니다)

KBS 스포츠예술과학원
www.kbssa.sc.kr

예술과학원 / 교육본부장
이 지 영

07648 서울특별시 강서구 공항대로 376(화곡동)
Tel 02 2600 8780   Fax 02 2600 8789
Mobile 010 5702 0919
eile5015@naver.com

저자소개

이지영 LEE JI YOUNG

학력
- 연세대학원 창업학 석사
- 연세대학원 창업학 박사과정

경력
- KBS스포츠예술과학원 교육본부장
- 열린사이버대학 사회복지학과 교수
- K-STARTUP-CREATER
- 한국테라피사무총장 대표
- 국제스피치 협회 회장
- 기업가정신 강사

자격
- 사회복지사 1급
- 평생교육사 1급
- 심리분석사 1급

- 최고위강사 1급
- 코칭지도사 1급

저서
- 『내 삶 속의 힐링』, 2015.
- 『성공인 이야기』, 2016.
- 『소통 리더쉽』, 2016.
- 『시로 표현하는 삶의 여정, 행복한 나들이』, 2019.

수상
- 2017 제45회, 제46회 관악 백일장 대회(일반부) 시 부문
- 2016 대상/산문 부문 장려상
- 2016 대한민국 인물대상-스피치 부문 대상
- 2015 대한민국 인물대상-성공인 부문 대상
- 국회연설대회-명연설 대상
- 국회연설대회-국회부의장상
- 국회연설대회-인기상
- 스포츠조선 사회공헌부문 대상
- 프로강사 레크레이션부문 대상

N잡러가 되기 위한 두뇌 유연화하기

임은조

① 100세 시대의 삶

1) 100세 시대 생애주기 변화

의학 기술과 과학의 발달로 우리는 100세 시대를 살아가고 있지만 '장수'라는 용어는 우리에게 정년 이후의 삶을 준비하라는 메시지를 전달하고 있는 것 같다. 퇴직 후 30~40년의 또 다른 새로운 삶을 위해서는 새로운 미래에 대한 철저한 준비가 필요하다.

급속도로 변화하는 사회만큼이나 고용 시장과 환경도 변화하고 있다. 100세 시대를 살아가야 하는 우리는 정년퇴임 이후 경제 활동을 고민하지 않을 수 없게 되었다. 60세 또는 65세 은퇴 이후에 30~40년이라는 매우 긴 시간이 주어지기 때문이다. 우리나라보다 고령화 진행이 빠른 일본에서는 나이에 0.7을 곱해야 진짜 나이란 말이 화제가 되었다(NH 투자증권 100세 시대 연구소, 2020).

요즘 65세 이상 노인 대상으로 연구를 진행하면서 직접 어르신들을 접했을 때 많이 느꼈던 것이지만 신체적 정신적으로 매우 건강하여 70세가 넘은 노인의 경우도 그 나이를 알아차리기가 쉽지 않았었다. 나이에 0.7을 곱한 생애 주기 변화를 살펴보면 80세는 56세, 70세는 49세, 60세는 42세, 50세는 35세가 진짜 나이인 셈이다. 평균 수명이 늘어나면서 생애 주기가 확장되어가는 점을 고려하면, 80세 시대에 60세는 은퇴기에 해당하지만 100세 시대에 60세는 여전히 활동기에 해당하며 80세는 되어야 은퇴기인 셈이다. 그러므로 100세 시대 생애주기에 0.7을 곱하면 80세 시대의 생애주기와 비슷해진다(NH 투자증권 100세 시대 연구소. 2020).

100세 시대 연구소의 100세 시대 생애주기의 변화는 80세 시대에는 25년이 성장기 30년은 활동기, 그리고 나머지 25년을 은퇴기로 보았으며 100세 시대에는 35년이 성장기, 40년을 활동기, 25년을 은퇴기로 보았다. 80세 시대나 100세 시대 은퇴 시기는 같으나 80세 시대에 비하여 100세 시대에는 성장기와 활동기가 10년씩 증가하였다. 즉, 100세 시대에는 75세까지는 활동을 하여야 한다는 것이다. 그러나 현재 100세 시대를 살아가고 있는 중장년의 은퇴 시기는 여전히 60~65세이다. 100세 시대 생애주기와 비교하면 10~15년이라는 활동기의 공백이 있다.

<80세 시대와 100세 시대 생애주기>

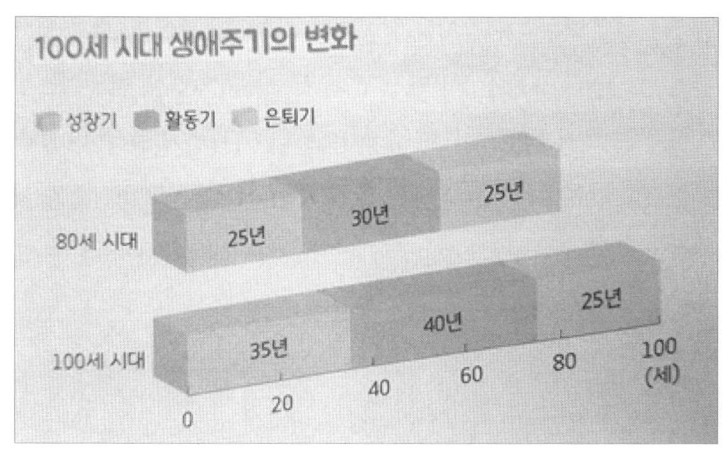

출처: NH 투자증권 100세 시대 연구소, 2020.

2015년 UN에서 전 세계 인류의 체질과 평균 수명 등을 고려하여 제시한 새로운 연령 기준을 살펴보면, 0~17세는 '미성년자', 18~65세는 '청년', 66~79세는 '중년', 80~99세는 '노년', 100세 이후는 '장수노인'으로 생애주기를 5단계로 구분하였다. UN의 새로운 연령 기준 역시 100세 시대 생애주기와 같이 65세는 노인이 아니라 활동기인 청년으로 구분하였으며 80부터 노년으로 보고 있다. 이러한 생애주기의 변화 현상은 일하는 시기가 더 길어질 수밖에 없음을 보여주고 있다.

2) 100세 시대 경제 활동

장수는 인간에게 주어진 시간의 선물이 될 수도 있다. 그러나 이렇게 주어진 선물도 재정적인 문제가 해결되지 않는다면 결코 기쁨의 선물이 되지 않을 수 있다.

영국의 경제학자이자 심리학자인 린다 그래튼(Lynda Gratton)은 "100세 인생(The 100-year life)에서 퇴직 후 기존 소득의 50%를 연금으로 받으려면 98년생 제인은 소득의 25%를 저축하며 65세까지 일해야 한다. 또 가구 소득이 400만 원인 부부라면 한 달에 100만 원을 저축하고 65세까지 일해야 그 후에 한 달에 200만 원을 지출하며 100세까지 살 수 있다"고 했다.

우리나라의 경우 2019년 65세 이상 고령자의 고용률은 31.3%로 전년 대비 0.7%p 증가했다. 주목할 만한 것은 60~64세 고용률이 60%를 넘어서며 빠르게 증가한 것이다. 2013년 20대 고용률을 처음으로 역전한 이후 갈수록 더 높아지고 있다.

　은퇴 이후에도 소비 활동은 계속해서 증가하고 있는데 생산 활동의 중지는 은퇴 이후 재정에 큰 부담이 아닐 수 없다. 장래에 근로를 원하는 인구 변화의 추이를 살펴보면 55~79세 고령자는 2012년 59.2%에서 2019년 64.9%로 5.7%p 상승해 꾸준한 증가세를 보이고 있으며(100세 연구소, 2020), 이러한 증가 추이의 추세는 단순한 경제 활동을 위한 것이 아니라 생계비를 위한 활동이라는 점에서 결코 행복한 근로는 아닐 것이다.

　2018년 매일경제신문 기사에 의하면 최근 구인구직 포털 벼룩시장이 50대 이상 직장인 676명을 대상으로 설문조사를 한 결과, 전체의 92.2%는 '정년퇴직 후에도 일을 할 의향이 있다'고 대답했다. 은퇴 후 재취업을 생각하는 이유로는 42.3%가 '충분하지 못한 노후자금'을 꼽았다. 노인 연금·복지 제도가 완전히 무르익지 못한 탓에 은퇴한 후에도 지속적인 경제 활동을 필수로 생각하는 이들이 늘었기 때문이다. 이어 '삶의 의미와 보람(24.3%)', '생활비 마련(18.9%)', '사회 참여(7.5%)', '건강 유지(6%)' 등의 이유가 뒤를 이었다.

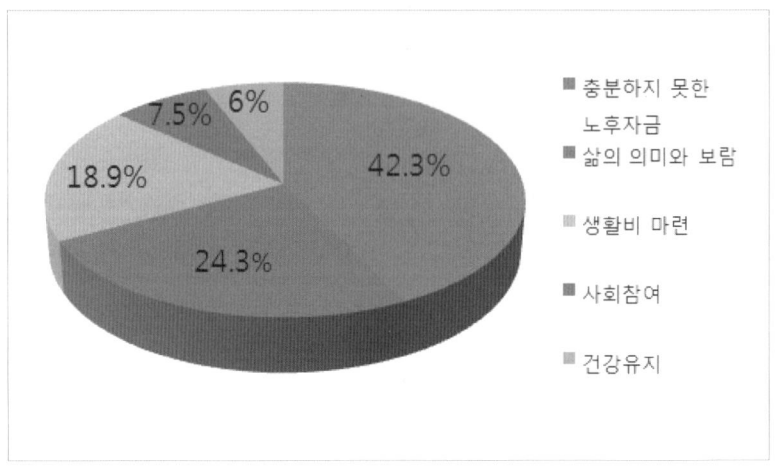

<50대 이상 직장인 676명의 은퇴 후 재취업을 생각하는 이유>

2019년 연합뉴스 기사에 따르면, 6·25 전쟁 직후 1955~1963년에 태어난 베이비붐 세대의 은퇴가 2021년부터 가속화될 것으로 예상됨에 따라 이들의 생활 안정을 위한 재취업 방안 마련이 시급하다는 지적이 제기되고 있다.

2019년 11월 한국고용정보원 '고용조사 브리프' 보고서에 따르면, 2019년 8월 기준으로 베이비부머는 723만 명이고 이들의 고용률은 66.9%였다. 베이비부머의 고용률은 1955년생이 만 55세가 된 2010년을 전후로 뚜렷한 하락세에 접어들었고 이 세대 막내인 1963년생이 만 55세가 된 2018년에는 70% 아래로 떨어졌다.

고용정보원의 2016년 '고령화연구패널' 조사에서 베이비부머 취업자의 은퇴 예정 시점은 '3년 이내' 4.8%, '5년 이내' 12.7%, '8년 이내'

25.5%, '10년 이내' 17.9%, '10년 이후' 39.1% 등이었다. 2014년 '고령화 연구패널' 조사에서 은퇴 상태였던 베이비부머 가운데 2016년 조사에서 재취업 상태인 사람은 23.4%에 달했다.

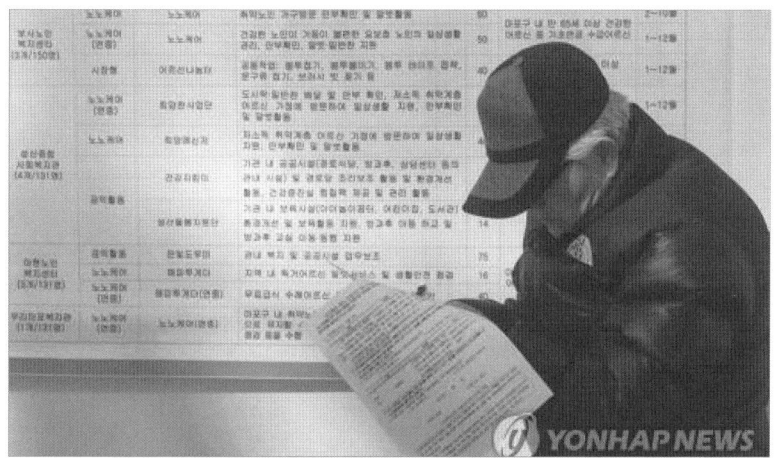

출처: 연합뉴스 사진 자료

베이비부머의 재취업은 은퇴 이후 경제적 수준에 대한 불만 때문으로 분석됐다. 은퇴자 중에서도 일할 의사를 가진 '부분 은퇴자'의 경우 은퇴 생활에 전혀 만족하지 않는다고 답한 비율이 68.1%나 됐다. 부분 은퇴자가 취업한 일자리를 유형별로 보면 경제적 문제 해결이 목적인 '생계형'이 94.9%로 대부분이었다. '가치 추구형'과 '사회 공헌형'은 각각 4.3%, 0.8%에 불과했다(연합뉴스, 2019. 11. 03).

이는 앞서 살펴본 50대 이상 직장인을 대상으로 한 재취업 이유와는 많은 차이를 보이고 있다. 베이비부머 은퇴자들은 은퇴 후 경제적 수준의 불안감과 노후 대비나 사회적 지원의 부족으로 생계형 일자리를 찾는 상태였으며, 일자리의 질적 수준 또한 높지 않았다. 노인 일자리의 질적 저하는 노인 빈곤 등 사회 문제로 이어질 수도 있다. 따라서 이러한 퇴직 후 일자리와 경제적 수준에 대한 불안감을 해소하기 위해서 퇴직 전부터 다양한 직업에 대해 고민해보고 미리 준비할 필요가 있다.

② N잡러 시대

1) N잡러란?

N잡러란 2개 이상 복수를 뜻하는 'N'과 직업을 뜻하는 'job', 사람을 뜻하는 '~러(er)'가 합쳐진 신조어로 '여러 직업을 가진 사람'이란 뜻이다. 본업 외에도 여러 부업과 취미 활동을 즐기며 시대 변화에 언제든 대응할 수 있도록 전업(轉業)이나 겸업(兼業)을 하는 이들을 말한다(매일경제 용어사전).

N잡러라는 말은 신조어로 사용되고 있지만 이미 널리 사용되고 있는 '긱 경제(gig economy)'와 그 맥락이 같다고 볼 수 있다. 긱 경제는 고용주가 필요에 따라 사람을 구해 단기로 계약을 맺고 일회성의 일을 맡기는 경제 방식을 뜻한다. 근로자는 어딘가에 소속돼 있지 않고 필요할 때만 일을 구하는데 이 일을 '긱 워크(gig work)', 혹은 '독립형 일자리'라고 한

다. 긱 경제로 수입을 내는 사람, 즉 긱 워커(gig worker) 혹은 독립형 근로자는 근로 시간을 스스로 유연하게 조절할 수 있다는 것이 특징이다. '긱 경제'라는 용어는 금융 위기가 한창이던 2009년 초에 탄생했다. 당시 실직자들이 자신을 받아주는 곳이라면 어디든 임시직 혹은 시간제 근로자로 여러 군데에서 동시에 일했던 현상을 빗대어 쓰기 시작한 것이다(토머스 오퐁, 2019). 이런 맥락에서 보면 N잡과 같은 의미로 여겨진다.

경기 침체와 더불어 우리나라를 비롯한 선진국들이 수축사회로 접어들면서 양질의 일자리가 감소하고 고용이 불안해지면서 투잡을 찾는 직장인이 크게 늘고 있고, 퇴직한 신중년 및 젊은 층으로 확대, 회자되는 새로운 직업 형태인 N잡러가 등장하여 빠르게 증가하고 있다(경제포커스, 2021.01.17).

2) N잡러 시대

'N잡러'라는 용어는 신조어로 아직 국어사전에 정의되어 있지 않지만 이 시대를 살아가는 직장인 10명 중 3명은 자신을 'N잡러'라고 말하고 있다.

잡코리아(www.jobkorea.co.kr)가 알바몬(www.albamon.com)과 함께 남녀 직장인 1,600명을 대상으로 '직장인 N잡러 인식과 현황'에 대해 설문조사를 진행한 결과, '현재 2개 이상의 직업을 갖고 있는 N잡러 입니까?'라는 질문에 10명 중 3명에 달하는 30.3%가 'N잡러'라고 답했다 스스로를 N잡러라 답한 직장인 중에서는 30대 직장인이 34.6%로 가장 많았고, 40대 직장인이 29.4% 20대 직장인이 25.7%, 50대 이상이 24.7%를 차지했다.

N잡러들이 현재 본업 외에 일하는 또 다른 직업으로는 '오프라인 아르바이트'가 37.7%로 가장 많았고 블로거 활동, 콘텐츠 제작, 디자인, 홈페이지 관리 등의 '온라인 아르바이트'를 하고 있다는 직장인이 28.5%로 그 뒤를 이었다. 그 다음은 '블로그나 SNS 등을 통한 세포마켓 운영(13.4%)', '오프라인 창업(10.3%)' 순이었다.

'향후 N잡러가 더 늘어날 것인가'에 대한 물음에는 직장인의 대부분에 달하는 89.7%가 '향후 N잡러가 더 늘어날 것'이라 답했다. 이에 대한 답변은 연령대가 낮을수록 더 높았는데, 20대 91.4%, 30대 90.2%, 40대 88.7%, 50대 이상은 87.0%였다.

'N잡러가 더 늘어날 것이라 예상하는 가장 큰 이유'는 '평균 수명이 길어지고 있어 정년 없는 일자리에 대한 관심이 높아지고 있기 때문'이라는 응답이 26.4%를 차지했다. 이어 '생계를 위한 돈벌이 보다 즐기면서 할 수 있는 일(직업)을 찾는 이들이 많아지고 있기 때문'이라는 답변이 23.8%로 뒤를 이었다. 20대 직장인의 경우 '생계를 위한 돈벌이 보다 즐기면서 할 수 있는 일(직업)을 찾는 이들이 많아지고 있기 때문'이라는 답변이 34.7%로 가장 높았고, 이어 '코로나19 확산으로 인한 경기 불황과 취업 경기 침체로 창업에 대한 관심이 높아지고 있기 때문(20.8%)', '정년 없는 일자리에 대한 관심이 높아져서(20.5%)' 순으로 나타났다.

반면 'N잡러가 더 증가하지 않을 것이라 예상하는 가장 큰 이유'는 '업무량 과다로 일과 생활의 균형을 이루기 어려울 것 같기 때문'이라는 답변이 44.8%를 차지했으며 '다양한 일을 하면서 높은 수익을 올리는 것이 쉽지 않기 때문'이라는 답변이 31.5%, '본업이 없는 상태에서 다양한 일을 하는 것은 고용 불안감이 높을 것이기 때문(20.0%)'이라는 답변이 뒤를 이었다(광주드림, 2020. 10. 15).

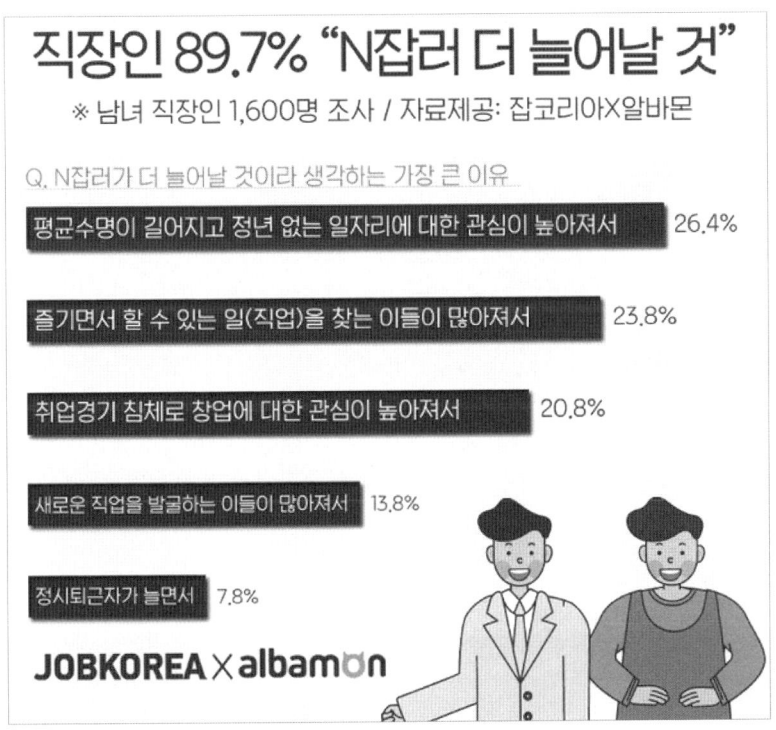

출처: 잡코리아, 광주드림 재인용

앞서 살펴본 것처럼 현재 직장인의 30% 정도는 N잡러로 생활하고 있으며, 평균 수명이 길어짐에 따른 정년 없는 일자리에 대한 관심이 높았다. 이들은 이전 세대와는 다르게 즐기면서 할 수 있는 일(직업)을 찾고 있다. 한편 베이비붐 세대의 경우 준비되지 않은 정년을 맞이한 후 생계를 위한 경제 활동의 새로운 일자리 찾기는 결코 쉽지 않아 보인다.

내가 아는 가까운 지인 한 분은 금융업 임원으로 정년퇴임한 지 6년째를 맞이하고 있다. 처음 1년은 다양한 것을 배우고 익히면서 즐겁게 시간을 보내시는 것 같았다. 그러다 2년 차에 접어들면서부터 조그만 중소기업에 취직하여 2년 정도 근무하다가 회사가 어려워져 퇴사한 후 다시 일자리를 찾았으나 적당한 자리가 없어 구직 활동하면서 다양한 민간자격증과 국가 자격증 등의 취득에 시간을 보내고 있었다. 약 40년 동안 한 직장에서 금융업만 담당하던 사고는 새로운 일에 적응하기가 쉽지 않았을 것이다.

100세 시대를 맞아 정년 이후 10~20년 정도의 경제 활동을 위해서는 고정된 직업관과 사고에서 벗어나 새롭고 다양한 직업에 적응할 수 있는 유연한 사고가 요구된다.

③ N잡러가 되기 위한 사고의 유연화

N잡러는 어찌 보면 개인사업자라고 말할 수 있다. 긱 워커나 프리랜서들 역시 모두 독립적인 근로자로서 개인의 능력을 발휘하여 기회를 포착하고 더욱 적극적으로 행동하여야 N잡러로 성공할 수 있다. N잡러는 사업가 마인드로 행동하고 사고해야 한다. 사업가들은 무언가 새로운 것을 찾고 새로운 방식으로 문제를 해결해 나아감으로써 자신의 사업가로서 성공한다. 그러한 면에서 N잡러 역시 사업가라 할 수 있다. N잡러는 누군가가 일거리를 주는 것이 아니라 스스로 일거리를 찾고 새로운 것에 도전해야만 일할 기회가 주어진다.

필자의 경우 N잡러에 도전하기 위해 '공공기관 면접관' 교육을 받았다. 대기업이나 공공기관 등에서 채용 비리를 막고 제대로 된 인재를 뽑기 위하여 외부 전문가들에게 면접을 의뢰하여 채용하는 방법으로 외부 면접관을 활용하고 있다. 이때 면접관 역할을 담당하는 자가 공공기관 면접관이다. 처음 공공기관 면접관이라는 용어를 접했을 때 매우 생소하고 낯설게 느껴졌다. 이는 그만큼 경직된 사고의 틀 안에서 살아왔기 때문일 것이다.

N잡러가 되기 위해서는 빠르게 변화하는 사회와 환경 그리고 시대의 흐름에 따른 트렌드를 수용하고 습득하여 전문성을 키워가는 자세가 필요하다. N잡러들은 직장인들과는 달리 매번 새롭게 만나는 상대방과 공

감하고 소통할 수 있는 소통 능력을 갖추어야 한다. 상대방과의 의사소통이나 공감 능력의 기본은 사고의 유연화이다.

④ N잡러를 위한 두뇌 유연화 방법

1) 사고의 발생지, 뇌

수 세기 동안 사람들은 몸에서 머리가 그다지 중요하지 않은 것으로 생각했다. 고대 이집트인들은 미라를 만들 때 심장은 매우 소중하게 보존하였지만, 두개골에 구멍을 내서 뇌는 빼버렸다고 한다. 고대 그리스의 철학자인 아리스토텔레스는 뇌와 두개골을 '몸에서 혈액의 열을 식혀주는 방열기'라고 생각했다. 프랑스의 과학자인 데카르트는 뇌를 '정신이 몸과 교감하는 데 필요한 안테나의 일종'으로 보았다.

뇌의 가장 기본적인 기능은 생명 유지이다. 다시 말해 뇌는 몸의 각 부위의 기관들이 제 기능을 할 수 있도록 관리하고 유지하는 기관이다. 뇌 안에 있는 무수히 많은 신경 세포 중 일부는 호흡을 유지하고, 심장의 박동을 유지하고, 혈압을 조절하는 등의 기능을 한다. 또한 일부는 배고픔, 목마름 등의 기본적인 욕구와 성욕, 수면 주기 등을 조절한다. 뇌는 감정, 인식, 사고를 관장하며 이것이 사람의 행동을 조절한다. 또한, 행동을 결정하고 실행하는 과정도 두뇌가 조절한다(리타 카터, 2010).

즉, 뇌는 의식과 마음 그 자체로 이간의 사고를 결정한다. 따라서 사고의 유연화를 위해서는 뇌의 유연화가 요구된다. 두뇌를 유연화하기 방법으로는 심신 이완을 위한 명상 활동, 신체 활동, 여가 활동 등이 있다. 필자는 신체 활동 중에서도 좌·우뇌의 균형을 통한 뇌의 유연화 방법에 대하여 몇 가지를 제시하고자 한다.

2) 두뇌 유연화 방법

두뇌를 유연화하기 위해서는 먼저 신체의 유연화를 통하여 뇌의 감각을 깨우고 고정된 습관을 바꾸어야 한다. 두뇌 유연화를 위한 신체의 유연화 방법은 매우 다양하다. 그중 좌·우뇌 균형을 위한 방법으로 누구나 쉽게 좁은 공간에서도 활용할 수 있는 방법을 소개하고자 한다.

두뇌 발달 단계에서 인간은 유일하게 직립보행인 이족보행이 가능한 고등생명체이다. 이족보행이 가능하다는 것은 기본적으로 좌·우뇌의 무게 중심을 두고 모든 신호의 전달이 좌뇌와 우뇌가 대칭형 구조라는 것을 뜻한다. 신체의 오른쪽에 움직임을 갖는 감각 신호는 척수를 통하여 좌뇌에 정보를 전달하고, 왼쪽 감각 신호는 우뇌로 전달된다. 즉, 인간의 몸과 뇌의 신호 전달은 좌·우로 교차하므로 좌뇌와 우뇌의 균형 유지는 사고의 유연성과도 밀접한 관련성이 있다. 우울증 환자의 경우 전두엽 영역에서 좌뇌와 우뇌의 불균형 패턴을 보이는 대표적인 뇌파 패턴을 보인다고 한다. 좌뇌와 우뇌가 불균형인 뇌 상태에서 정상적인 유연한 사고와 적극적인 N잡러와 같은 활동이 어렵다는 이해를 돕기 위한 하나의 예이다.

<Alpha파와 Beta파의 우울증 뇌파(EEG)의 패턴>

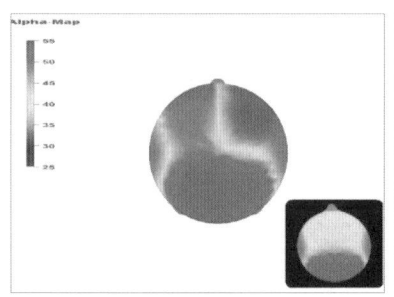 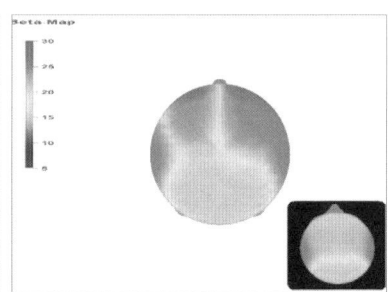

출처: http://www.laxtha.com

위 그림에서 보듯이 전두엽 영역에서 알파파는 검정색 바탕 위에 있는 표준 맵핑(mapping)과는 다르게 좌뇌에서 알파파가 우세하게 출현하고 좌뇌에서는 표준 맵핑에 비하여 낮게 출현하였다. 그리고 베타파워에서는 좌뇌에서 표준 맵핑에 비하여 낮게 출현하였고 우뇌에서는 표준 맵핑에 비하여 우세하게 출현함으로써 좌뇌와 우뇌의 심한 불균형 패턴을 보이고 있다. 신체의 편향은 뇌의 편향과 관련이 깊다. 우리는 자신에게 익숙한 방향으로 자세를 가지게 된다. 뇌 역시 정보 처리를 하거나 사고할 때 익숙한 방법으로 정보 처리를 하고 사고하게 된다.

평상시 사용하지 않는 방식으로 신체를 사용하여 일반화되고 습관화된 방식과는 다른 방식으로 신체를 움직임으로써 뇌의 유연화를 높일 수 있다. 신체의 왼쪽과 오른쪽을 골고루 움직여 주는 동작은 좌뇌와 우뇌를 균형 있게 사용하게 함으로써 좌·우뇌의 균형 발달에 도움을 줄 수 있다.

균형 발달을 위한 가장 기본적인 신체 활동은 걷기이다. 걷기에 대한 운동 효과는 뇌의 균형 발달뿐만 아니라 치매 예방 등 뇌 건강에도 많은 도움을 줄 수 있다. 걷기 이외에도 뇌 균형에 도움이 되는 몇 가지 신체 활동을 제시하고자 한다.

(1) 양손 그림 그리기(Double Doodle)

출처: 데이슨 두뇌체조법, 2004.

큰 종이 위에 연필이나 다른 필기도구를 가지고 그림을 그리거나 공중에 그림을 그린다. 이때 양손을 동시에 사용하되 한쪽 손으로 먼저 그리기 시작한 다음 다른 쪽 손이 그것과 좌우 대칭이 되는 그림을 따라 그려야 한다. 어느 한쪽 그리기가 끊기지 않게 부드럽게 이어지는 것이 중요하다. 그러므로 처음에는 원이나 사각형, 삼각형과 같이 크고 간단한 모양을 그리는 것으로 시작하여 익숙해지면 점차 창의적이고 재미있는 보다 복잡한 모양을 그린다.

이러한 그리기가 익숙해지면 다음 단계로, 오른손과 왼손 각각 다른 그림을 그리는 동작도 좋다. 이러한 동작은 공간 지각력과 시각적인 연출력을 촉진시켜 방향이나 공간에 대한 감각을 증진시켜 준다. 이는 두 눈의 협응 능력과 손과 눈의 협응 능력을 향상시키는 데 효과가 있으며 좌뇌와 우뇌에 균형 발달에도 도움이 된다(정종진, 2004).

(2) 레이지 8s(Lazy 8s)

한쪽 팔을 쭉 뻗은 상태에서 엄지손가락이 위쪽을 향하도록 똑바로 세우고, 천천히 부드럽게 8자를 눕힌(무한대) 모양을 커다랗게 그려나간다. 이때 눈은 움직이는 엄지손가락 끝을 바라보며, 목을 편안하게 하면서 고개를 들어 머리가 자연스럽게 ∞ 모양을 따라 움직이도록 한다. ∞를 그릴 때에는 몸 중앙의 눈앞에서 시작해서 왼쪽 위에서 왼쪽 아래로 내려가 중앙을 지난 후 오른쪽 위에서 오른쪽 아래로 이동하여 다시 중앙으로 돌아오도록 한다. 한 손으로 연속적으로 3회 반복한 다음, 다른 손으로 역시 3회 반복하고, 끝으로 두 손을 깍지 끼듯 움켜쥐고 양 엄지로 X자를 만든 채로 시선을 X자의 중앙에 고정하여 3회 반복 실시한다.

이러한 동작이 익숙해지면 차츰 팔과 목, 허리 엉덩이, 전신을 사용하여 ∞ 그리기를 반복한다. 동시에 뇌 속에도 무한대 곡선의 이미지를 그려본다. 이 동작은 좌우 시각 영역을 통합하여 뇌의 좌우 반구의 능력을 향상시켜서 균형 감각과 협응 능력을 증진시키는 효과가 있다. 뿐만 아니라 읽기, 쓰기, 이해 능력을 높여주며 정신적인 활동을 할 때 주의집중력을 향상시켜 준다(정종진, 2004).

<레이지 8s ∞ 그리기>

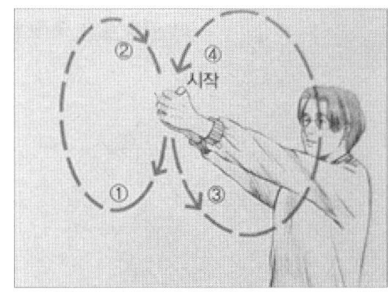 

출처: 데이슨 두뇌체조법, 2004.

이외에도 두뇌 유연화를 위한 신체 활동은 매우 많다. 지면상 모두 소개할 수 없어 일상생활 속에서 간단하게 실천할 수 있는 동작을 소개하였다. 사고의 유연화를 위해서는 기존의 고정관념과 습관의 틀을 깨뜨리는 것이 중요하고, 두뇌 유연화는 신체의 유연화에서 시작되며, 가장 기본적인 것은 좌·우뇌의 균형이다.

두뇌가 유연화되어야 올바른 정보를 선택할 수 있고, 사고의 변화도 자유로울 수 있다. 올바른 정보의 선택과 사고의 유연화는 100세 시대를 접하고 있는 50~60대 N잡러들에게 선택이 아니라 필수이다.

참고문헌

- 린다 그래튼(Lynda Gratton), 앤드두 스콧(Andrew Scott), 안세민 역, 『100세 인생』, 클, 2020.
- HN투자증권 100세시대 연구소, 『100세 시대를 신박하게 살아가는 36가지 방법』, 2020.
- HN투자증권 100세시대 연구소, 『100세 쇼크』, 2018.
- 토머스 오퐁, 윤혜리 역 『긱 워커로 사는 법』, 미래의창, 2019.
- 리타 카터, 장성준 역, 『뇌(THE BRAIN BOOK)』, 21세기북스, 2010.
- 정종진, 『데니슨 두뇌체조법』, 한언, 2004.
- 통계청, 노인실태조사, 2017.
- http://www.mk.co.kr
- http://www.gjdream.com
- http://www.laxtha.com
- 연합뉴스, '베이비부머 2021부터 은퇴 급증.. 재취업 등 대책', 2019.11.03.
- 경제포커스, '신중년의 도전, N잡러가 희망이다', 2021.01.17.

저자소개

임은조 LIM EUN JO

학력
- 국제뇌교육종합대학원(뇌교육학 석사)
- 국제뇌교육종합대학원(뇌교육학(생체신호) 박사)

경력
- 현) 미국 Caroline University 뇌인지융합전공교수
- 현) 인체항노화표준연구원 수석연구원
- 현) 중부대학교고양캠퍼스 평생교육원강사
- 현) 국가공인 브레인트레이너자격과정 강의교수
- 전) 국가공인 브레인트레이너자격과정 출제위원
- 전) 브레인헬스융합연구소 소장
- 전) 국제뇌교육종합대학원 겸임교수

자격
- 브레인코칭지도사 전문가
- 실버브레인건강지도사

- 학교폭력, 성폭력상담사
- 사회복지사

저서
- 『미래 유망 기술과 경영』 공저, 브레인플랫폼, 2021.

14장

N잡러,
선택이 아닌 필수

양영수

① N잡러의 의미

1) 사전적 의미

'N잡러'란 2개 이상 복수를 뜻하는 'N'과 직업을 뜻하는 'job', 사람을 뜻하는 '~러(er)'가 합쳐진 신조어로 '여러 직업을 가진 사람'이란 뜻이다. 본업 외에도 여러 부업과 취미 활동을 즐기며 시대 변화에 언제든 대응할 수 있도록 전업(轉業)이나 겸업(兼業)을 하는 이들을 말한다.

필자는 언제부터인가 어떤 작업이 진짜 직업인지, 하는 일이 무엇인지에 대한 주변 사람들의 질문을 받기 시작했다. 누구나 지금 직장을 그만둔다면 무슨 일을 할지 또는 지금의 직장생활 이외에 추가로 수입을 얻을 방법이 없을지에 대해 고민 한 번쯤은 해봤을 것이다. 또 다른 직업을 생각하는 것, 제2의 직업을 계획한다는 것은 그 자체가 현실생활이 불만족스럽다기보다는 지금보다 나은 미래의 여유 있는 삶을 위해서 또는 지금 내가 살아있음을 느끼고 그 자체가 동기 부여할 수 있는 계기가 되기 때문이 아닐까.

필자는 현재 요양기관에서 간호조무사로 열심히 일하는 것을 N잡의 기본 베이스로 두고 있다. 거기에 훗날 직업 선택에 어려움이 따르면서 공백기가 생길 것에 대비해 운수업도 중간중간 하면서 삶의 여유로움을 얻고 있고, 후학 양성을 위한 학교 강의와 평생교육원 강의를 통해 자긍

심을 느끼며 최선을 다하고 있다. 그리고 사회복지사 업무로써 지인의 요양원에서 조금씩 일을 도우며 바쁘게 살고 있다. 또한 여러 협회의 일을 하면서 다양한 사람들과 만나 각자의 능력에 대해 서로 연구하고 의견을 나누는 시간을 갖고 있다.

혹자들은 말한다. 그렇게 해서 돈을 얼마나 많이 버느냐고. 솔직히 말해 큰 돈벌이는 하지 못하고 있다. 누군가는 필자를 걱정의 시선으로 바라보는 사람도 있을 것이다. 이런 관점에서 보면 힘든 것도 사실이지만 내가 좋아하는 일을 하고 있고 내가 기쁘게 감당하며 매 순간 즐겁게 지내고 있다. 굳이 내가 하고 있는 여러 가지 일에 대해 다른 사람에게 평가를 받고 싶지는 않다. 나는 나로서 충분히 인정받고 있다고 생각하니까.

내게 있어 N잡러의 의미는 삶의 여유나 시간을 이용하기가 힘든 부분도 있긴 하지만 그래도 내가 갖고 있는 달란트를 충분히 활용하며 나를 바라보고 있는 사람들에게 무한한 긍정의 힘과 상대방들이 느끼고 있지 못한 숨겨진 자기 자신의 능력을 찾는 데 힘써주고 싶다. 한 곳에 머물며 안주하기보다는 나 자신의 다양함을 나타내며 충분히 가치 있게 살고 싶다.

마지막으로 나는 작은 이야기라도 적을 수 있으며 부족하지만 주변 사람들에게 도움이 될 수 있는 나 양영수가 되기 위해 이렇게 글을 쓰고 있다. 중요한 점은 행복한 내가 만들어지기 위해 오늘도 노력한다는 것이다.

② 이 시대의 N잡러

<헤럴드경제> 사회일반
"서울시 여성 'N잡러' 그들은…"

2021.02.03.
헤럴드경제/김유진 기자

**2030 여유자금 마련형 많고
40대 자아실현·50대 생계형
'하루 노동 9시간 이상' 40%**

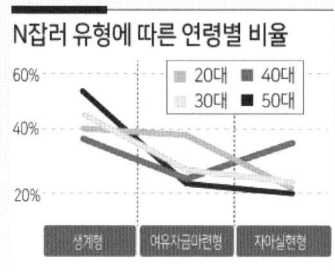

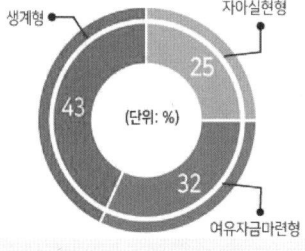

#. 20대 강모 씨는 직업이 세 개다. 청소년센터에서 공방 매니저 일과 강의, 워크샵 등을 진행하는 일을 한다. 함께 음악하는 친구들과는 공연하면서 돈을 벌 때도 있다. 모두 수입이 크지 않고 불규칙적인 직업이다. 때때로 그가 편의점 아르바이트를 병행할 때면 직업은 3개로 불어난다.

서울시 여성 'N잡러'는 10명 중 4명꼴로 생계유지를 위해 여러 개의 직업을 갖고 있는 것으로 나타났다. N잡러는 'N개'의 직업을 병행하는 사람을 일컫는 신조어로, 하나 이상의 직업을 갖고 있는 경우를 말한다. 다만 2030 세대는 여유자금을 마련하기 위해 멀티잡을 선택하는 비율이 높고, 일과 생활의 균형을 중요시하는 것으로 나타나 중장년층 N잡러와는 차이를 드러냈다.

3일 서울시가 공개한 '서울시 여성의 세대별 일자리 수요조사'에 따르면, 서울시 여성 N잡러의 43.2%는 생계형인 것으로 나타났다. N잡러가 된 다른 이유들 중 '생활비 이외의 여유자금 마련'(32.1%)이나 '새로운 경험·원하는 시간에 원하는 만큼 일하기 위함' (24.7%) 등으로 응답한 비율은 이보다 낮게 집계됐다.

생계형 N잡러는 '한 개의 일자리로는 생활비가 부족해서', '안정적인 수입이 보장되는 일자리를 구하기 어려워서', '하고 싶은 일을 통해서는 수입이 안정적이지 않기 때문에' 등의 이유로 불가피하게 여러 개의 직업을 갖고 있는 유형이다.

같은 N잡러라도 20대는 여유자금 마련형(37.9%), 40대는 자아실현형(32.8%) 비율이 가장 높았다. 생계형 N잡러가 가장 많은 비율을 차지한 연령대는 50대 (51.3%)다.

연령에 따라 좋은 일자리를 판단하는 기준도 차이를 보였다. 2030세대의 좋은 일자리의 기준 1순위는 '일·생활 균형이 가능한 일자리'(20대 23.3%, 30대 23.2%)였다. 4050세대는 '나의 적성, 취향에 맞는 일자리'(40대 21.6%, 50대 22.3%)였다. 50대는 다른 세대에 비해 '4대 보험이 보장되는 안정적인 일자리'를 원하는 비율(11.9%)이 높았다.

한편 N잡러는 하루 평균 노동 시간이 직업을 하나만 가진 사람들에 비해 길었다. 일 평균 노동시간의 경우, 단일직업 종사자는 22.4%만 9시간을 넘겼다. N잡러는 그보다 2배 가까이 많은 40.4%가 9시간 이상 일했다. 한 달 평균 노동일수가 26일 이상인 비율도 N잡러는 19.7%, 단일직업은 9.7%였다.

지금 현실에서의 N잡러는 보도된 것처럼 생계를 위한 선택이지 본인의 자아발전이나 동기부여란 것을 찾아보기가 힘들다. 보도된 것처럼 관계자의 의견도 "N잡러는 일이 생기면 일을 줄이기보다 무리해서 일을 더 많이 하는 방식으로 안정성을 확보하고 있다"며 "체력적 부담감과 심적 부담감을 동시에 가중시킬 수 있는 문제를 갖고 있었다"고 우려했다. 그럼 여기서 궁금해지는 것은 서울시 여성들의 55%가 두 가지 일을 갖고 있는 N잡러라고 하는데 과연 우리는 지금 하고 있는 일이나 열심히 다니며 미래를 꿈꾸는 있는 지금의 직장에서 과연 언제까지 일을 할 수 있을까?

평생직장이라는 의미가 없어진 지 오래인 요즘, 현 사회는 우리나라 직장인들이 정년을 맞이하기 전에 조기퇴직을 해야만 하는 어려운 시대가 도래했다. 이유가 어찌 되었든 직장을 그만두고 또 다른 직장을 구해야만 하는 어려움에 놓여 있는 것이다.

미래가 불투명하고 불확실한 현실을 이겨나가고 대처하기 위해서는 틈틈이 자기계발을 함과 동시에 미래에 대한 직업군 또한 현실에 안주하지 않고 끊임없이 노력해야 하는 40~50대 중년들은 이제는 평생직업이라는 개념을 떠나서 새로운 직업을 갖기에 노력해야 한다.

요즘 유행하는 4차 산업혁명과 많은 직업군의 변화는 이제는 하나의 직장에 충실하고 전념한다는 것보다는 하나의 직업을 베이스에 두고 제2, 제3의 직업 선택에 두려움을 갖지 않아야 한다.

미래에 대한 불안과 많은 사람들이 주장하고 있는 4차 산업혁명의 결과는 예측하기 어렵지만 이 변화를 중년들은 새로운 직업을 선택하는 기회로 삼아 그 자리에 안주하지 않고 주변을 살피고 다양한 자격증 취득과 동시에 본인과 어울리는 그리고 본인 적성과 맞는 최적의 직업군을 찾아야 한다.

내가 좋아하는 일과 내가 잘하는 일은 분명 구별되어야 하기 때문에 좋아하기만 하고 일을 잘하지 못하면 경쟁에서 뒤처질 수밖에 없다. 개인의 특성과 가치관을 잘 살피고 그에 필요한 자격과 스펙을 쌓기에 노력해야만 각자가 원하는 다양한 평생직업을 가질 수 있는 계기가 될 것이다.

③ N잡러에 대한 오해와 진실

<좋은글그림(맨지기)>

1) N잡러는 끈기가 없어서 여러 개의 직업을 병행한다?

하나의 직업으로 30년을 넘게 살아가는 사람들을 보면 속해 있는 분야의 '장인'으로 칭송받는다. 결과가 얼마나 훌륭하냐 아니냐를 떠나, 묵묵하게 그 길을 오랜 시간 걸었다는 이유만으로도 존경받을 가치가 있다. 하지만 N잡러에게는 끈기가 없어서 여러 가지 일을 한다는 편견이 있다. 일을 빠르게 그만두고 갈아타는 것이 N잡러가 아니다.

"언제부터 글을 쓰기 시작했나요?"와 같은 질문은 꽤나 어렵다. 읽고 쓰기는 서른다섯 해 살면서 늘 했던 행위였으니까. 어릴 적 매일 쓰던 일기장에서부터 좋아하는 연예인의 팬픽으로, 싸이월드 감성 충만 일기를 거쳐 네이버 블로그에 글을 썼습니다. 그 글들이 모여 원고가 되었고 출간까지 이어졌죠. 이후로도 평소에 쓰던 대로 지속적으로 글을 올리고 모으고 있습니다. 작가라는 호칭은 아직 어색하고 쑥스럽지만, 글쓰는 사람이 갑자기 된 것은 아니라는 것이죠. 최근 "작가로서 글만 쓰기엔, 그동안 쌓아온 커리어나 미적 감각 너무 아깝지 않아요?"라는 질문도 받았습니다. 작가라는 타이틀을 달긴 했으나 여전히 디자인을 하고 있습니다.

예술 고등학교에서 서양화과를 졸업하고 산업디자인과로 진학해, 첫 취업 이후 11년째 디자인을 하고 있는데 아직도 "한 우물만 파라!"라는 이야기에서 자유롭지 못한 걸까요? 여러 개의 우물을 오랫동안 팠더니 디자이너로서도, 글 쓰는 사람, 그림 그리는 사람, 강의하는 사람으로 자리 잡을 수 있었습니다. 그러니까 한 우물만 파는 것도 좋지만 여러 개의 우물을 오랫동안 꾸준히 파보는 것도 나쁘지 않아요.

2) 욕심이 많아서, 하고 싶은 건 다 하려고 하는 걸까?

가끔 여러 가지 일을 하는 사람들을 보고 더러 '욕심이 많다, 하고 싶은 일을 어떻게 다 하면서 살 수가 있느냐'며 비아냥거리는 시선들을 느낄 때가 있습니다. 일부는 맞는 말이지만, 다재다능하고 가능성이 많은 사람이 반드시 한 가지의 분야를 선택하여 다른 가능성을 모두 배제하며 살아가야 할까요?

"왜 아이돌이 연기를 해?"라는 생각도 마찬가지죠. 유명세를 얻기 위해서 혹은 대형 소속사의 힘으로 저 역할을 꿰차진 않았는지… 저 역시, 열심히 노력해도 빛을 보지 못하는 언더그라운드의 사람들을 기운 빠지게 한다고 생각했습니다. 하지만 그 도전들에 쏟아지는 비난에도 불구하고 꾸준히 겸업을 하며 성장해 나가는 스타들을 보면 그저 이미지를 소비하는 아이돌, 연예인이 아닌 진정한 예술가로군, 하는 생각이 들어오더군요. 예술은 하나의 카테고리가 다른 카테고리로 연결되기 쉽습니다. 순수 회화를 하는 사람이 상업 디자인으로 넘어가기도 쉽고, 음악을 만들던 사람이 글로 마음을 옮기는 일도 적잖이 있습니다. 지인과의 대화에서 이런 이야기가 나왔습니다.

"제발, 못하면 좀 안 했으면 좋겠어. 자기 하고 싶은 건 다 하고 살아야 적성이 풀리나."

"그래, 이번 작품, 엄청 구리긴 하더라. 그런데 만약에 그 삶이 매번 더 나아지고 있다면? 그게 예술가의 성장통일지도 모르잖아."

"음, 그건 그래."

N잡러도 처음부터 모든 직업을 완벽하게 다 소화하기가 어렵습니다. 살아가는 도중에 다른 직업을 경험하고 도전해보고, 그리고 그것을 자신의 것으로 만들기 위한 시간이 존재합니다. 우리가 처음 걸음마를 할 때, 사회초년생이었을 때, 첫 번째 연애를 했을 때 잦은 실수를 했던 것처럼 어설픔의 시간들이 존재합니다.

그런데 그 성장통에서 주저앉아 버린다면 위에서 이야기한 것처럼 싫증을 느끼고 빨리 포기해 버리는 사람이 될 뿐이죠. 어설펐던 시간들을 이겨내고 꽃을 피우는 시간까지 꾸준히 욕심내는 사람이 N잡러인 것 같아요. 그래서 저에겐 글 쓰는 일이 어설프지만 묵묵히, 꾸준히 해내야 하는 두 번째 작업입니다. 지금으로부터 15년 정도 더 하면 50살쯤에는 꽃이 필지, 누가 안답니까? (brunch. by 도연)

④ N잡러의 준비 자세

사람들은 누구나 본인이 좋아하는 일을 하기 위해서 노력을 한다. 하지만 그것이 경제성을 추구하거나 현실과 비교해볼 때 반드시 이득을 창출한다고 볼 수 없다. 나에게 맞는 가장 알맞은 또 다른 직업이 무엇인가 알아야 하고 확인해야 한다.

본인의 능력과 그동안의 쌓아온 경험을 토대로 최선의 직업과 본인에게 맞는 최적의 직업군 선택을 하는 게 중요하다.

그래서 자기의 성격, 흥미, 잘하고 못함을 평가하고 구분해서 새로운 계획을 세우고 최선, 그리고 최적의 직업군 선택을 하는 것이 가장 환상적일 것이다. 하지만 현실은 그렇지 않기 때문에 보다 나은 선택을 하기 위하여 다양한 자료와 본인의 경력을 분석하고 그것을 바탕으로 최선의 직업군 선택을 할 수 있도록 해야 한다.

N잡러의 준비 시기는 따로 정해져 있지는 않지만 중년의 시기는 40대 후반 그리고 젊은 세대는 20대부터도 다양한 N잡러를 위하여 준비하고 있다. 주목할 점은 젊은 세대는 지금 하고 있는 것에 만족을 하고 평생직업으로 생각하지 않고 또 다른 직업을 갖기에 희망하고 그에 맞는 자료를 준비하기에 노력한다. 그래서 한 사람이 두 가지, 세 가지 직업을 갖고 다양한 현실 생활을 헤쳐나가고 있음을 알 수 있다. 여기에서 중요한 것은 여러 개의 직업을 갖는 숫자적 개념이 아닌 전문적인 준비와 종합적인 분석을 통한 다양한 직업을 준비함을 의미하는 것이다.

누구나 N잡러가 될 수 있다. 그러기 위해서는 가장 자신에게 어울리고 최적의 상태로 최적의 직업이 무엇인지 알아볼 필요가 있다. 나의 상태가 N잡러가 되기 위한 준비가 되어 있는지 우선 분석할 필요가 있다. 다음은 적절한 환경과 주변을 살펴볼 필요가 있는데 자신의 인맥이나 가족 상태, 경제 여건 등 영향을 줄 수 있는 모든 상황에 대해 점검할 필요가 있다. 그리고 상황에 따라서는 전문가의 도움을 받기에 주저하지 말아야 한다.

새로운 창업도 직업의 한 부분이기에 이것 역시 N잡러의 분야로 들어간다. 프리랜서가 그 대표적인 예인데 우리들이 주 직업군을 갖고도 N잡러가 될 수 있는 이유는 다양한 분야에서 프리랜서로 일을 할 수 있기 때문이다. 다른 사람이나 기업체에서 프리랜서인 우리를 찾는 이유는 비용 절감과 해당되는 업무에서 필요한 경우에만 활용할 수 있는 인력이 필요하기 때문이다. 그리고 해당 업무에서 전문가가 필요하지만 항상 필요하지는 않기 때문에 프리랜서를 이용한다. 그래서 프리랜서로서의 우리는 전문적인 지식과 다양한 경험 및 기술을 갖추어야 하는 준비된 N잡러여야만 한다. 그렇지 않으면 상대방이나 상대 기업에게 선택되지 않을 것이고 또한 선택되었다고 하더라도 좋은 실력과 태도를 갖추고 있지 않으면 더 이상 선택되지 않는 프리랜서가 될 것이다. 창업과 창직을 통한 프리랜서는 언제든지 고객이 찾을 수 있도록 준비된 자만이 가능하다.

앞서 언급한 4개의 직업은 다 연결되어 있다. 결코 특별하지는 않다. 그냥 내가 갖고 있는 것들의 가치를 연결하고 있는 중이다. 자기 직업에 대해서 연결고리를 찾아보는 것도 중요하다고 생각한다.

본업 외에도 여러 부업과 취미 활동을 한다는 것은 어떠한 상황에도 대응할 수 있도록 시간을 벌어주기도 한다. 우리는 방향보다 속도가 더 중요한 시대에 살고 있다. 시대의 변화무쌍한 흐름을 읽고 준비하는 것이 무엇보다 중요해졌다.

인생에 정답이 없듯이 한길을 우직하게 가는 사람도 있고, 여러 가지 직업을 갖고 살아가는 사람도 있다. 중요한 것은 어떤 일을 하고 몇 개의 직업이 있는가 보다는 가장 먼저 자기를 잘 알아야 한다고 생각한다. (어쩌다 N잡러, 4개의 직업 중에서, 그랑블루)

⑤ N잡러의 성공적 습관과 생각

1) 정리를 하면 성공이 보인다

N잡러의 성공적인 습관 중에 하나는 체계적인 정리일 것이다. 시간과 비용을 줄이기 위해서라도 자기 자신만의 규칙을 만들고 수시로 정리를 하는 것이 좋다. 바쁜 업무 중에도 정기적으로 자료를 정리한다든지 언제 시작하면 좋을지 확인, 그리고 일의 순서를 중요도에 따라 나눠게 된다면 보다 효과적으로 업무 처리를 하거나 시간 활용에도 많은 도움이 된다.

2) 기록을 하면 성공이 보인다

업무를 진행하면서 메모해둔 사소한 규칙과 방식은 N잡러의 다양한 경험을 나타내기에 좋은 쓰임이 된다. 우선 첫째 업무 내용의 기록은 매일 해야 한다. 항상 중요한 순서대로 기록하는 것이 사용하기에도 간편하고 효율적이기 때문이다. 아울러 기록 내용에는 간단하게 내용을 덧붙인다면 기록에 대한 자세한 내용을 상기시킬 수 있는 좋은 방법이다.

3) 사소한 감정이나 경험을 키우기 위해 노력하자

업무를 진행하는데 무심히 지나쳤던 사소한 경험이 언젠가 커다란 도움이 되어서 업무를 해결하는 중요한 열쇠를 제공할 수 있다. 별거 아닌 일이라도 무시하고 넘어가지 않고 좋은 경험이 될 수 있게 하자. "아무것도 하지 않으면 아무 일도 일어나지 않는다"는 말을 명심하자.

4) N잡러가 생각해야 할 문제

(1) 정말 나는 적성에 맞는 일을 하고 있는 걸까?

적성에 맞는 직업이란 개인의 즐거움이나 성격이 잘 맞고 업무를 진행하는데 재미가 있어야 한다고 생각한다. 적성에 잘 맞는 일을 할 때는 최대한의 노력과 집중이 실현되고 그로 인한 결과물도 만족도가 높게 나오기 때문이다. N잡러의 직업은 많은 종류의 다양성을 갖고 있으므로 선택하는 쪽도 그만큼 넓다. 따라서 일시적인 경제의 이유를 주구하기보다는 자신의 흥미와 적성에 맞는 직업을 선택하는 데 노력을 기울일 필요가 있다.

(2) 정말 좋아하는 일을 하고 있는 걸까?

만약 내가 좋아하는 일을 하고 있는데 나만 만족이 되고 경제적 효과가 생기지 않는다면 과연 N잡러로 거듭날 수 있을까? 물론 보는 관점에 따라 답은 달라지겠지만 좋아하는 일은 그 경제적 소득과 연관을 지어야 하는 문제가 생긴다. 좋아하는 일을 하면서도 소득을 낼 수 있으며 만족도를 실현할 수 있는 일을 찾는 것이 중요한데 바로 개인 적성이 얼마나 잘 맞고 흥미가 유발되는지 본인을 향해 분석해보는 것이 중요하다.

(3) 정말 중요한 일을 하고 있는 걸까?

업무의 중요도는 주관적이기는 하지만 그 가치에 우선순위는 매우 중요하다. 여기에서 개인별 가치관에 따라 직업의 만족도가 달라질 수 있는데 중요한 것은 다양한 개인별 성향이 있듯이 가치관의 기준도 다른 사람이 아닌 나의 기준이 중요한 것을 잊지 말아야 한다. 직업의 가치관은 여러 가지의 요건을 충족시킬 수는 없다. 어느 하나가 충족되면 다른 하나는 반드시 어려운 문제가 따른다. 그래서 직업 가치관의 중요도를 따질 때는 반드시 자기 자신이 어느 위치에 있는지 확인해보고, 정확하게 분석해보고 선택하는 것이 중요하다.

(4) 스티브 코비의 『성공하는 사람들의 7가지 습관』 기억하자

> 1. 자신의 삶을 주도하라
> 2. 끝을 생각하며 시작하라
> 3. 소중한 것부터 먼저 하라
> 4. 상호 이익을 모색하라
> 5. 경청한 다음에 이해시켜라
> 6. 시너지를 활용하라
> 7. 끊임없이 쇄신하라

① 성공하는 사람들은 '할 수 없는 일'과 '할 수 있는 일'에 집중하여 나아간다. 결국 외부의 힘이 아닌 내부의 힘에 주목한다는 점을 기억해야 한다.

② 자신에게 영향을 미칠 감정이나 다른 요소들로부터 초연하려고 노력하면서 여러 가지 선택의 길을 검토할 것이다. 한 곳을 바라보고 정진해도 때론 예상치 못한 일들로 방향이 틀어지기도 한다. 하지만 다다르고자 하는 '목표'는 반드시 있어야 한다. 그래야만 돌아가더라도 '목표 도달'이라는 성공 포인트로 도약할 수 있다.

③ 하루 일과를 준비하는 것도 일 처리가 순서에 따라 정리가 되지 않는다면 결국 남는 것은 많지 않을 것이다. '우선순위'를 정하는 습관! 항상 기억해야 할 것이다.

④ 상호이익은 스포츠에서 그 진가가 나타나는데 아무리 월등한 선수 하나가 팀 전체를 끌고 나갈 수 없음을 인정해야 한다. 결국 팀원과 나의 이익을 함께하려는 마음이 필요하다.

⑤ 본인의 의견을 관철시키고자 상대의 의견을 너무 세게 밀어붙이는 사람들이 있는데 그러다 보면 억지로 동참시키는 상황이 생기므로 항상

'배려'와 '존중'의 자세로 상대의 의견을 이해하고 열린 마음으로 들으려 하는 자세가 필요하다.

⑥ 사람과의 정신적, 심리적 차이점을 소중히 여기는 것은 시너지의 본질이다. "백지장도 맞들면 낫다"라는 우리 속담처럼 '배척'이 아닌 '수용'의 자세로 상대와 함께 조직을 이끌어 나가야 한다.

⑦ 나쁜 것은 벗어내고 새롭게 나아가야 한다. 항상 본인의 '태도'와 '생각'을 쇄신하는 자세가 필요하다. 습관이라는 것은 제2의 천성이라 여길 정도로 인생에서 굉장히 중요하다. 아마 습관이 모든 것을 결정한다고 해도 과언이 아닐 것이다. 매일 개인적인 승리를 위해 하루에 최소한 한 시간 정도를 신체적, 정신적 차원의 쇄신을 위해 투입하는 것은 인생을 살면서 자기계발을 위한 멋진 습관을 개발하는 열쇠이다.

기독교의 성경이 중요한 것처럼 성공적인 삶을 꿈꾸는 사람에겐 스티브 코비의 책은 필독서이다. 결국 이 책의 요점은 성공을 위해서는 본인의 주도적인 계획과 습관은 생활 속에 묻어나는 것이고, 무의식 속에서도 실행되어야 한다는 것인데 이 실천사항은 반드시 실행되어야 한다는 것이다. 습관을 정하고 지킴은 정말 어려운 일이다. 나 또한 지금 이 순간에도 지키지 못하는 습관을 지켜 내기 위해 최선을 다하며 살고 있다.

"기회도 자격이 필요하다." 나의 좌우명이기도 한 이 말은 나에게나 여러분에게도 N잡러가 되기 위한 갖추고 실행해야 할 중요한 과제이다. 그래서 모두가 풍요로운 행복한 삶을 누리기를 희망해본다.

참고문헌

- 매경 용어사전
- 헤럴드경제 2021.02.03.
- 브런치(도연) 2019.09.31
- 스티브 코비, 『성공하는 사람들의 7가지 습관』, 김영사, 2003.

저자소개

양영수 YANG YOUNG SOO

학력
- 서울사이버대학교 노인복지학과 졸업(학사 취득)
- 단국대학교 행정법무대학원 사회복지학과 졸업(석사 학위 취득)
- 서울기독대학교 사회복지학과 박사과정 중

경력
- 현) 한국시니어교육사협회 인천지회장
- 현) 국제보건교육실천협회 서울본부장
- 현) 대한힐링교육센터 경인본부장
- 현) 누리봄 방문간호센터 간호팀장
- 전) 마중재가복지센터 대표
- 서울사회복지대학원대학교 최고위과정 수료
- 현) 서울사회복지대학원대학교부설 평생교육원 위기청소년복지사 지도교수
- 현) KBS공공기관면접관, KCA면접관
- 제주특별자치도공공기관 면접관

자격

- 간호조무사자격증 취득
- 요양보호사자격증 취득
- 보육교사자격증 취득
- 사회복지사자격증 취득
- 방문간호 간호조무사과정 수료
- 위기청소년복지사전문가
- ISO14001(환경경영) 국제심사원
- ISO9001(품질경영) 국제심사원

저서

- '위기청소년복지사 이론과 실제', 공저, 서울사회복지대학원대학교, 2019.
- 『미래 유망 자격증』 공저, 렛츠북, 2020.
- 『공공기관 합격 노하우』 공저, 브레인플랫폼, 2020.
- 『신중년 도전과 열정』 공저, 브레인플랫폼, 2020.

15장

절대로
한 우물만 파지 마라

박상문

① 들어가며

지난 주말 조문을 다녀올 일이 있었는데, 60대 초반의 여성 시의원으로부터 선생님으로 정년 은퇴한 남편에 대한 푸념을 들을 수 있었다. 63세에 은퇴한 남편이 5년 동안 '집돌이'라 정말 힘들다고 한다. 제발 어디로 나갔으면 좋겠는데 집에만 있으니 왕성하게 사회 활동을 해야 하는 아내로서는 견디기 힘들다는 것이다.

몇 년 전 상담 사례이다. 교육청에서 40년 가까이 근무하고 은퇴한 분이 있었다. 은퇴 후 몇 달은 부부가 여행도 다니고 그동안 하지 못했던 것도 맘껏 해보고, 운동 삼아 인근의 산을 찾거나 그동안 소원했던 친구를 만나는 시간을 가졌다고 한다. 그런데 6개월여가 지나고 나니까 갈 곳이 마땅치 않아 힘들게 시간을 보내고 있다고 한다. 제발 아침 먹고 동서남북 어디든 갈 곳이 있었으면 좋겠다는 것이 은퇴한 남자의 소원이라고 하소연한다.

두 사례의 주인공 모두 교육 분야에 평생을 몸담았고, 현직에 있을 때 사람들에게 존경받는 직업에 종사한 대표적인 지식근로자였으나 은퇴 후의 생활은 어쩔 수 없는 현실을 그대로 보여주고 있다.

② 4차 산업과 코로나 이후의 지식근로자

1990년대 말부터 지식의 중요성이 강조되면서 학계와 산업계의 주요 관심사로 부각되기 시작하였으며, 4차 산업혁명 시대를 맞이하여 다시금 주목받고 있다.

'지식근로자(knowlegde worker)'라는 개념은 1959년 피터 드러커 교수가 『내일의 이정표』라는 책에서 "부호와 개념을 파악하고 활용하며 지식 또는 정보로 일하는 사람"이라고 처음 언급하였다. 이후 기업 조직들을 중심으로 지식 및 지식근로자들에 대한 관심은 급속히 증대되어 왔고, 지식자원을 통한 전략경영으로부터 지식의 효과적 활용을 통한 혁신에 이르기까지 다양한 논의가 전개되어 왔다. 그에 따르면 풍부한 지식, 투철한 기업가 정신, 평생학습 정신, 강한 창의성, 비관료적인 유연성 등을 갖추었으며 평생직장보다는 평생직업인이라는 신념을 지닌다는 특성을 갖고 있다고 한다.

지식근로자를 가장 쉽게 정의하자면, 가치를 창출함에 있어서 손보다 머리를 많이 쓰는 사람이다. 실무적으로는 정보를 나름대로 해석하고 이를 활용해 부가가치를 창출해낼 수 있는 노동자를 말하며, 기본적으로 자신의 부가가치를 높이기 위해 끊임없이 지식을 쌓고 개선 및 개발하고 혁신하는 인간을 의미한다.

미국의 노동통계국(BLS)은 지식근로자를 따로 분류하지는 않지만, 지식근로자인지 아닌지 정의할 수 있는 범주를 마련해놓고 있다. 대체로 지식근로자는 '경영, 마케팅, 브랜딩, 머천다이징, 비즈니스와 재무 운영, 스타트업가, 컴퓨터와 수학, 생명, 물리와 사회과학, 법률, 건강 관련 지역과 사회서비스 교육 훈련과 도서관, 예술, 디자인, 엔터테인먼트, 스포츠, 방송, IT, 디지털 산업, 4차 산업 등에 종사하는 사람들'을 의미한다.

지식근로자가 갖는 특징은 3가지를 들 수 있는데, 첫째, 다른 사람의 지시를 받는 것을 좋아하지 않고, 수평적으로 일하기를 좋아한다. 둘째, 이들의 업무 흐름을 유형화하거나 예측하기 어렵다. 셋째, 이들은 사회적 네트워크 안에서 다른 사람들과 일할 때 가장 일을 잘하고, 구체적인 관리 항목이 아닌, 본보기를 제시하여 관리가 더 잘된다고 주장한다.

자신이 지식근로자가 맞는지 알 수 있는 방법이 있다. 아래의 5가지 질문 중에서 '그렇다'는 답이 3개 이상 나온다면 한 번쯤 지식근로자로서 미래를 준비해볼 것을 권한다.

① 자율성을 좋아하는가?
② Process적으로 디테일하게 하는 것이 맞지 않는다고 믿는가?
③ 관찰을 통해 많은 것을 배울 수 있다고 믿는가?
④ 어떤 일을 할 때 충분한 이유를 가지고 시작해야 한다고 믿는가?
⑤ 독립적으로 몰입하는 일을 좋아하는가?

미래학자이며 경제학자인 제레미 리프킨은 "이 시대는 방향 감각을 상실한 시대, 단절의 시대, 혼돈의 시대, 불확실성의 시대, 노동의 종말 시대"라고 말한다.

4차 산업혁명 시대에 빅데이터 분야 권위자인 스티브 브롭스트는 "데이터를 활용하지 않는 기업은 미래가 없다"고 강조하며 "지금 세상은 빅데이터를 가지고 가장 드라마틱한 변신을 하고 있다"고 말했다.

변하고 있는 새로운 사회의 또 다른 적응을 하자니 마음이 더 무거워지는 느낌은 지울 수 없다. 하지만 평생 새로운 일자리를 찾아다녀야 하는 잡노마드 시대 유일한 해결책은 지식근로자로 살아가는 것이다.

누구든지 이 시대는 새로운 것을 창조하는 빌 게이츠, 스티브 잡스, 스티브 브롭스트가 되기 위해, 잡노마드 시대 제레미 리프킨이나 테일러 피어슨, 고인이 된 피터 드러커, 앨빈 토플러처럼 평생 지식근로자로 살아가야 할 것이다. 바야흐로 본격적인 지식근로자의 시대가 도래한 것이다.

③ 긱 경제의 시대, 일상화된 N잡러

2019년 한국고용정보원이 실시한 플랫폼 노동자 실태조사에 따르면, 우리나라의 플랫폼 노동자는 약 50만 명 정도이다. 2020년 들어 코로나19 감염병 사태로 인해 기업과 자영업자들의 상황이 크게 위축되면서 부업을 찾아 유입되는 플랫폼 노동자 수가 빠르게 증가하고 있다. 한 조사에 따르면 아르바이트 구직자 중 49.2%가 이미 부업을 하고 있거나 부업을 찾고 있는 것으로 나타났고 이는 본업의 소득이 줄었기 때문이라고 한다.

플랫폼 노동에 대한 담론은 '취약 노동자 보호론'이 주류를 형성하고 있는데 이 담론이 주로 다루는 대상은 배달이나 대리기사 일을 주업 또는 전업으로 삼고 있는 노동자들이다. 한 조사에 따르면 플랫폼 노동 종사자 821명 중 64%는 다른 직업 없이 플랫폼 노동만으로 생계를 유지하고 있었다.

이 말은 반대로 해석하면 나머지 36%의 플랫폼 노동 종사자들이 두 개 이상의 직업에 종사하는 '투잡러(부업 노동자)'라는 말이 된다. 다른 조사에서 우리나라 플랫폼 경제 종사자 중 46.3%는 부업으로 참여하고 있는 것으로 밝혀지는 등 플랫폼 노동자들 중 거의 절반은 '투잡' 또는 '쓰리잡'으로 복수 직종에 종사하는 것을 알 수 있다.

기존 노동 시장 연구가 전업 노동자를 중심으로 하였기 때문에 아직 투잡이나 부업에 대한 정확한 통계 자료는 없다. 플랫폼 노동 내에서도 직종별로 차이가 커서 퀵서비스 노동자들의 경우 약 70%가 전업으로 일하고 있는 반면 전문 프리랜서의 경우 72.1%가 플랫폼 노동 이외의 다른 직업을 가지고 있다. 성별 차이에 따른 직종 및 소득의 차이도 커서 플랫폼 노동 내부의 구성이 매우 이질적임을 알 수 있다.

그런데 주류 플랫폼 노동의 담론은 주로 '특수고용' 노동자들의 노동권 사각지대 문제의 연장선, 즉 대리운전, 택배, 배달대행, 가사노동 등 몇몇 직종 노동자들의 사례에 집중되어 있다. '4차 산업혁명'이라는 환경 변화와 코로나19 감염병 사태로 인한 부업 참여자의 증가 등의 현실은 부업 노동에 대한 조사와 연구의 필요성을 보여준다.

'긱 경제'는 산업 현장에서 필요에 따라 사람을 구해 임시로 계약을 맺고 일을 맡기는 형태의 경제 방식으로, 노동자가 어딘가에 고용되어 있지 않고 필요할 때 일시적으로 일을 하는 '임시직 경제'를 의미한다.

컨설팅 회사 '맥킨지앤컴퍼니'는 '긱'을 '디지털 장터에서 거래되는 기간제 근로'라고 설명하고 있으며, 이들에 의해 주도되는 경제를 '긱(Gig) 경제'라고 부르고 있다. 우리나라도 소위 모바일 시대에 접어들면서 임시직이 급증하고 있으며, 택시는 물론 주차대행이나 쇼핑도우미, 가사도우미, 요리사까지도 모바일로 호출할 수 있는 시대가 되었다.

기술 발전, AI, 로봇으로 단순 반복적이 직업은 사라지게 되므로, 경제는 지속해서 성장하지만 고용은 늘어나지 않는 '고용 없는 성장'으로 전환될 것이라고 이야기한다.

> "2015년 기준으로 미국 근로자의 29%가 '긱 이코노미' 형태의 고용 계약을 맺은 것으로 추산."
>
> 출처:글로벌 채용 컨설팅 업체 Staffing Industry Analyst
>
> "2020년이 되면 미국에서 일하는 사람의 50%는 프리랜서가 될 것이다."
>
> 출처 : 2014년 포브스

소수의 고급 기술을 가진 근로자 외에는 대부분 일회성 계약으로 일하는 이른바 '긱 경제' 또는 '긱 이코노미' 시대가 될 것으로 보고 있다. 이제 투잡, 쓰리잡… 복수, 다수의 소득원을 갖게 되는 N잡러가 대세가 되고 있다.

④ 절대로 한 우물만 파지 마라

"우물을 파도 한 우물을 파라"는 속담이 있다. 무슨 일이든지 꾸준히 노력하면 언젠가는 뭔가 이루어진다는 좋은 의미가 담겨 있는 말이다.

사람에 따라 한 우물을 파야 하는 유형이 있는가 하면, 반대로 절대로 한 우물만 파서는 안 되는 사람이 있다. 아니 절대로 "한 우물만 파서는 안 되는 시대가 되었다"고 말하고 싶다.

특히 평생직장의 시대가 점점 사라지는 지금과 같은 때에는 여러 가지 일을 하는 것이 불가피해졌다. 한 분야의 전문가가 되지 말고 다양한 분야의 전문가가 될 것을 추천한다.

우리는 한 우물을 파지 말고 여러 우물을 파야 하는 시대를 살고 있다는 의미를 하나의 소득원만 바라보지 말라는 뜻으로 이해해야 한다.

요즘 '부캐'라는 말이 유행하고 있다. 그리고 여러 가지 잡을 가지고 있다는 뜻으로 'N잡러'라는 말이 일반화되고 있다. 즉, 일자리가 아니라 일거리를 갖는 시대가 된 것이다.

직장인 익명 애플리케이션 '블라인드'의 조사에 따르면, 직장인 3명 중 1명은 투잡 경험이 있다고 한다. 올해 2월 24일부터 2월 29일까지 2,298명을 대상으로 설문조사를 진행한 결과, 응답자의 37%가 '투잡 경험이 있다'고 답했다.

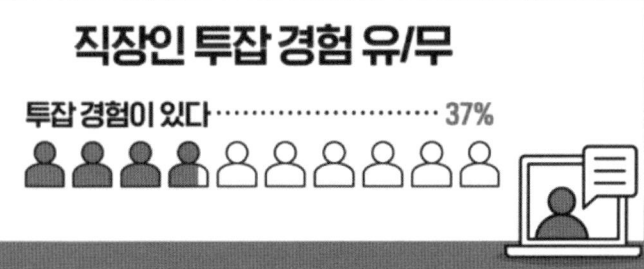

이처럼 10명 중 4명이 투잡 경험이 있다고 하는데, 직장인 N잡 트렌드 TOP3는 재능거래, 아르바이트[배달·배송], 오픈마켓이다.

직장인 N잡 트렌드 TOP 3

 재능거래  배달·배송 아르바이트  오픈마켓

1) 재능거래

자신이 가지고 있는 다양한 재능이 누군가에게는 필요한 서비스가 될 수 있다. 외국어를 잘하는 사람은 번역을 할 수 있고, 디자인에 재능이 있으면 로고 또는 홍보물 등 다양한 제품을 만들어 거래할 수도 있다. 나만의 노하우를 정리한 이북(전자책)도 시장의 큰 호응을 받고 있다.

필자가 최근 경험한 크몽과 숨고를 소개해본다. 크몽은 대표적인 이북 거래 사이트이다. 필자는 최근 크몽 플랫폼에 '창직'을 주제로 이북을 만들어 업로드한 바 있다. 평소 관심 있고 어느 정도 전문성을 갖추었다고 판단되어 많은 사람들과 공유하고 싶다는 생각에서 세상에 내놓은 것이다.

또 하나는 숨은 고수를 뜻하는 '숨고' 플랫폼을 통해 대학생, 청년층의 이력서, 자기소개서 컨설팅을 도와주고 있다.

2) 배달·배송 아르바이트

코로나19로 가장 많은 수요가 증가한 분야는 바로 택배 서비스이다. 배달만을 전문으로 하는 사람도 있지만, 직장인들 중에서도 퇴근 후에 자투리 시간을 이용하여 배달·배송 아르바이트를 하는 직장인들이 늘어나고 있다.

본인의 자전거, 오토바이, 승용차 등을 이용하는 '일반인 배송' 서비스는 자신의 시간에 맞추어 유연하게 할 수 있다. 크라우드소싱을 기반으로 하는 대표적인 배달·배송 서비스인 배민커넥트, 쿠팡플렉스 등이 있는데 이는 앞으로 더욱더 증가할 것으로 기대된다.

3) 낮엔 직장인, 퇴근 후엔 오픈마켓 사장

밖으로 나가지 않고 집에서 쉽게 시작할 수 있는 투잡 트렌드인 '오픈마켓'이 주목받고 있다. 오픈마켓은 직구 또는 사입 후 직접 온라인 쇼핑몰을 운영할 수 있는 플랫폼으로, 이미 시스템이 갖추어진 온라인 플랫폼을 활용하기 때문에 진입 장벽이 낮다는 장점이 있다. 대표적인 오픈마켓으로 네이버 스마트 스토어, 쿠팡, 아마존, 타오바오 등이 있다.

77만 명의 구독자를 보유한 유튜버 '신사임당'은 적은 자본으로 오픈마켓 시장에서 월 천만 원 내외의 소득을 올려 대표적인 성공 사례로 손꼽힌다.

오픈마켓에 대한 관심이 늘어나자 오픈마켓 운영 노하우를 알려주는 플랫폼들도 등장하고 있는데 클래스101, 탈잉 등의 서비스가 이에 해당한다.

이처럼 직장인의 N잡러 유형은 재능거래, 배달·배송 아르바이트, 오픈마켓 등 다양하다.

⑤ 평생공부하는 지식근로자

"스스로 일을 할 수 있고, 다른 사람에게 도움이 될 수 있을 때까지만 살았으면 좋겠습니다."

이는 2021년 새해 들어 102세가 되신 김형석 명예교수님이 EBS 프로그램에 출연해서 하신 말씀이다. 김 교수님은 100세가 넘으셨지만 진정으로 평생공부하는 지식근로자들의 표상이시다. 무릎이 안 좋고 청각에 약간 불편함이 있을 뿐 혼자서 대중교통을 이용하고 아직도 왕성한 활동을 하고 계신다.

언제가 모 방송사의 '세상에 이런 일이'라는 프로그램에 소개된 89세 된 부산의 신문 배달 할아버지 사례를 소개해본다. 그분은 고령의 불편한 몸으로 매일 아침 비탈길을 다니면 신문을 배달하신다. 그런데 좁은 방에 3,300권의 책이 사방을 둘러싸고 있다. 신문을 배달해서 벌어들인 60만 원의 한 달 소득 가운데 1/3인 20만 원을 책을 구입하는데 쓴다고 한다. "책이 왜 이렇게 많아요?"라는 PD의 우문에 "보고 싶어서 그래요. 책 안 보면 못 살아요"라는 현답이 나온다. 참 대단한 어른이시다. 절로 머리가 숙여진다.

환갑이 다 되어 박사 학위까지 공부하는 것을 보면 필자 또한 평생공부하는 지식근로자에 해당하는 사람인 것 같다. '공부하는 사람이 결국 승리한다'는 것을 확신하는 필자의 평생공부 사례를 소개해보고자 한다.

- 독서 토론, 공부 모임 참석
- 웨비나(웹을 이용한 세미나)를 통한 각종 세미나
- Zoom을 이용한 Study 모임 2개(목요일 밤, 금요일 밤)
- Zoom을 이용한 격주 토요일 Study 그룹 활용
- Zoom을 이용한 매일 아침 30분 아침 미팅
- MOOC의 선두주자인 코세라(Coursera)를 이용한 상시 2개 과정 수강
- 매월 1권 책쓰기 참여를 통한 실무 Base 이론 정리(평생 100권 쓰기)
- 매년 2건 이상 논문 쓰기
- 월 1회 칼럼 쓰기
- 유튜브를 이용한 다양한 공부

필자가 이렇게 하는 이유는 단순하다. 78세까지 전문가로서 현역 활동을 하고자 하는 강한 욕구 때문이다.

인터넷의 발달, 스마트폰 확산 그리고 코로나19로 인한 비대면 사회로의 진입 등 요즘 같은 코로나 시대에 공부하는 방법이 매우 다양해지고 편리해졌다. 바야흐로 평생공부의 환경이 조성되어가고 있고, 또한 전문가로서, N잡러로서 평생공부를 하는 것은 불가피하다. 특히 지식근로자에게 있어서는 더욱 그러하다.

이미 평생직장은 사라진 지 오래다. 일반적인 기업에서 평균 퇴사가 40대 중반이고, 공직도 60세 전후로 은퇴한다. 가장 늦게 정년을 맞게 되는 곳도 70세를 넘으면 어쩔 수 없이 은퇴해야 한다. 1970년대 초 평균수명이 62세이던 것이 50년 만에 81세로 늘어났다. 늘어난 수명 20년을 어떻게 보낼 것인가? N잡러로 살아가는 데 있어서 철저한 준비와 치밀한 계획이 필요하다.

참고문헌

- 한국고용정보원, 2019년 플랫폼 노동자 실태조사.
- 이준호의 마케팅 칼럼, 미래한국, 2019.
- 플랫폼 노동과 디지털 노동수기, 이재성, 2020.
- 『창업과 창직』 박상문 외, 2020.
- 『신중년 도전과 열정』 박상문 외, 2020.

저자소개

박상문 PARK SANG MOON

학력
- 경영학 학사, 경영학 석사, 경영컨설팅학 박사

경력
- 현) 에스엠C&C 대표 컨설턴트
- 중소기업중앙회(K-BIZ) 경영지원단 자문위원
- 소상공인시장진흥공단 역량강화 컨설턴트
- 한국산업인력공단 능력개발 외부전문가(HRD)
- 공공기관 채용 평가위원 및 면접관(KCA & KBS)
- 전라북도 고용안정선제대응패키지 전문 컨설턴트
- 전라북도 사회적경제연대회의 Pro-bono
- 전북창조경제혁신센터 혁신코디(멘토)
- 전북과미래 포럼/연구소 부소장
- 전라매일신문 독자권익위원/칼럼니스트
- 경기도 경제과학진흥원(GBSA) 평가위원
- 전) 경기도 성남시 행복마을만들기 초대회장

- 전) 미국계 기업 인사부장, 참프레 경영기획실장/이사
- 전) 삼성, 한라그룹 기획관리 및 경영관리

자격
- 경영지도사, 사회복지사, 직업능력개발훈련교사, 평생교육사
- 기술경영사, 기술창업지도사(TSC), 특허경영지도사, NCS전문가

저서
- 『도전하라 창업과 창직』 공저, GS인터비전, 2020.
- 『창업과 창직』 공저, 브레인플랫폼, 2020.
- 『경영기술컨설팅의 미래』 공저, 브레인플랫폼, 2020.
- 『공공기관 합격 노하우』 공저, 브레인플랫폼, 2020.
- 『신중년 도전과 열정』 공저, 브레인플랫폼, 2020.
- 『4차 산업혁명 시대 및 포스트 코로나 시대 미래 비전』 공저, 브레인플랫폼, 2020.
- 『소상공인&중소기업컨설팅』 공저, 브레인플랫폼, 2020.
- 『미래 유망 기술과 경영』 공저, 브레인플랫폼, 2021.

수상
- 국가보훈처장 표창(2011)
- 전라남도지사 표창(2011)
- 전라북도지사 표창(2018)
- 전라북도의회의장 표창(2019) 외

16장

신중년 N잡러를 위한 창의발상론

장승환

① 신중년과 N잡러

'N잡러'는 국어사전에 등재되지 않은 새로운 단어이다. 다만, '매일경제 용어사전'에서는 "2개 이상 복수를 뜻하는 'N'과 직업을 뜻하는 'job', 사람을 뜻하는 '~러(er)'가 합쳐진 신조어로 '여러 직업을 가진 사람'이란 뜻이며, 본업 외에도 여러 부업과 취미 활동을 즐기며 시대 변화에 언제든 대응할 수 있도록 전업(轉業)이나 겸업(兼業)을 하는 이들을 말한다"라고 N잡러의 정의를 내리고 있다. 또한 기술보증기금에서는 "N잡러는 단순히 생계를 위해 여러 직업을 가지는 것이 아닌, 긴 평균 수명과 불안한 고용시장 속에서 자기만의 커리어를 쌓고 자기 개발과 비전을 성취하고자 분주히 움직이는 사람들을 말한다"라고 하였다. 즉, 여러 가지 직업을 가진 사람을 N잡러라고 할 수 있을 것이다.

2020년 발생한 코로나 이슈, 직장인 평균 주 5일 40시간 근무, 은퇴 나이의 단축, 4차 산업혁명으로 인한 일자리 변화 및 축소 등으로 인하여 N잡러가 새로운 경제 트렌드로 자리를 잡아가고 있다고 해도 과언이 아니다. 이러한 상황 속에서 N잡러로 살아가는 것은 너무나도 자연스러운 현상이다. 자기 자신을 가꾸고 인생을 행복하게 살기 위하여 노력하며 보다 더 젊게 생활하는 신중년들도 예외는 아니다.

2020년 10월 잡코리아가 알바몬과 함께 남녀 직장인 1천600명을 대상으로 '직장인 N잡러 인식과 현황'에 대해 설문조사를 진행하였는데 그 결과는 다음 그림과 같이 나타났다.

<직장인 N잡러 인식과 현황(잡코리아, 2020)>

우선 '현재 2개 이상의 직업을 갖고 있는 N잡러입니까?'라는 질문에 10명 중 3명 정도인 30.3%가 'N잡러'라고 답을 하였다. 스스로를 N잡러라 답한 직장인 중에서는 30대가 34.6%로 가장 많았고, 40대가 29.4%로 뒤를 이었다. 그리고 20대가 25.7%, 50대 이상이 24.7% 순으로 나타났다.

50대 이상 신중년들 중에서도 많은 수가 자신을 N잡러라고 밝히고 있다. N잡러는 생존을 위하여 업무를 병행하는 부업과는 다르다. 경제적인 수입 외에도 개인의 자아실현을 중시하면서 가치를 충족시킨다. 따라서 신중년들은 본업에서 만들고 쌓아온 다양한 역량과 경험, 인맥 등을 활용하여 N잡러가 될 수 있는 능력이 충분하다. 지금은 100세 시대이다. 이러한 시대를 맞이하며 노동 그리고 직업은 더 이상 젊은 세대만의 것도 그들만의 문제도 아니다. 우리나라의 정년 나이가 60세 정도인 것을 감안하면 그 이후 100세까지 긴 노후생활을 위한 경제 활동은 필수적일 것이며, 이미 고령화 사회로 진입한 우리나라에서의 신중년들 인생 2막에 대한 설계가 중요한 시점인 것이다.

한편 4차 산업혁명 시대를 맞이하여 '긱 경제'가 대두되었다. 이는 필요에 따라 노동자를 구하여 일을 주는 형태로 기존의 노동 방식에서 벗어나 특정 집단에 소속되어 있지 않고 기존 기업에서 월급을 받는 정규직 개념이 아닌 프리랜서의 개념인 것이다. N잡러는 긱 경제를 선도하여 개인의 조건이나 능력에 따라 여러 가지 직업을 가지고 생활을 하는 것이 가능하다.

급변하는 세계 경제와 시장 환경 속에서 우리 신중년이 N잡러가 되기 위해서는 여러 가지 활동으로 인한 경제 활동을 가질 수도 있고 창업을 할 수도 있을 것이다. 이러한 활동 속에서 어떠한 상황에도 대응할 수 있는 창의적인 발상은 매우 중요하다고 할 수 있다. 신중년이 창의적인 발상을 통한 N잡러가 될 수 있도록 그 다음 장에서는 창의발상론에 대한 개념과 정의를 설명하여 이해를 돕고자 한다.

② N잡러를 위한 창의발상론의 이해

창의성이란 無에서 有를 창조하는 것이 아니다. 미처 보지 못하고 무심하게 지나쳐 왔던 많은 경험과 생활 속에서 의미를 재발견하는 것이다.

우리가 많이 들었던 '브레인스토밍(brain-storming)'은 창조적이며 독창적인 대안이 필요하고, 해당 그룹 전체가 문제 해결에 참여할 필요가 있을 때 사용할 수 있는 아이디어 발상법으로, '다다익선', '비판 금지', '자유분방', '결합 개선'이라는 4가지 원칙을 준수하면 아이디어가 많이 쏟아져 나오고, 그 안에 좋은 아이디어가 있어 아이디어 발상을 위한 도구로 많이 사용되어 진다는 것이 보통 우리가 이해하고 있는 사실이다.

하지만 이러한 사실이 다르다는 여러 연구 결과가 있는데, Lamm & Trommsdrorff(1973)는 브레인스토밍을 통하여 생성된 아이디어보다 개개인의 아이디어 발상이 더 효과적이라고 주장하였으며, Goldenberg et al.(1999)은 브레인스토밍으로 도출된 아이디어가 개개인에 의해서 도출된 아이디어보다 더 뛰어나지 않다고 주장하였다. 이와 같이 브레인스토밍은 현재까지 활발하게 활용되어져 왔지만 브레인스토밍의 효율성에 대해서는 아직 의문점이 많다고 할 수 있다(연주한, 2018).

창의성이라고 하면 대부분의 사람들이 독창적이고 예전에 없던 전혀 새로운 무언가를 연상하기에 '가까이하기에는 너무나도 먼 당신'과 같이 느껴지게 되는 것이며, 이러한 이유로 인하여 창의성은 어려운 것이라는 고정관념이 생긴 것이다. 하지만 많은 사람이 무심하게 보고 지나친 모든 것들을 새롭게 해석하고 의미를 부여하는 것과 가치를 창출해 내는 것이 창의성의 본질이다(박영택, 2019).

'만약 천재들의 사고방식의 특징을 추출하고 이를 체계적으로 정리 해놓으면 누구라도 배울 수 있지 않을까?'라는 기본적 발상으로 시작한 TRIZ (발명적 문제해결론)와 이를 보완하고 개조한 SIT(체계적 발명사고), SIT의 한계를 보완한 CIC(창의 발상 코드)를 누구라도 학습하고 적용한다면 창의적인 사람이 되는 것은 어려운 일이 아닐 것이다.

창의적인 발상을 위한 사고 방법은 크게 세 개의 범주로 설명할 수 있다.

<창의적 사고의 3가지 범주(박영택, 2015; 2019)>

구분	내용
TRIZ 발명적 문제해결론	· 유대계 러시아인인 겐리히 알트슐러(Genrich Altshuller)는 "창의적이라는 것은 무언가 새롭고 다르다"는 통념에 정면으로 도전하여 TRIZ(Teoriya Resheniya Izobretatelskikh Zadatch) 창시 · TRIZ의 창시자인 그는 150만 건이 넘는 특허를 면밀히 검토한 결과 동일한 해결원리들이 여러 분야를 넘나들며 반복적으로 사용되는 것을 발견 · 이러한 공통적 해결원리들을 '40가지 발명원리(40 inventive principles)'로 정리하였으며, 발명원리들의 활용을 돕기 위해 '모순 행렬(contradiction matrix)'이라는 것을 개발

SIT 체계적 발명사고	· 이스라엘의 제이컵 골든버그(Jacob Goldenberg)와 로니 호로위쯔(Roni Horowitz)는 "하늘 아래 새로운 것이 없다"는 말처럼 우리가 창의적이라는 것도 알고 보면 새로울 것이 없다는 알트슐러의 생각에 깊이 공감 · TRIZ를 기반으로 SIT(Systematic Inventive Thinking)라는 창의적 사고 방법을 개발 · SIT는 "발명적 해결책에는 공통적 패턴이 있다"는 생각이 기초 · SIT에서는 창의적 해결책이 나오기 위한 두 가지 충분조건으로서 '닫힌 세계(CW, Closed World)'와 '질적 변화(QC, Qualitative Change)가 필요 · SIT에서는 창의적 사고를 위한 지침으로 '5가지 사고 도구(5 thinking tools)'를 제시 : ① 제거(subtraction), ② 용도 통합(task unification), ③ 복제(multiplication), ④ 분할(division), ⑤ 속성 의존성(attribute dependency)
CIC 창의 발상 코드	· 박영택 교수님이 체계화하신 개념으로, 닫힌 세계(CW)를 전제로 기술적인 세계에 뿌리를 둔 SIT의 한계를 극복하기 위해 많은 신제품, 신서비스 및 신사업들의 공통적인 혁신 유형들을 '창의 발상 코드(CIC, Creative Ideation Codes)'라는 이름으로 체계화 · CIC는 SIT의 5가지 사고 도구에 ① 재정의(Redefinition), ② 결합(Combination), ③ 연결(Connection), ④ 역전(Reversal), ⑤ 대체(Replacement), ⑥ 유추(Analogy)라는 6가지 사고 도구를 추가

수없이 많은 발명적 해결책에는 공통적인 패턴이 존재하며, 이 패턴을 규명하고 추출한다면 발명에 대한 특허의 노하우를 누구나 학습하고 적용이 가능할 것이라는 것이 TRIZ라는 발명적 문제해결론의 기본적인 발상이다. TRIZ는 오랜 기간 지나오면서 많은 전문가들에 의하여 발전이 되었기에 TRIZ가 가지고 있는 다양한 측면을 정확하게 체계화하는 것은 쉽지 않은 일이지만, 지향하는 방향의 관점에서 정리하면, '모순', '자원', '이상성'의 3가지 기본 개념으로 구성되어 있다고 볼 수 있다.

이때 창의적 아이디어가 되기 위해서는 2가지의 충분조건이 있다. 하나는 문제 해결을 위하여 외부 자원을 투입하지 않고 기존에 가용할 수 있는 자원만 이용하는 '닫힌 세계'이며, 나머지 하나는 '질적 변화'의 조건이다. 이 2가지의 조건이 충족되면 어느 구두도 인정할 수 있는 탁월한 아이디어가 된다고 한다.

발명적 문제해결론인 TRIZ가 유용한 방법이기는 하지만 극복해야 하는 2가지 중대한 문제가 있다. 첫째, 기술적인 영역을 벗어나게 되면 이를 적용하는 것이 어렵고, 둘째, 자신의 문제 해결에 적용할 정도의 역량이 마련되면 수없이 많은 노력과 시간이 요구된다. 이러한 문제점을 해결하기 위하여 체계적 발명사고라고 불리우는 SIT는 TRIZ를 수정 및 보완한 것이다. SIT의 5가지 사고 도구는 TRIZ의 40가지 발명원리 중에서 유사한 내용들을 묶고, 제한적으로 특정 문제에만 사용되는 것, 사용 빈도가 높지 않은 것들을 제외하여 단순화한 도구이다.

SIT가 TRIZ를 수정 및 보완하여 발전시켰지만, SIT는 TRIZ와 마찬가지로 기술적인 영역에 바탕을 두고 있다. 이를 해결하기 위하여 창의발상 코드인 CIC는 제품, 서비스와 비즈니스 등 여러 가지 분야에서도 창의성을 펼칠 수 있도록 혁신적인 사례를 대상으로 그들 안에 내재된 공통적인 사고 패턴을 뽑아내어 SIT를 확장시킨 창의적인 발상법이다.

SIT의 '5가지 사고 도구(5 thinking tools)'인 제거(subtraction), 용도통합(task unification), 복제(multiplication), 분할(division), 속성 의존성(attribute dependency) 이외의 CIC에서 추가된 창의적 발상의 공통 패턴은 재정의(Redefinition), 결합(Combination), 연결(Connection), 역전(Reversal), 대체

(Replacement), 유추(Analogy)이다. 자세한 내용은 다음의 그림과 표를 참고하도록 하자.

<창의 발상 코드(CIC) 개념 (박영택, 2019)>

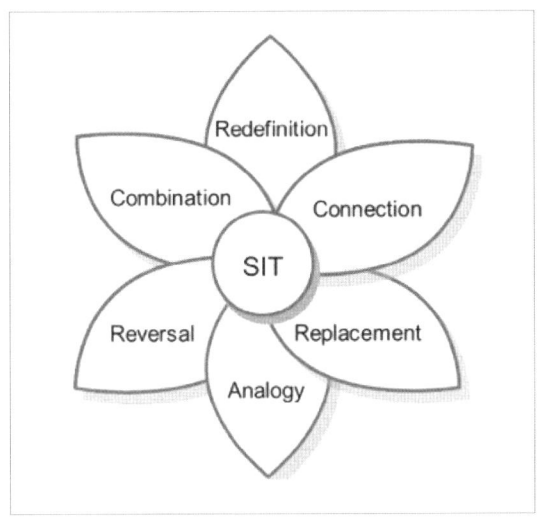

<SIT 사고 도구를 제외한 창의 발상 코드(박영택, 2019)>

구분	내용
재정의(Redefinition)	고객과 고객의 핵심적 요구사항을 새롭게 정의해 사업의 방향을 결정하거나 차별화한다.
결합(Combination)	2개 이상의 요소나 기능을 결합하여 시스템의 효용을 높이거나 새로운 가치를 창출한다.
연결(Connection)	서로 관련 없는 2개의 요소를 결합하여 기존에 없던 새로운 시스템을 고안한다.
역전(Reversal)	시스템을 구성하는 요소의 위치, 순서, 핵심 속성 등을 반대로 하여 효용을 높이거나 새로운 가치를 창출한다.

대체(Replacement)	시스템을 구성하는 요소의 일부를 새로운 것으로 대체하여 새로운 효용을 창출하거나 친숙한 것을 새롭게 만든다.
유추(Analogy)	다른 시스템의 원리, 기능, 운영 시스템, 이미지 등에서 문제 해결의 실마리나 영감을 얻는다.

창의적 발상의 핵심 원리는 인간이 설계하는 제품, 서비스, 비즈니스 모델만이 아니며, 우리는 대자연의 섭리에서도 동일한 원리를 배울 수 있다. 또한, 실용성이라는 기준에 얽매이지 않는 문화 예술 분야에서도 같은 원리가 적용 가능하다(박영택, 2019).

소개한 창의적 발상의 공통적 패턴인 TRIZ, SIT, CIC를 활용하여 우리 신중년들이 잠재되어 있는 상상력을 끌어내어 모두가 원하는 N잡러가 되기를 기원하면서 글을 마무리하기로 한다.

참고문헌

- 박영택, 「품질경영과 창의혁신」, 『품질경영학회지』, 43(1), 2015.
- 박영택, 『창의발상론』, KMAC, 2019.
- 연주한, 「해외 아이디어 상품들의 내재된 발명적 사고원리에 관한 연구」, 성균관대학교 일반대학원 기술경영학과 박사 학위 논문, 2018.
- 잡코리아, https://www.jobkorea.co.kr/goodjob/tip/view?News_No=18311, 2020.
- Goldenberg, J., Mazursky D. & Solomon, S, 1999. 「Creative Sparks」, 『Science 285(5433)』, 1999.
- Lamm, H. & Trommsdroff, G, 「Group versus Individual Performance on Tasks Requiring Ideational Proficiency」, 『European Journal of Social Psychology』, 3(4), 1973.

저자소개

장승환 JANG SEUNG HWAN

학력

- (학사) 경희대학교 체육학, 영어학 졸업
- (석사) 연세대학교 경영학 졸업
- (석사) 서울대학교 정책학 졸업
- (박사) 성균관대학교 기술경영학 졸업
- (박사) 서울대학교 산업인력개발학 과정

경력

- 현) 덕성여자대학교 조교수
- 현) 한국취업진로학회 이사
- 현) 한국체육정책학회 이사
- 현) 수산해양교육학회 이사
- 현) 중소기업기술정보진흥원 평가위원
- 현) 중랑구시설관리공단 협치경영파트너
- 현) 안양창조산업진흥원 전문위원
- 전) 대한민국 육군 포병 대위

- 전) 일간스포츠 경영지원팀 사원
- 전) LS산전 기술경영실 대리
- 전) 한국도로공사 연구기획팀 선임연구원
- 전) 부산대학교 기술창업대학원 연구교수
- 전) 안양대학교 조교수
- 전) 한국폴리텍대학 조교수
- 전) 연세대학교 총동문회 이사
- 전) 한국품질경영학회 산학이사

자격
- 평생교육사 2급, 교육부

연구실적
- HR 분야, 기술경영(R&D 기획, 기술사업화 등) 분야, 진로·취업·창업 분야 SSCI급, SCOPUS, 한국연구재단 등재지 (KCI) 연구논문 다수

17장

창작으로
성공 N잡러 되자

문성식

① 창직으로 성공 N잡러 되기

1) N잡러의 출생 배경

'N잡러'는 2개 이상 복수를 뜻하는 'N'과 직업을 뜻하는 'job', 사람을 뜻하는 '~러(er)'가 합쳐진 신조어로 '여러 직업을 가진 사람'이란 뜻이다. 본업 외에도 여러 부업과 취미 활동을 즐기며 시대 변화에 언제든 대응할 수 있도록 전업(轉業)이나 겸업(兼業)을 하는 이들을 말한다.

평생직장을 갖기 위해 공무원 시험이나 공기업, 대기업 시험의 경쟁률은 여전히 치열하다. 하지만 점차적으로 평생직장보다는 평생직업으로, 평생직업보다는 전직(轉職), N잡러, 창직으로 트렌드가 변화하고 있다. 직장 내에서도 경쟁이 치열하기도 하지만 본인의 적성이나 동료, 선후배와 잘 맞지 않은 경우가 많아서, 더 좋은 조건의 직장으로 전직(轉職)하는 경우가 많아지고 있다. 또한 주 52시간 근무제, 코로나로 인한 재택근무, 실직 등으로 인해 투잡, 쓰리잡, N잡을 갖는 사람이 많아지고 있다. N잡러는 체력이 되고 마음만 먹으면 여러 가지 일을 할 수 있다. 물론 기술적인 역량이나 경력이 필요한 것도 있어서 마음만 먹는다고 해서 즉시 할 수 없는 일도 있다.

ICT 기술의 발달로 전 세계가 디지털로 연결되어 있고 4차 산업혁명으로 산업간 융·복합이 더욱 활발해지면서 '긱 경제'가 주목을 받고 있다.

'긱(Gig)'의 유래는 1920년대 미국 재즈 공연장에서 필요에 따라 즉석으로 섭외하는 공연을 '긱(Gig)'이라고 지칭한 데서 유래했다. 기업 입장에서 '긱 경제'는 공채로 직원을 채용하지 않고 필요할 때 필요한 능력을 가진 인재를 쓸 수 있다는 점에서 노동의 유연성과 인건비 절감의 두 마리 토끼를 잡을 수 있도록 했고 노동자의 입장에서도 자신이 원할 때 원하는 일을 할 수 있고 시장 진입 장벽을 낮출 수 있는 장점도 있다. 물론 임시직 양산과 고용 및 소득 불안정, 사회안전망 소외 등의 역효과도 있다. '긱 경제'는 디지털 플랫폼을 만나 더욱 활성화되고 있다. 지역 기반과 웹 기반의 플랫폼으로 더욱 많은 N잡러가 등장하게 된 것이다.

2) N잡러 통계

잡코리아와 알바몬 직장인 1천600명을 대상으로 2020년 10월에 실시한 'N잡러에 대한 설문 결과'를 살펴보자. 현재 2개 이상의 직업을 갖고 있는 N잡러인지 설문 결과 20대가 25.7%, 30대가 34.6%, 40대가 29.4%, 50대 이상이 24.7%로 나타났다. 직장인이 아닌 프리랜서의 N잡러의 수를 합한다면 더욱 많을 것이라고 생각한다. 직장인 N잡러들의 본업 외에 일하는 다른 직업 중에는 복수응답을 포함하면 오프라인 아르바이트(매장관리, 판매 서비스, 카페 아르바이트, 학원 강사, 대리운전 등) 37.7%로 가장 많았고 온라인 아르바이트(블로그 활동, 콘텐츠 제작, 디자인, 홈페이지 관리 등) 28.5%로 다음으로 많았고, 이어 블로그나 SNS 등을 통한 세포마켓(13.4%) 운영, 오프라인 창업(10.3%) 순으로 나타났다.

조사에 참여한 89.7%의 직장인들이 '향후 N잡러가 더 늘어날 것이다'라고 답을 했다. 'N잡러가 더 늘어날 것이라고 예상하는 가장 큰 이유는 '평균 수명이 길어지고 정년 없는 일자리에 대한 관심이 높아지기 때문'으로 26.4%로 가장 높았고 '생계를 위한 돈벌이보다 즐기면서 할 수 있는 일(직업)을 찾는 이들이 많아지고 있기 때문'이라는 답변이 23.8%로 뒤를 이었다.

3) 창직의 배경

창직은 개인이 자신의 지식, 기술, 능력, 흥미, 적성 등을 활용한 창조적 아이디어와 활동을 통해 문화, 예술, IT, 농업, 제조업 등 다양한 분야에서 스스로 새로운 직업을 개발 또는 발굴하고 이를 통해 일자리를 창출하는 것이다(출처: 고용정보원, 2011).

N잡러는 요일이나 시간대를 나누어 일을 수행할 수 있다. 하지만 4차 산업혁명과 포스트 코로나 시대, 저출산 고령화, 1인 가구가 증가하는 상황에서는 더 이상 단순반복적인 직무를 수행하는 직업은 한계가 있다. 현재도 출혈 경쟁이 심하지만, 미래에는 AI와 로봇이 대체할 수 있는 가능성이 커졌기 때문이다.

또한 생계를 위해 어쩔 수 없이 일해야 하는 경우, 본인의 성격이나 흥미에 맞지 않는 경우, 여태까지 해왔던 일이기 때문에 그냥 익숙해서 해야 하는 N잡이라고 하면 그 직업의 생명력이 길지 않을 가능성이 크다.

그리고 무조건 직업이 많다고 해서 좋은 것만은 아니다. 계속된 경기 악화에다가 코로나19까지 겹쳐 '정년은 짧고 인생은 길다'라는 웃픈 얘기가 회자되고 있다. 따라서 일자리 문제는 더욱 심각해지고 있으며 취업도 창업도 쉽지 않은 상황이 되었다. 더구나 인구 비중이 제일 많은 베이비붐 세대(전쟁 직후의 1955년부터 1974년 출생자 1,758만 명을 가리킨다)가 직장에서 자의 반, 타의 반으로 은퇴를 하게 되면서 일자리 문제는 대한민국이 안고 있는 최대의 숙제가 되었다.

이제는 '일자리'로 접근하기보다는 '일거리' 문제로 접근해야 하는 때가 되었다. 국어사전에서의 '일자리'는 '생계를 꾸려 나갈 수 있는 수단으로서의 직업'이고 '일거리'는 '일을 하여 돈을 벌 거리'로 나와 있다. 경기가 어려워질수록 '일자리' 수는 적어지고 한계가 있다. 구직은 '일자리'를 찾는 것이다. 직장에 취직을 해서 일의 기회를 갖는 것이라고 생각한다. 이제는 '일자리'를 찾아야 한다는 고정관념에 젖어있지 않고 '일자리'에 앞서 본인이 좋아하거나 잘할 수 있는 '일거리'를 스스로 만들어 열심히 하다 보면 '일자리'가 생길 수 있다. 이젠 구직 말고 창직을 해야 하는 시대가 온 것이다.

4) 창직으로 성공 N잡러가 되자

신중년 세대들에게는 마지못해 할 수밖에 없는 N잡러의 일자리라면 하루라도 빨리 중단하고 창직의 길을 걸어보라고 권하고 싶다. 본인의 성격이나 역량을 진단해보고 강점을 찾아내어 자기만의 직업을 만들어보자. 창직한 후 초반에는 프리랜서 또는 N잡러로 일을 하면서 그 직업의 경제적 효과를 시험해보고 퍼스널 브랜딩을 강화하다 보면 기업에 취업할 수도 있고 더 자신이 생기면 창업을 할 수 있는 것이다. 소위 '창직형 창업'을 할 수 있다. 창직은 무모한 취업과 창업으로 후회하는 일을 없애주는 일이기도 하지만 성공하는 N잡러로 만들어줄 수도 있다. 한 가지의 창직이 불안하다면 여러 가지의 창직을 시도해보고 그중에서 본인에게 더 적합하거나 미래 비전이 있다고 판단되는 직업을 몇 개 골라 N잡러를 해보는 것이다.

② 창직가와 N잡러의 홍보마케팅

"영업과 홍보마케팅은 마음을 팔아서 사람을 얻는 것"이라고 한다. 영업 및 홍보마케팅의 본질은 사람을 얻는 일이며, 사람을 설득하는 일이다. 즉, 사람과는 관계를 어떻게 만들고 유지하느냐가 관건이다. 커뮤니케이션과 PR(홍보)의 기본도 사람과의 관계 문제가 본질이다.

토끼를 꼼짝하지 못하게 하려면 두 귀를 잡으면 되고, 고양이를 꼼짝하지 못하게 하려면 목덜미를 꽉 잡으면 된다. 그렇다면 사람을 꼼짝하지 못하게 하는 방법은 무엇일까? 답은 바로 마음을 꽉 잡으면 된다. 고객의 마음을 사로잡는 영업 및 홍보마케팅을 통해 퍼스널 브랜딩으로 연결시켜야 한다.

1) 퍼스널 브랜드의 개념 및 정의

(1) 퍼스널 브랜드의 개념

개인(Personal)이 가지고 있는 고유한 식별 가치로 개인의 가치관, 비전, 장점, 매력, 재능 등을 브랜드화하여 자신의 가치를 높이는 것을 퍼스널 브랜드라 칭한다.

(2) 퍼스널 브랜딩이란?

개인(Personal)이 가지고 있는 꿈, 가치관, 비전, 장·단점, 매력, 재능 등을 분석하여 개인의 포지션과 목표를 정하고 여기에 맞는 브랜딩 툴과 채널을 통해서 자신의 가치를 높이는 동시에 유지와 관리를 하는 작업을 통틀어 말한다.

(3) 퍼스널 브랜딩이 중요한 이유

하루가 다르게 제품과 서비스가 홍수처럼 나오는 무한 경쟁 시대이다, 고객의 눈과 귀를 사로잡는 것이 브랜드이다. 브랜드는 기존 시장에서 유일한 구별 가능한 실체이다. 다른 누군가와 구별이 되는 포지션과 차별화가 있어야만 개인의 가치와 능력을 인정해주는 시대다.

2) 나를, 내 상품을 다시 찾아야 하는 이유로 퍼스널 브랜딩을 하라

내 창직 상품 및 서비스를 다시 구매해야 하는 이유를 만들자.

- 창직한 창직가의 제품, 상품 및 서비스의 품질이 가장 중요하다.
- 친구 또는 가족이 함께 올 수 있는 환경을 만든다.
- 고객 서비스에 집중하고 고객에게 자랑거리를 제공하라.
- 대화를 시도하여 관계를 만들어라.
- 고객 정보를 확보하고 정리하라.
- 기억을 회상할 수 있는 단서를 제공하라.
- 고객과 SNS 친구가 되고 SNS 친구를 고객으로 만들어라.
- 고객을 감동시켜 '빛쟁이'로 만들어라.
- 고객이 중요한 사람이라는 인정받고 싶은 욕구를 해결해준다.

3) 퍼스널 브랜딩을 위한 홍보마케팅

(1) 최고의 전문가로 자리매김하고 홍보하라

　인정에 끌려 사주는 세상은 지났다. 그 분야 최고의 전문가로 자리매김하고 홍보한다. 자기 분야에 대해 모르는 게 없게 하고 최신 지식으로 무장한다. 옷차림도 프로답게 이미지를 만들어야 한다. 고객이 필요할 때 가장 먼저 생각나는 사람이 되어야 한다. 자신의 핵심 가치를 차별화해서 고객의 머릿속에 첫 번째로 생각나도록 한다. 상품이 아닌 가치를 팔고, 나 자신을 팔아라.

(2) 먼저 정보를 주고, 고객의 마음을 얻는다

　영업의 달인들은 고객에게 구매를 강요하지 않는다. 좋은 정보를 끊임없이 제공해서, 사지 않았는데도 계속 받기가 미안할 정도로 아낌없이 준다. '기브&테이크'는 옛날 얘기가 되었다. 이제는 '기브&기브'다. 그리고 주고 또 주고 준 것까지도 아예 잊어라. 먼저 정보를 주면 고객의 마음을 얻는다. 필자의 좌우명을 '배워서 남 주자'로 하고 실천했더니 결국 고객으로 돌아오는 경우가 많았다.

(3) 내 고객에게 다른 고객을 소개해 도움을 준다

영업을 하면 다양한 사람을 만나게 된다. 그들이 서로 이익을 얻을 수 있도록 도와준다. 예를 들면 아픈 사람에게는 의사 고객을 소개해주고, 세금 문제로 걱정하는 사람에겐 세무사 고객을 소개해준다. 그렇게 되면 소개를 받은 사람, 소개한 사람, 그리고 그들을 연결해준 창직자 모두가 이기는 윈-윈-윈 게임이 된다. 고객이 또 다른 고객을 만든다. 마당발의 진가를 보여주고 계속 발 사이즈를 키워나간다.

(4) 고객 눈높이에 맞는 코드 영업을 하라

모닝을 살 고객에겐 모닝을 타고 나가고, 제네시스를 사려는 고객에겐 제네시스를 타고 나가서 영업해야 한다. 내 고객에 대한 라이프스타일을 연구해서 고객과 코드가 맞는 영업을 한다. 그래야 고객 맞춤형 서비스가 나온다. 눈높이가 다르면 내가 최선을 다하는 것도 경우에 따라 고객에겐 최악이 될 수도 있음을 유념한다.

(5) 기대 수준을 낮춰주고, 만족 수준을 높인다

계약 또는 거래 시 기대 수준을 조금 낮춰주고 오히려 실행할 때는 예상치 못한 고객 감동 서비스를 펼쳐 만족 수준을 높여준다. 기대가 높으면 아무리 잘해도 실망이 크다. 적게 줄 것처럼 말하고, 실제로는 많이 주는 행동을 하라. 정성껏 그리고 깜짝 놀랄 만큼 많이 준다.

(6) 특별한 날, 기억이 오래가는 선물을 한다

누구나 선물을 보내는 명절 때 보내면 기억하기 어렵다. 고객은 특별한 기념일에 생각지도 못한 뜻깊은 선물을 오래 기억한다. 여성 고객에겐 정성껏 포장한 꽃과 의미 있는 문구를 쓴 카드가 더 감성을 자극할 수 있다.

연인들에겐 카페를 전세 내어주는 등 기억에 남을 만한 이벤트를 벌여준다. 흔한 선물로는 고객의 마음을 사로잡을 수 없다.

매일 아침에 카카오톡이나 페이스북을 열면 친구의 생일을 알려준다. 이럴 때 감동적인 문구, 이모티콘, 캘리그래피로 쓴 축하 이미지, 앱으로 합성한 명언 등 문구, 사진 및 카카오 선물 등의 특별한 것을 보내주면 더욱 큰 감동을 줄 수 있다.

(7) 온라인 4각 관계를 구축하고 활용한다

영업과 홍보를 하려면 정신없이 바쁘다. 그래서 '온라인'이라는 친구의 도움을 받는다. 블로그, 페이스북, 유튜브, 인스타그램을 활용한 '온라인 4각 관계'를 구축하고 서로 시너지 효과를 낼 수 있도록 만든다. 블로그, 페이스북, 유튜브, 인스타그램은 훌륭한 홍보맨, 영업맨, 비서의 역할을 수행한다. 노예처럼 부려도 불평이 없고 비용도 사람을 고용하는 것에 비하면 아주 저렴하다.

(8) 디지털 시대엔 첨단 영업 도구를 사용한다

멀티미디어가 지원되는 노트북, 스마트폰, 태블릿PC 등을 활용해 상품 설명 등을 효과적으로 해서 고객의 이해를 돕는다. 네티즌 고객에겐 첨단 디지털로 무장하면 프로답다는 인상을 준다. 카카오톡, 네이버 밴드, 페이스북, 블로그, 유튜브, 인스타그램 등 SNS(소셜네트워크서비스)와 함께 휴대폰 문자메시지(SMS)로 고객을 관리하고 홍보해야 한다. 포스트 코로나 시대엔 줌(Zoom), 웹엑스, 구글 클래스룸, 구루미, OBS studio, 라이브 방송(유튜브, 페이스북, 인스타그램, 밴드 등) 및 카메라, 웹캠, 조명, 마이크, 크로마 배경 등의 비대면 관련 기기를 잘 사용할 수 있어야 한다.

4) 네이버 인물검색에 등재하여 개인 브랜드 홍보마케팅

글로벌 1순위 검색 사이트는 구글, 대한민국에서는 검색 사이트 1순위는 네이버이다. 따라서 창직가와 N잡러는 네이버 인물검색에 등재를 하면 개인 브랜드 홍보마케팅을 하는 데 아주 유용하다. 기관이나 기업에서 일을 주기 위해 네이버나 네이버 인물검색을 해보는 사례가 많기 때문에 등재는 필수적이라고 해도 과언이 아니다.

이용자들이 특정인의 인물 정보를 조회 또는 열람하여 만족스러운 경험을 얻으려면 그에 관한 필요 최소한의 정보가 필요하다. 따라서 그의 이름과 직업을 포함해 프로필 사진, 소속 및 직위, 경력, 학력, 작품, 수상 등의 항목에서 3건 이상의 세부 정보가 있을 때 인물 정보 등재가 가능하다. 또한 등재 후 수정, 보완, 추가, 삭제가 가능하다.

우선 'https://people.search.naver.com'으로 접속하여 본인 참여 서비스를 클릭하면 다음과 같은 화면이 나오며 '인물정보 등록신청'을 클릭하면 신청자 정보 입력 후 인물 정보를 등록하면 된다(출처 : 네이버 인물검색 제출서류 안내).

<네이버 인물검색 홈페이지 주 화면>

다음은 필자가 직접 등록하여 네이버 인물검색을 하면 등록되어 있는 동명이인들과 같이 나오는 화면이다. 사진과 함께 출생일, 지역, 소속, 사이트가 나오고 경력사항, 학력사항, 수상내역 순으로 나온다.

<네이버 인물검색의 필자 검색 화면>

5) 퍼스널 브랜딩을 위한 홍보마케팅 카드 활용 방법

　퍼스널 브랜딩을 위한 홍보마케팅 카드는 (사)창직교육협회의 임원사인 ㈜메인콘텐츠에서 개발한 것으로, 창직컨설턴트1급 양성과정에서 사용하는 슘페터 창업 툴킷은 업종, 네이밍, 위기, 로고, 차별화, 타깃 고객, 홍보마케팅, 수익구조 카드로 구성되어 있고 창직과 창업을 교육할 때 쉽고 재미있게 실습할 수 있는 카드이다. 이중 홍보마케팅 카드를 활용하여 퍼스널 브랜딩을 진행할 수 있다. 홍보마케팅카드에서 가장 쉽게 할 수 있는 방법을 고르고 구체적인 예산과 실행 방안 등 홍보마케팅 계획을 수립한다.

창작가와 N잡러가 개인 브랜딩을 하기 위해서 언론 보도, 배너 광고, 업체 제휴, 이벤트, 방송 출연, 포털사이트, SNS/메신저, 카페/블로그, 영업, 오프라인 행사, 홈페이지 제작, 강연(교육) 활동, 수상, 오프라인 광고, 판촉물, 특허 출원, 랜딩페이지, SNS, 업체 제휴, 배너 광고, 팸플릿, 특허 출원, 인쇄물, 서적 출판, 영상미디어 채널, 크라우드 펀딩의 20가지 방법으로 쉽게 실습할 수 있도록 된 카드이다.

이 카드를 활용하여 주요 홍보마케팅(최대 3개)과 보조 홍보마케팅을 선정(3~6개)하거나 예산에 따라 적은 금액, 중간 금액, 높은 금액으로 분류해보거나 시행 주체(혼자서 직접 도움받아서 진행, 완전 위탁)에 따라 홍보마케팅 방법을 정해보거나 효과(즉시, 기다림, 미정)에 따라 창작이나 창작 단계별(예: 준비 단계, 시작 단계, 성숙 단계, 브랜딩 단계)로 카드를 선정, 비용 산출 근거를 적어 기간별로 예상 비용을 산정해볼 수 있다.

창작이나 사업 아이템에 따라 홍보마케팅 진행 우선순위를 결정하여 진행한다.

<슘페터 창업 툴킷 중 홍보마케팅 카드>

출처: ㈜메인콘텐츠 슘페터 창업툴킷 중 홍보마케팅 카드

③ 나의 창직 사례

필자는 N잡러이다. 교육 기업의 CEO, 대학교수, 창업/창직/취업/진로/전직/교수법/SNS/마술 등 분야의 강사, 면접관, 컨설턴트, 홍보마케팅 코치, 유튜브 크리에이터, 신문기자, 프레젠터를 하면서 2019년 1월부터 현재까지 교육부인가 비영리사단법인 창직교육협회 이사장을 맡고 있다. 그래서 그런지 주변의 많은 사람이 이사장의 창직 여부를 궁금해한다. 사실 이사장을 하기 전에 창직을 하여 N잡러로 살아왔었지만 창

직을 알게 된 이후로 필자가 창작한 직업을 분류하고 네이밍을 해봤더니 무려 6가지 직업을 창직을 했고 그 직업으로 경제적인 소득도 생기기도 했다. 그래서 필자가 창작한 6가지 직업을 소개할까 한다.

첫 번째는 '소셜미디어 코치'를 창직했다. 직업명 그대로 소셜미디어를 코치해주는 일을 하는 사람이다. 2007년 애플의 아이폰 최초 모델인 2G 모델을 구입하고 스마트폰을 사용하면서 다양한 기능에 너무 놀라 밤새 워 다뤄보면서 스마트폰의 매력에 빠지게 되었다. 2011년부터는 '서울소셜리딩그룹'이라는 SNS 공부 모임을 만들어 주말마다 모여서 교육도 받고 강의를 하게 되면서 소셜미디어를 익히게 되었다. 호서대 글로벌창업대학원에 입학하여 소셜미디어 고수들과 만나 배우고 가르치다 보니 어느덧 평생교육원 등 다양한 곳에서 '소셜미디어 전문가과정'도 기획, 운영하고 강의하게 되었다. 대학원 졸업 논문으로 '소셜미디어를 활용한 홍보마케팅이 경영성과에 미치는 영향'이라는 제목으로 석사 학위도 받게 되었다. 스마트폰이 활성화되면서 소셜미디어가 급속도로 발전하게 되었고 그 활용도가 넓고 깊어지게 되었다. 특히 우리나라는 세계 최고의 보급률(2020년 8월 기준, 93%)을 자랑하고 있다. 하지만 아직 많은 사람과 기업, 기관의 소셜미디어 활용이 미숙하다. '소셜미디어 코치'가 필요한 이유이다. '소셜미디어 코치'는 개인이나 기업, 기관의 소셜미디어 채널의 필요성을 파악하여 적합한 소셜미디어를 찾아 채널을 구축하고 해당 채널에 올릴 기사나 문구를 작성하고 이미지, 동영상을 기획, 촬영, 편집하는 방법을 코칭해주거나 강의, 관리 대행을 해준다. 또한 스마트폰 사용법과 각종 유용한 앱을 찾아 앱 사용법도 코칭해줄 수 있다. 이 직업은 소셜미디어의 기능이 계속 업그레이드 되고 스마트폰의 기능과 모바일 기술이 계속 발전하고 있어서 끊임없이 학습해야 한다. 필자는 창직가들과 전통시장, 기업, 대학의 학과 등 많은 고객을 상대로 강의와 코치를 해준 경험이 있다.

두 번째는 '비대면 교육 컨설턴트'를 창직했다. 2020년 코로나19로 인해 갑자기 예정되어 있던 대면 교육과 행사가 취소되거나 연기되었다. 필자도 많은 강의와 행사가 취소되거나 연기되면서 멘붕이 왔고 어려움이 많았지만 줌비디오커뮤니케이션의 줌(Zoom), 구글의 클래스룸, 시스코(Cisco)의 웹엑스(Webex), ㈜심테크시스템의 마인드맵(ThinkWise) 등의 비대면 교육, 행사, 회의를 진행하는 도구와 소프트웨어, 온라인 콘텐츠 제작 방법을 배우고 익힌 후 활용한 사례를 SNS로 홍보했더니 비대면 교육 및 행사, 회의가 많아지면서 컨설팅 및 대행해 달라는 요청이 쇄도했다. 그래서 비대면 교육 및 행사 분야에 대해 컨설팅을 해주는 '비대면 교육 컨설턴트'를 창직했다. 주로 대학과 기업에 컨설팅과 위탁, 대행을 진행했다. 방송 교육 시대에서 단방향 온라인 교육 시대로, 단방향 온라인 교육 시대에서 쌍방향, 실시간, 온라인 교육 시대로 변화하고 있고 이제는 AI, AR, VR을 활용한 콘텐츠 제작 및 교육 시대로 발전되고 있다. 필자도 2021년부터는 '비대면 교수법'에 대한 유료 교육과정도 협업자와 같이 만들어 진행하고 있다. 코로나19가 종식되어도 비대면의 장점과 효율을 맛본 사람들이 많기 때문에 비대면 활용 시장은 식지 않을 것이기 때문이다.

세 번째는 '매직 스토리텔러(Magic Storyteller)'라는 직업을 창직했다. 2011년에 필자는 '㈜인키움넷'을 창업한 후 우연히 교육 회사를 운영하는 후배 회사에서 강사들 대상으로 진행하는 '교육마술 교육과정'을 수강했다. 그 과정에서 한국교육마술협회 회장인 함현진 마술사가 마술을 보여주고 마술을 구사하는 비법 강의를 하는데 스토리를 재미있게 풀어가면서 마술을 하는 것이 너무 신기하고 재미가 있어서 그 마술사와 협의하여 한 달에 한 번 우리 회사 교육장에서 유료교육을 하기로 하고 교수, 강사, 기업 CEO, 임원, 지인들을 대상으로 교육생을 모집하여 마술 교육을 기획, 홍보, 운영했다. 여러 차례 마술 교육을 통해 많은 마술도 익힐 수 있었지만 동일한 마술이라고 해도 스토리를 어떻게 구성하느냐에 따라 그 마술이 다르게 보이고 다른 감동을 준다는 것을 알게 되었다. 그래서 강의를 할 때 혹은 각종 모임이나 행사에서 마술쇼를 하겠다고 자청하여 스토리를 입힌 마술을 보여줬더니 반응이 너무 좋아 '매직 스토리텔러'라는 직업을 창직하기로 마음먹고 '강사 양성과정' 등에서 '매직 스토리텔러' 교육을 진행했다. 마술 교육을 하면서 수강생에 따라 맞춤식 스토리를 구성해주기도 했다. 아직은 아마추어이지만 마술사 모자와 복장, 마술 도구 등을 장만하고 새로운 마술을 계속 학습하고 스토리를 입혀서 연습하면서 '매직 스토리텔러'라는 창직가의 수입을 늘려나가고 있다.

네 번째는 '건배사 코디네이터'를 창직했다. 직장생활을 하면서 주로 영업 및 마케팅 부서에서 근무했었고 각종 모임에 활발하게 참석하면서 익힌 건배사와 쏘맥, 폭탄주 제조법을 융합하여 강의했다. 2013년에 건배사 강의를 한 내용이 유튜브에 업로드된 것이 있다. 그 영상을 보고 '알까기 건배사' 저자인 윤선달 대표가 만나고 싶다고 연락이 왔다. '알까기 건배사'의 애독자였던 필자에게 저자가 만나고 싶다고 하니 너무 기뻤다. 또한 건배사를 모으고 제조하고 나누는 등 취향이 같아 서로 마음에 들었다. 만난 첫날부터 술잔과 건배사를 주거니 받거니 하면서 밤을 새웠고 그 인연으로 절친한 건달(건배사의 달인) 친구가 되었다. 이후부터 윤 대표는 책을 쓰고 필자는 건배사 데이터베이스와 강의 교안을 만들어 서로 나누고 협업하게 되었다. 한국에서의 직장, 각종 모임에서 너무 많은 건배사 권유에 스트레스를 받거나 좀 더 재미있고 의미 있고 감동의 건배사를 하고 싶은 분들이 모두 예비고객이라고 할 수 있기 때문에 시장은 크다고 볼 수가 있다. '건배사 코디네이터'는 건배사를 장소, 대상자, 목적에 맞게 건배사를 중심으로 하는 스피치를 전체적으로 균형 있고 조화롭게 갖추어 꾸며주는 일을 한다. 필자는 각종 모임에서 인사를 할 때 건달(건배사의 달인)이라고 소개하면서 쏘맥과 폭탄주를 제조법을 알려주기도 하고 건배사를 수없이 하다 보니 강의 의뢰도 들어오지만 건배사로 스트레스 받고 고민하는 CEO나 지인들로부터 맞춤 건배사를 만들어 달라는 의뢰를 받는다. 물론 대부분은 그냥 무료로 해결해주지만, 때에 따라서는 유료 또는 물물교환(?)을 통해 수입을 올릴 수 있다.

다섯 번째는 '비즈니스 중개사'를 창직했다. 부동산 중개사는 부동산만 중개하지만, 필자는 합법적인 모든 비즈니스를 중개한다. 필자가 대표이사로 있는 ㈜인키움넷은 기업, 학교, 기관에서 필요한 교육을 적정한 강사를 찾아 중개(매칭)시켜주는 교육사업을 한다. 회사에서 매출을 발생시키고 강사비를 지급하는 경우가 대부분이지만 때에 따라서는 강사 중개 수수료 매출을 발생시키는 경우도 있다. 직장생활 경험과 각종 모임, 혈연, 지연, 학연, SNS를 통해 알게 된 많은 인맥을 통해 문제 해결을 요청받으면 내가 해결해주거나 해결하지 못할 때는 항상 '연결의 욕구'가 발생이 된다. 물론 대부분 그냥 중개만 해주는 경우가 많지만, 때에 따라서는 매출을 발생시킨다. 제품과 서비스를 매입하여 판매하기도 하고 중개 후 직거래를 유도하고 영업 수수료 매출을 올릴 수 있다. 중소기업 홍보 영상 제작 의뢰를 받고 직접 제작해주거나 홍보 영상 전문업체를 선별, 중개하여 양쪽을 만족하게 해주며 매출을 올리기도 한다. 이외에도 끊임없이 조사하고 연구하여 창직을 실행하여 N잡러의 직업 숫자를 늘려가고 싶고 같이할 사람들을 교육, 양성하고 싶다.

마지막 여섯 번째는 '캘리마케터(Calli Marketer)'를 창직했다. 필자가 창직한 여섯 가지 중에서 가장 많은 일과 수입이 생기는 캘리마케터를 인터뷰 방식으로 소개하고자 한다.

1) 캘리마케터란?

캘리마케터는 캘리그래피(Calligraphy)와 마케터(Marketer)를 합성하여 만든 신직업명이다. 캘리그래피를 잘 쓰는 유명 작가들의 작품과 그 작품을 응용한 제품과 교육 및 이벤트에 대해 마케팅을 하는 사람이란 뜻이다.

2) 창직을 결심한 이유?

캘리그래피 작가들의 멋진 작품을 판매하고 행사를 진행하는 데 도움이 되고 감성마케팅과 감성교육을 하고 싶어서 창직을 결심을 하였다.

3) 창직을 하게 된 계기

2017년 7월 5일에 서울시 도심권50플러스센터에서 캘리그래퍼 양성과정에서 SNS 홍보마케팅 강의를 하게 되었는데 손글씨를 너무 예쁘게 쓰는 캘리그래피 작가 지망생들이 SNS 홍보마케팅을 잘하지 못하는 것을 발견하고 이분들을 위해 필자가 마케팅을 해줘야겠다고 생각하고 필자와 관계된 행사, 교육에 초청하여 캘리그래피 써주기, 작품 판매 등을 하던 차에 2018년 6월 30일에 서울 서촌의 대오서점에서 캘리그래피 전시회를 가게 되었는데 거기에서 커피시로 유명한 윤보영 시인의 재미있고 짧은 시를 알게 되었고 그 이후에 윤보영 시인을 잘 아는 지인이 소개하여 윤보영 시인을 만나 인사하게 되었다. 그 이후 11월 3일에 북한산의 '백란'이라는 한옥집에서 윤보영 시인의 독자 모임을 하게 되었는데 캘리그래피 작가들이 캘리그래피 써주는 행사를 보게 되었다. 독자들이 너무 좋아하는 광경을 보고 반은연 작가 등 많은 캘리그래피 작가들과 함께 '윤보영 캘리랜드 연구소'를 만들어 활동하게 되었고 사단법인 창직교육협회의 창직네이밍 기법을 배운 후 '캘리마케터'라는 직업명을 정하게 되었다.

4) 해당 직업을 창직하기 위한 과정

캘리그래피를 직접 배우기 위한 노력도 해보고(그런데 평소 악필인 필자는 제일 어려운 부분이었다) 전통시장의 상인대학에서 강의할 때 캘리그래피 작가를 초청하여 현장에서 캘리그래피로 상호나 브랜드, 가게의 슬로건을 써주는 행사를 하였다. 또한 윤보영 캘리랜드 연구소 모임의 자문위원으로 활동하면서 많은 작가와 이벤트 행사를 주도하게 되었다.

5) 해당 직업을 창직하는 과정에서 가장 어려웠던 점

멋진 캘리그래피 작가의 작품의 가치를 모르거나 적정한 가격을 매겨주는데 인색한 사람이 많았고 선물 받기는 좋아하나 돈을 주고 사는데 인색한 사람들을 만날 때가 어려웠다. 특히 캘리그래피 작가와 콜라보 강의할 때 강사비에 추가하여 캘리그래피 작가의 작업비를 받기가 힘들었다. 물론 초기에는 필자가 강의 만족도와 향후를 위해 홍보 차원에서 진행한 것이 많았다.

6) 해당 직업을 갖기 위해 필요한 역량과 준비사항

SNS 활용 역량이 우선이고 시인, 캘리그래피 작가, 고객을 연결하는 커뮤니케이션 능력, 예술 작품을 사랑하는 마인드가 있어야 된다고 본다. 자격증은 사단법인 창직교육협회에서 진행하는 창직컨설턴트 자격증과 마케팅 관련 자격증, 캘리그래피 자격증이 있으면 더욱 좋겠지만 필수적인 자격증은 아니다.

7) 해당 직업의 장점 및 매력

캘리그래피 작품 내용이 멋진 시나 유머, 명언, 가훈 등과 함께 배경 이미지가 있어서 힐링하는데 좋고 무엇보다도 마음 수양 측면에서 좋고 캘리그래피 선물을 받거나 구매하는 사람들이 행복해하는 모습을 볼 수 있다는 것이 장점이자 매력이다.

8) 창직 과정에서 잊지 못할 경험

가장 잊지 못하는 경험은 2019년 5월 4일에 경기도 광주의 식물원인 '이야기터 휴'에서 전국의 캘리그래피 작가 300여 명이 모여 항아리나 나무에 윤보영 시인의 시를 쓰는 행사를 진행했는데 필자는 캘리그래피를 쓰지 못하기 때문에 주로 항아리를 나르고 줄을 세우고, 청소하는 등 몸 쓰는 일을 하며 땀을 흘리면서도 한 작품, 한 작품 완성될 때 감상했던 기억이 좋은 경험이 되었고 두 번째는 윤보영 시인의 시를 엄선하여 유명 캘리그래피 작가들이 쓴 캘리그래피 작품으로 2020년 캘린더를 만들고 동영상 편집툴인 두들리로 영상을 만들고 SNS 홍보를 통해 판매해본 경험이 가장 기억이 남는다.

9) 이 직업을 추천하고 싶은 대상

예술 작품활동은 할 수 없지만 예술을 사랑하고 마케팅 능력이 있는 사람들에게 추천하고 싶다.

10) 해당 직업의 전망

세상이 디지털화될수록 인간의 감성을 자극하는 예술 작품은 계속해야 하고 그 작품 관련 마케팅 활동은 계속된다고 보기 때문에 캘리마케터의 전망은 밝다고 볼 수 있다.

11) 유사 직업과의 차별점

그림, 서예, 기타 예술 작품을 마케팅 하는 사람들과는 유사점이 많지만 한글의 특성을 잘 사려 다양한 멋진 글씨 작품과 그림이 융합되고, 디지털과 융합시켜서 다양한 분야에 활용할 수 있는 것이 차별점이라 생각한다.

<2019년 5월 4일, 경기도 광주 이야기터 휴, 캘리그래피 작가들과 함께 작품 행사 진행>

<2020년 3월 1일, 창직컨설턴트1급 양성과정에서 수강생들이 캘리그래피 작가가 써 준 창직네이밍 액자를 들고 인증샷>

참고문헌

- 네이버 지식백과, N잡러(매일경제, 매경닷컴)
- 네이버 인물검색 홈페이지(https://people.search.naver.com)
- M이코노미뉴스, '갈수록 확산되는 '긱 경제(Gig Economy)'... 약일까, 독일까?'
- (사)창직교육협회 창직컨설턴트1급 양성과정 교재
- 잡코리아 홈페이지, '직장인 10명 중 3명 나는 N잡러', 2020.
- 박영만, 세일즈아이템 홈페이지, '영업 달인이 되는 영업 비법 10계명'
- 문성식 외, 『창업과 창직』 브레인플랫폼(주), 2020.

저자소개

문성식 MOON SUNG SIK

학력
- 호서대 벤처대학원 정보경영학과 박사 졸업
- 호서대 글로벌창업대학원 창업학과 석사 졸업
- 전북대학교 토목공학과 졸업

경력
- (사)창직교육협회 이사장
- 명지대학교 겸임교수 (방목기초교육대학)
- 호서대 글로벌 창업대학원 외래교수 (창업경영학과)
- ㈜인키움넷 대표이사
- (사)한국능률협회 평생교육센터 교수(전직, 창업)
- ㈜이음길HR 전임교수(전직, 창업)
- 한국컨설턴트 사관학교 전임교수
- 서울시도심권 50+센터 자문위원
- 참지식인력개발원, 시민방송지식인력개발원 교수
- 전) 한국열린사이버대학교 창업경영컨설팅학과 특임교수

- 전) 서울벤처대학원대학교 융합산업과 겸임교수
- 전) 한국산업기술대 IT융합학과 겸임교수
- 전) 한세대, 호서대, 대림대 창업 전문 강사
- 전) ㈜이글루시큐리티 통합보안사업본부장(상무이사)
- 전) ㈜삼보컴퓨터 국내사업본부 지사총괄 담당(이사)
- 전) 대한민국ROTC정보통신인연합회 회장

자격
- 평생교육사, 커리어컨설턴트, 기업경영관리사
- 창직컨설턴트, 창직진로지도사, 창업지도사
- 직무전문면접관, 취업지도사, 방과후지도사
- 소셜경영지도사, SNS판매관리사, 소셜브랜딩관리사
- 온라인마케팅컨설턴트, 디지털장의사

저서
- 『오오사카 연수기』, 공저, 2013.
- 『스토리두잉 역세권상권-상권분석론』, 공저, 2015.
- 『창업과 창직』, 공저, 2015.

수상
- 한국산업단지 이사장 표창장(2012)
- (사)한국창조경영인협회 신창조경영인대상(2015)
- 글로벌교육브랜드대상조직위원회 글로벌교육 브랜드 대상(2016)
- 호서대벤처대학원장 우수논문상(2018)

18장

플랫폼을 이해하면 너무 쉬운 N잡러

강미영

① 플랫폼과 N잡러의 시대

1) 온라인으로의 초대: 새로운 시작

(1) New Generation의 등장

　고등학교 3년 동안 나는 선생님들이 가르쳐주신 대로, 주변에서 듣는 조언대로 수학은 정석, 영어는 성문기본영어, 제2외국어로는 독어를 배우며 학력고사를 열심히 준비했다. 고2 겨울 무렵, 갑자기 교육부에서는 수능으로 입학시험을 바꿨다. 종합 사고형 문제를 지향하는 수능시험은, 성실하게 학력고사를 준비하던 이들에게는 예상하지 못한 유형의 문제 출제로 시험을 망치는 학생들이 속출, 독일어 같은 제2외국어는 무용지물, 두 번 치러진 수능시험은 난이도 조절 실패, 전 과목이 객관식으로 바뀌면서 소위 '찍기'를 통해 성실하지 못한 학생들의 점수가 갑자기 벼락 상승하는 등 1994년 대학 입시는 한마디로 아수라장이 됐다.

　아울러 복수지원이라는 제도가 생기면서 매일 야간자율학습을 땡땡이 치던 불성실한 친구는 운 좋은 추가 합격으로 일류대에 진학하기도 했고, 성실하게 공부했던 친구는 오히려 수능 점수 하락으로 좌절하기도 했으며 선지원 후시험의 '진학 패턴'이라는 공식이 깨지는 순간을 보았다.

　이후 수능시험은 문제를 많이 풀어본 학생들에게 유리하게 되어 교육부의 취지와 다르게 사교육으로 더욱 학생들이 몰리게 되었고, 복수지원 제도 확대와 수시지원 제도를 통해 원서를 무조건 많이 쓰는 학생들이 유리한 제도가 되면서 결국 자본주의 논리로 대학이 결정되는 과정을 겪었다. 나는 이렇게 뒤통수 맞은 것처럼 기존 방식의 틀은 언제든 바뀔 수 있다 생각하여 새로운 것을 늘 배우고자 노력하였다. 나는 자유로운 표현의 대명사인 X세대에 해당했지만, N세대로 전환되는 시기에 대학을 다니게 된 것인데, 당시 인터넷이라는 인프라가 구축되는 시기에 학교를 다니면서 컴퓨터를 보편적으로 잘 다루고, 유행을 선도한 세대의 시초가 바로 N세대이다.

한글 문서 작업 등 사무용 기기에 지나지 않았던 컴퓨터는 본격적으로 인터넷과 천리안, 나우누리 등 PC통신이 도입되면서 인터넷 검색, 채팅, 게임, 이메일, 취업 공고뿐 아니라 동호회 활성화 등을 경험하기 시작하면서 구직 활동도 온라인으로 변화가 시작되었다.

(2) 비정규직/파견직과 N잡러의 등장 배경

대학 입학 후, 20대를 나름 치열하게 살면서 선배들의 조언대로 좋은 기업에 입사하는 신념으로 학점관리(4.0 이상/4.5 만점)와 영어 공부(토익 900점)라는 소정의 기준에 만족하며 대학생활을 성실하게 마쳤다. 졸업 즈음 IMF 경제위기로 학교에 늘 오던 대기업의 추천원서는 가뭄이었고, 금융 회사 면접을 통해 합격증을 받았던 회사는 입사를 취소시켰다. 부도와 구조조정이 연일 언론에서 발표되는 사이 취업 시장은 얼어붙었고, 인터넷에는 처음 등장한 인력 아웃소싱 업체 공고로 월급 70~80만 원의 비정규 파견직 모집만 눈에 띄게 늘었다. 주변 사람들은 파견직 근로자로 우선 취업 후 적은 임금을 받으면서, 주말에는 웨딩 업체 아르바이트를 가기도 하고 과외, 번역 등 적은 소득을 만회하기 위해 다양한 일을 하기 위해 부단히 노력했다. IMF 이후 소득 감소에 따른 생계를 위한 겸업, 부업 등이 N잡러의 시초라고 할 수 있다. 비싼 등록금과 생활비를 마련하기 위해 식당 서빙, 과외, 근로장학생 등 한 사람이 여러 가지의 아르바이트를 하는 학생들이 몇몇 있었지만, 가파르게 오른 물가와 취업의 어려움 때문에 이러한 다양한 아르바이트에 종사하는 이들이 IMF 이후 눈에 띄게 증가하였다.

공무원이나 교원, 공기업 등 안정적인 직종을 제외하면 IMF 이후 정규직과 비정규직의 도입이라는 패러다임 전환 이후 평생직장이라는 개념이 깨졌고, 고도의 성장을 달리고 있던 나라의 경제 프레임은 산업의 구조조정으로 재편성되었다. 또한 4차 산업혁명으로 스마트팩토리, AI 등 첨단 기술이 기존의 일자리를 대체하면서 안정적인 일자리는 점점 찾기 어려워졌다. 그리고 서민 물가와 부동산 등은 빠르게 올랐지만, 양극화가 심해지며 고소득자의 소득이 가파르게 늘어난 것에 반해 서민들의 소득은 정체되어 있었다.

IMF 이후 비정규직 도입과 파견직 근로자가 등장하면서 부족한 소득에 대한 고민과 고용에 대한 위기의식, 은퇴 이후의 삶 준비의 필요성 등을 느끼면서 수많은 N잡러가 탄생하게 되었다.

2) 플랫폼 이해하기

어린 시절, 강원도 원주에 살았던 필자는 어쩌다 한 번 방문하는 경남 남해의 외갓집에 갈 때마다 큰 곤욕을 치르곤 했다. 지금처럼 부모님이 자가용을 소유하지도 않았고, 교통망이 편리하지 않았을 때라 어떤 교통수단을 이용해서 그곳에 가든지 늘 하루가 꼬박 걸리는 외갓집 방문은 어쩌다 한 번씩 생기는 집안행사로 한 번 계획을 잡으면 어떤 수단을 어떻게 이용할지 어머니는 항상 오랜 시간 고민을 하셨다. 비싼 가격과 이동시간, 남해에 가려면 정말 큰 마음을 먹어야만 갈 수 있었던 시절이었다.

원주에서 남해까지 이동 가능한 경로를 요약해보면 아래 표와 같다.

출발지	경유지	교통수단	목적지
원주	서울-순천-남해	버스+택시	남해
	서울-삼천포-남해	버스+배+택시	
	부산-삼천포-남해	기차+버스+배+택시	
	부산-진주-남해	기차+버스+택시	

출발지에서 목적지까지 가고자 할 때 어떤 방법으로 갈 것인가 문제를 던졌을 때 어떻게 해결할 수 있는지 찾아가는 이 모든 해결책을 우리는 '플랫폼(Platform)'이라고 부른다.

원주에서 남해라는 출발점과 도착점은 같은데 이 과정에서 어떤 플랫폼에서 어떤 교통수단을 이용하느냐에 따라 비용과 소요 시간이 달라진다. 지금은 한 번에 운전하고 환승 없이 갈 수 있는 도로라는 플랫폼이 조성되었고, 또 고속도로 휴게소 환승이나 비행기 등 다양한 방법이 생기면서 더 이상 예전처럼 오랜 시간이 걸리지 않고도 목적지에 도착할 수 있게 되었다. 내가 고생하지 않아도 선택한 교통수단이라는 것을 플랫폼에서 탑승하게 되면 나는 목적지까지 편안하게 갈 수 있다. 고속도로 사정이 좋아지면서 12시간 걸리던 외갓집 방문은, 버스나 승용차를 통해 6시간 만에 도착할 수 있게 되었고, 2000년 원주에서 사천을 오가는 항공 노선이 생긴 이후 3시간 만에 남해에 도착할 수 있게 되었지만, 많은 사람들이 이용하지 않는 원주-사천 항공 노선은 얼마 지나지 않아 경제성이 맞지 않는다는 이유로 사라졌다.

플랫폼은 사회간접자본(SOC)인 철도, 도로, 공항처럼 무조건 깔아놓는다고 형성되는 것이 아니다. 제공하는 주체, 이용하는 승객, 그들을 위한 기반 시설 등 모든 것이 갖추어야 규모의 경제라는 논리가 형성되고, 그것이 결국 그 기반을 유지하며 발전하는 근간이 된다. 그것이 충족되지 않으면 곧 사라지게 된다.

② 플랫폼 = 문제 해결책의 집합체

하버드대 교수인 이안시티는 플랫폼을 "생태계 구성원들이 여러 접점과 인터페이스를 통해 접근할 수 있는 문제 해결책의 집합"이라고 정의하였다.

1) 플랫폼(Platform)의 개념

많은 사람들이 주로 이용하는 네이버 지식백과에서 플랫폼(Platform)을 검색해보면 다음과 같이 나온다.

- 플랫폼의 대표격인 승강장이 어떤 역할을 하는 존재인지 살펴보면, 플랫폼의 진정한 의미를 파악할 수 있다. 승강장은 기차, 지하철, 혹은 버스 등 교통수단과 승객이 만나는 공간이다. 승객은 돈을 지불하고 운송수단은 승객을 원하는 장소에 데려다 준다. 승강장에는 신문이나 잡지, 먹거리 등을 판매하는 매점이나 자판기가 설치되어 있다. 또 승강장 근처에는 크고 작은 상가가 조성되어 있다. 심지어 승강장 주변에는 광고가 즐비하다. 이러한 현상은 승강장에 많은 사람이 몰려들기 때문이다. 즉, 사람이 많이 몰리는 곳에서는 다양한 형태의 비즈니스 모델로 부가적인 수익 창출을 할 수가 있는 것이다. 특히 별도의 마케팅을 하지 않아도 승강장에는 사람들이 몰려든다.

  승객이 필요로 하는 교통수단을 탈 수 있는 유일한 곳이기 때문이다. 승강장은 교통수단과 승객이 만날 수 있는 거점 역할을 하며, 교통과 물류의 중심이 된다. 그리고 그 안에서 무수히 많은 가치 교환이 일어나고 거래가 발생한다. 이것이 바로 '플랫폼'인 것이다(윤상진, 2012).

- **플랫폼이란 공급자와 수요자 등 복수 그룹이 참여해 각 그룹이 얻고자 하는 가치를 공정한 거래를 통해 교환할 수 있도록 구축된 환경이다. 플랫폼 참여자들의 연결과 상호작용을 통해 진화하며, 모두에게 새로운 가치와 혜택을 제공해 줄 수 있는 상생의 생태계라고 말할 수 있다(Simon, 2011; 최병삼, 2012; 조용호, 2011).**

[네이버 지식백과] 플랫폼 (플랫폼이란무엇인가, 2014. 4. 15. 노규성)

우리가 살아가는 시대에서 플랫폼은 비즈니스뿐 아니라 삶의 모든 다양한 분야에서 활용될 여지가 있다. N잡러가 플랫폼을 어떻게 활용할 수 있을까?

2) N잡러에게 플랫폼(Platform)이, 활동의 마당(場)

　수많은 생태계의 구성원들이 여러 접점을 갖는 플랫폼은 모두가 모이는 '마당' 또는 '운동장'이라 할 수 있다. 많은 사람들이 모이는 곳에는 활력이 있고 재미가 있다. 그 마당에서 공연도 열리고, 사람들이 모이니 공연과 같은 이벤트가 생겨난다.

　철도가 서울역, 용산역에 생기자 지방에서 서울을 오가는 사람들이 더욱 많아지고 백화점, 쇼핑몰, 영화관, 문화공연 등이 생겨났고, 그러면서 서울의 가치는 더욱 올라갔다. 또한, 기차역이 있는 천안 같은 곳에 사람이 모이는 대도시가 형성되어 이것이 지역을 발전시키고 국가 물류의 중심이 되면서 국가도 성장하였다.

　이제까지 역(station)이라는 물리적 공간에 머물렀던 이 플랫폼이 온라인으로 들어왔다는 것을 사람들이 깨닫기 시작했다. 상권에 사람들이 모이지 않으면 비즈니스가 어떻게 되는지를 코로나19 시대에 이르러 눈으로 확인하게 되었다. 이제는 이러한 물리적인 플랫폼보다 인터넷과 모바일에서 가상공간을 통한 '마당'이 마련되면서 모이는 사람들에게 사이버 공간에서 펼쳐지는 비즈니스가 무궁무진하게 된 것을 5인 이상 집합금지 명령 등 팬데믹 시대에 우리는 더욱 확실하게 깨달았다.

전통적인 비즈니스 모델을 물건을 만들어 파는 것으로 비유한다면, 플랫폼에서의 비즈니스 모델은 기업 생태계를 만들고 그 속에서 다시 비즈니스가 일어나도록, 한마디로 사람들이 활동할 수 있는 마당을 깔아놓고 그 안에 참여할 사람들을 불러모으기 위한 수단을 제공하는데, 이것을 콘텐츠라고 한다. 이 콘텐츠나 수익 모델 자체가 만족감이나 흥미, 관심을 주지 않는다면 사람들은 금세 외면하게 된다.

전 세계에서 가장 많이 쓰는 SNS 중 하나인 '카카오톡'이 처음 나왔을 때, 편리하고 사람들과의 소통이 정말 편리해졌는데 무료로 메신저 서비스를 제공하기에, 이용하면서도 '왜, 이러한 편리함을 무료로 제공할까? 이 회사의 수익 구조는 뭘까?'라고 궁금해한 적이 있었다. 그리고 그 입소문과 활용을 통해 수많은 참여자들이 기하급수적으로 증가하고 나서야 그 안에서 펼쳐지는 비즈니스상 규모의 경제 위력을 실감할 수 있었다.

"카카오톡으로 내 신용 점수 확인하면, 끝자리가 5인 가입자에게 추첨을 통해 10분께 스타벅스 교환권을 드립니다."

어느 날 카카오톡으로 수신된 알림에 나도 모르게 확인을 눌렀더니, 내 앞에 확인을 기다리는 대기번호는 2만 명이었다. 10분이 넘어서야 신용 점수를 확인할 수 있었다. 온라인에서 줄서기라니….

이런 무료 플랫폼을 통해 확보된 인원들에게 카카오택시, 카카오대리운전, 카카오페이지, 카카오뱅크, 카카오쇼핑 등 수많은 기존 산업들과 협력 또는 경쟁하며 비즈니스 생태계를 바꾸는데 일조하고 있다. 그뿐 아니라 내 삶의 패턴조차도 바꾸어버렸다. 매일 매일 나에게 좋은 글을 공유해주는 카카오톡 메시지, 치킨 주문, 계좌 송금, 심심할 땐 카카오TV 등 곳곳에 플랫폼이 깔려진 이 안에 수많은 비즈니스 참여자들이 수익을 창출하고 나도 그 유익성과 흥미, 이익을 함께 공유하고 있는 것이다.

③ 플랫폼을 활용해야 하는 이유

코로나19 이후 사람들이 모이지 않는 사업장은 심각한 경영난을 겪고 있다. 잘되는 상가도 계속 신도시가 생겨나고, 길이 새로 생기면 유동 인구는 분산되며 타격을 입게 된다. 사람이 많이 모이는 곳에 상권이 형성되는 것을 알고 있기에 사람들은 권리금을 주고서라도 비싼 임대료를 감내하며 유동성이 좋은 상가를 선호했던 것처럼, 이제는 모든 비즈니스뿐 아니라 일자리도 사람이 많이 모이는 온라인 플랫폼으로 통하게 되었다.

플랫폼은 어느 한 가지 산업에 국한되는 것이 아니라 다양한 산업에서 다양한 형태로 수많은 사람들과 소통하며 기존 산업 생태계를 파괴하거나 융합하거나 새로운 형태로 재창조되고 있다. 결국 사람들이 모이는 곳에 돈이 모이게 되고, 일자리도 있다는 것을 알고 있기에 우리는 플랫폼을 통해 비즈니스와 사람들 간에 유기적 협업을 이루어 지속적인 정보를 이용할 수 있는 인프라인 플랫폼을 적극 활용하여야 한다.

전 세계 글로벌 시가총액 10대 기업 중 7곳은 이미 플랫폼 기업이라는 것이 이미 그 사실을 증명하고 있다.[01]

순위	기업명	시가총액	순위	기업명	시가총액
1	**Microsoft**	10,616	6	**페이스북**	5,081
2	**애플**	10,122	7	**알리바바**	4,354
3	**아마존**	8,587	8	**텐센트**	4,024
4	**알파벳**	8,459	9	JP모건	3,763
5	버크셔해서웨이	5,097	10	존슨앤존슨	3,415

※ 굵은 표시가 플랫폼 기업

④ 어떤 플랫폼을 활용하는 것이 좋을까?

온라인상에는 수많은 플랫폼이 있다. 스마트폰을 붙잡고 있다 보면 시간이 금방 흘러가는 것을 경험한다. 흘러넘치는 정보의 홍수 속에서 어떤 플랫폼을 활용하는 것이 효과적일까?

첫째, 많은 사람들이 함께 소통하고 모이는 플랫폼이다. 상권도 많은

---

01) 2019년 12월 2일자 매일경제 신문기사 인용

유동 인구들이 넘쳐나는 곳이 흥하듯, 플랫폼도 많은 사람들이 모이는 곳을 활용해야 한다. 정보가 많을 뿐 아니라, 네트워크를 통해 상호작용을 통해 실시간으로 소통할 수 있기 때문이다.

요즘 사람들에게 가장 인기 있는 플랫폼은 유튜브이다. 꿈나무들의 희망직업 1순위는 단연 '유튜버(Youtuber)'란다. 유튜브라는 플랫폼이 아이들에게 가장 많이 노출되어 있고, 사용하는 인원이 많으며, 즐거움을 주고 세대를 초월해 이야깃거리를 제공하고 이를 통해 부를 창출하는 사람들이 늘어났기 때문이다.

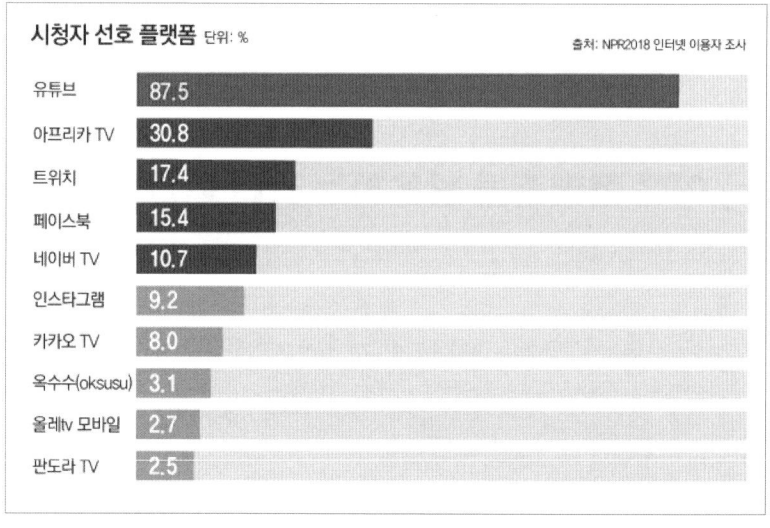

출처: 동아일보 2019.8.26. 기사

결국 유튜브라는 플랫폼을 통해 많은 사람들이 모이는 이곳에 재미, 교육, 소통 등의 즐거움이 있다. 구독자 수, 조회 수를 통해 영향력을 눈으로 실시간 확인할 수도 있다. 청소년은 인스타그램의 팔로워 숫자가 자랑거리다.

둘째, 플랫폼 제공자, 참여자 모두가 플랫폼 내에서 즐거운 경험과 이를 통한 이익을 창출할 수 있어야 한다.

특히, 전자상거래에서는 소규모 참여자가 수익을 내는 플랫폼에 대한 관심이 높아지고 있고, N잡러에게는 이를 통해 부가 수익을 창출할 수 있는 경로가 되고 있다.

누구나 네이버라는 플랫폼을 통해 네이버 스마트 스토어를 통한 온라인마켓 개설이 가능하고, 쿠팡 파트너스를 통해 블로그를 통한 매출 기여분을 받을 수 있으며, 인스타그램(Instagram)이나 페이스북(Facebook) 마케팅을 통한 공동 구매를 활용하여 유통 차익을 거두는 것, 유튜브를 통해 부동산을 파는 것 등이 이제는 전문적인 마케터에게만 가능한 일이 아니라 모두에게 열려 있는 통로가 되었다.

소비자로서는 저렴하게 구매할 수 있는 즐거운 경험, 참여자가 되면 부가적인 수익 창출, 플랫폼 제공자는 그에 따른 수수료나 광고 수익 창출. 모든 참여자가 다양한 이익을 창출할 수 있는 이러한 플랫폼을 이용하여 자신이 하고 있는 경제 활동의 주체가 되었다.

⑤ N잡러에게 추천하는 플랫폼

1) 숨고(https://soomgo.com/)

 수요자와 참여자의 플랫폼의 대표적인 기업으로 '숨고'는 숨은 고수를 뜻하며 서비스 전문가와 수요자를 매칭해주는 O2O 플랫폼 기업이다. 미술 회화, 방송 댄스, 골프, 보컬 등 다양한 커리어를 가진 분야의 전문가 고수들과 수요자를 매칭해주고 있으며 800개가 넘는 분야에서 실력을 가진 사람들과 이를 배우고, 쓰고자 하는 사람들을 연결하여 매칭을 시켜주는 인력 플랫폼이다.

숨고는 중장년 고수들을 두 팔 벌려 환영하는 듯하다. 은퇴 후 제2의 삶을 시작하는 사람들이 개인사업자나 프리랜서로 일할 때 어려움을 겪고 있는 고객 유치를 위한 홍보 비용과 중개 수수료에 대한 부담 등 다양한 요인을 해결하기 위해 고수에게 수수료 차감 없는 수입을 보장한다. 또한 온라인과 앱을 통해 자신의 기술, 능력 등을 홍보하고 있으며, '숨고'에서 수요자에게 안심 번호를 제공하기 때문에 수요자와의 커뮤니케이션까지 가능하게 하여 고수들이 부담 없이 활동할 수 있는 환경을 조성하고 있다. 숨고는 고수들에 대한 선택과 평가를 오로지 수요자들에게 맡기는 시스템을 형성하고 있다. 덕분에 누구나 자기 노력에 따라 공정한 기회를 얻을 수 있다.

한국에서 '숨고'가 주목을 받고 성공적인 플랫폼 기업으로 선정된 이유는 800개가 넘는 분야로 그 범위와 영역을 세분화시켜 수요자가 자신이 원하는 구체적인 사항을 적어 필요한 인원이나 서비스를 효율적으로 구할 수 있도록 시스템을 구축했기 때문이다.

또한, 2015년 국내 최초로 고수가 원하는 고객을 직접 선택해 견적을 보내는 매칭 시스템을 도입하였다. 고수는 '숨고' 알고리즘에 기반을 두어 주변 잠재고객의 서비스 요청을 먼저 받아보고, 그 세부 내용을 살펴본 후 자신의 전문 분야, 활동 지역, 일정에 맞는 고객에게 선택적으로 견적을 발송하는 것이다. 이에 2019년 9월 고수들이 직접 발송한 견적 수가 누적 800만 건을 돌파하는 기록을 세웠다. 또한 숨고는 125억 원 규모 '시리즈B' 투자를 유치하여 다양한 서비스 카테고리에서 효율적인 매칭 가속화, 수요자의 삶의 질적 향상을 위해 시스템 업그레이드와 서비스 종류 확대, 통합 마케팅 커뮤니케이션을 통한 사용층 확대에 투자하였다. 숨고는 성장하는 만큼 지속적인 개발과 투자를 통하여 사용자들의 편의성을 높이고 있으며, 본인의 전문 서비스 분야가 있다면 더없이 좋은 환경을 통해 본인의 전문 분야를 필요로 하는 곳에서 언제든지 일을 할 수가 있다.

2) 유데미(https://www.udemy.com/ko/)

'유데미'는 세계적인 온라인 강의 교육 플랫폼 기업이다. 전문 강사만 나와서 강좌 영상을

판매하는 다른 온라인 교육 플랫폼과는 달리, 기술과 능력을 가진 사람들과 이를 배우고자 하는 수강생을 연결해주는 역할을 한다. 이는 앞서 소개한 숨고의 시스템과 비슷하며, 유데미에서는 누구나 강사로 자신의 수업을 등록할 수 있고, 저렴한 가격으로 누구나 배울 수 있다. 강사로 등록된 사람은 2만 명이 넘으며 강의도 4만 개가 넘는다. 디자인, 개발, 마케팅, IT 및 소프트웨어, 자기계발, 비즈니스 등 다양한 카테고리를 가지고 있는데 주로 직장이나 경력 개발과 관련된 강의들이 많다. 수강생이 가장 많이 찾은 강의는 프로그래밍 강의이다.

유데미는 수강생에게 맞춤형으로 학습을 추천해준다. 유데미가 설정한 알고리즘에 따라 추천을 받아 수강생이 원하고, 필요로 하는 강의를 효율적으로 찾아 들을 수 있다. 또한 강사 지원팀을 구축하여 강좌 생성 작업을 도와주며, 강좌 생성 과정에 도움을 주는 리소스 센터인 Teaching Center를 구축하고 있다. 또한, Studio U를 통하여 강사 커뮤니티에서 다른 강사들의 지원을 받을 수 있도록 했다. 유데미에서는 누구나 강사가 될 수 있는데, 누구나 강사 지원하기 버튼을 누르면 바로 강의를 올릴 수 있어 '접근성'이 용이하다는 것이 강점이며 가격, 강의 주제, 강의 방식 등에 대해서 일체 간섭 없이 강사와 수강생을 연결해주는 플랫폼 역할만을 맡기 때문에 중립성을 유지하고 있다.

그 밖에도 국내의 인력 플랫폼인 '크몽', '탈잉'뿐 아니라 해외의 '파이버(Fiverr)', '업워크(Upwork)' 등 중개 플랫폼은 무수히 많이 있으며, 각각의 수수료 정책이나 회원의 홍보 방법 등이 다르지만 플랫폼 제공자와 참여자, 그리고 수요자가 이러한 생태계를 유지 발전시켜 나가는 것은 전 세계적으로 대세가 된 것임은 틀림없는 사실이다.

⑥ 마무리하며

요즘 인력 운영의 화두는 '긱 경제', '긱 워커'이다. 원래 긱 경제는 1920년대 미국 재즈 공연장 주변에서 연주자를 그때그때 섭외해 공연할 때만 계약을 맺어 공연하는 '긱(Gig)'에서 차용한 용어로, 본래 '긱'은 주로 정보 기술(IT) 업계의 개발자나 디자이너 등 비정규직 근무자를 지칭할 때 사용되다가 요즘에는 필요에 따라 플랫폼 등을 통해 단기로 계약을 맺고 일회성 일을 맡는 등 초단기 노동을 제공하는 근로자들을 긱 워커라 부른다.

이는 디지털 플랫폼을 기반으로 한 공유경제의 확산으로 등장한 근로 형태로, 차량 공유 서비스 운전자나 라이더, 유통 등 각종 서비스 업체에서 일하는 자들이 해당되며, 대부분 한 사람이 한 가지만 종사하는 것이 아니다. 예를 들면, 한 사람이 새벽에는 마켓컬리 샛별배송, 주간에는 쿠팡 물류배송 기사로, 저녁에는 쿠팡이츠나 배민라이더를 통해 시간과 여건이 허락되는 대로 여러 가지 일을 하는 대부분이 소위 N잡러에 해당한다. 이런 단순 배송 업무 등을 하는 사람들도 있지만 전문적인 직군의 은퇴한 사람들도 이렇게 시간과 여건이 허락하는 한 직종을 가리지 않고 여러 플랫폼을 통해 일하는 사람을 주변에서 많이 보게 된다.

중년의 N잡러들에게는 이렇게 몇 가지의 디지털 플랫폼을 이해해도 무수히 많은 종류의 일을 찾을 수가 있다.

이러한 디지털 플랫폼을 활용한 N잡러가 명심해야 할 것은 좋은 평판(good reputation)이 이 생태계에서는 생명이라는 것이다. 사람들이 맛집에 대한 평가나 상품에 대한 구매 후기를 보고 상품 구매를 결정하듯이, 이러한 플랫폼을 통해 매칭된 사람이 어떠한 평가를 받는지를 보고 필요한 서비스를 선택하기 때문이다. 좋은 평점을 받은 평판 좋은 사람은 기존의 의뢰자에게 있어 단골이 되거나 새로운 고객을 만나기도 유리하게 된다. 그래서 주어진 일마다 성의 있게 처리하는 것이 매우 중요하다.

요즘은 온라인상의 SNS, 즉 사회관계망이라고 불리는 네트워크로 인해 주변을 통해 그 사람에 대한 이미지를 알 수 있다. 이러한 인력 플랫폼도 그렇다. 평판 좋은 서비스 제공자에게는 계속 일자리 기회가 주어진다.

그래서 일단 플랫폼을 이해하고 자신의 전문 분야에 대한 네트워크 구축과 신뢰성 구축, 매사에 최선을 다해 좋은 평판을 유지한다면, 그것이 길어진 100세 시대 신중년 N잡러가 행복하게 오랫동안 일을 할 수 있는 비결이 될 것이다.

참고문헌

- KCERN 제45차 공개포럼 자료, '1인 기업과 일자리 창출'
- 김기찬·송창석·임일, 『플랫폼의 눈으로 세상을 보라』, 성안북스, 2015.
- 동아일보 2019. 8. 26 기사
- 네이버 지식백과
- 숨고(soomgo), 유데미(Udemy) 홈페이지

저자소개

강미영 KANG MI YOUNG

학력
- 강원대학교 경영학 박사(국제경영 및 상학)
- 연세대학교 경영학 석사(인사조직관리)
- 홍익대학교 교육학과 중퇴
- 강원대학교 무역학과 졸업
- 이화여대 최고명강사과정 수료(9기)
- 광운대학교 부동산개발과정 수료(93기)

경력
- 현) 강원대학교 경영회계학부 시간강사
- 현) 일류기업연구소 책임연구위원
- 현) ㈜리치앤코 금융컨설턴트
- 현) 신한금융투자 권유대행인
- 현) ㈜삼일글로벌 대표이사
- 전) 한국산업기술대학교 시간강사
- 전) 경기대학교 지식정보대학 겸임교수

- 전) 원주시 시정모니터 역임
- 전) ㈜KSC 선임연구원
- 전) 안보경영연구원 연구위원
- 전) 천안명물능소호두과자 원주점 대표
- 전) 공군부사관 재무설계 강사
- 전) 키움에셋플래너 센터장
- 전) 대한민국 공군 대위 전역

자격
- 일반행정사
- 사회복지사 2급
- 심리상담사 2급
- 유통관리사 2급
- 무역영어 1급, 2급
- 증권투자상담사·증권펀드투자상담사
- 생명·손해·변액 보험판매자격

19장

도시재생과 생태 속 인문 산책

김동현

① 도시재생과 환경 모니터링

너부대 도시재생 2020 시민 공모 사업에 제안한 '생태 기자단'이 선정되었고 2020년 8월부터 11월까지 너부대 근린공원에서 8번의 생태 환경 취재 및 체험과 생태 환경 모니터링과 생태포럼 연구 워크숍과 생태 시와 사진 전시 등을 진행하였습니다. 그동안의 경험을 통해 많은 것을 배우고 얻을 수 있었고 도시재생이란 '지역의 가치를 높이며 일자리를 창출하는 것이다'라는 것을 알 수 있었습니다.

광명시 자치분권대학에서 도시재생학과에 입학하여 수업 중 영등포 문래도시재생센터 임현진 센터장의 사이다 같이 쉽고 시원한 도시재생 강의 내용의 일부를 정리해 봅니다.

"복지는 많이 나눠주는 것이고, 공동체는 3명에서 10명이 함께하는 것이며 도시재생은 지역의 가치를 높이며 일자리를 창출하는 것이다"라는 말을 해주었고 문래동 주민 공모사업 중 일자리 사업으로 야생초를 가꾸는 사람들 사례와 포스코와 함께한 사례를 설명하면서 도시재생 사례를 들어 이해하기 쉽게 설명해 주었습니다.

반찬 나눔과 배달은 복지사업이고, 같이 만들 사람은 공동체이며, 만들 사람들로 일자리 창출은 도시재생입니다. 특히, 주민참여심사제도에 주민들이 심사위원으로 참여하여 같이하면서 콜라보와 네트워크가 주목적이라 하였습니다. 문래동 마을 축제 때에는 마을 주민들이 즐기고 소통하다 보니 주민들이 서로 하겠다고 합니다. "주민들이 하고 싶은 사업을 태워요"라는 말씀이 인상적이었습니다.

'복을 짓는 제비' 사업은 포스코 아파트를 지을 때 제작 1위로 선정되기도 하였고 공동체는 사람을 모으고 도시재생은 도시 가치를 향상시키는 것입니다. 도시재생 사업은 다양한 실패 연습과 촉진제 사업 후 도시 생태계를 복원하는 것입니다. 도시재생 수업을 들으면서 가장 인상 깊은 내용은 시민공모 사업 중에는 많이 실패해봐야 사업에 성공할 수 있다고 하신 임현진 센터장의 말씀입니다. 시도해보지도 않고 안될까 걱정하는 것보다 힘들더라고 주민들과 시도해보면서 실패하더라도 좌절하지 않고 오뚝이처럼 다시 일어나서 도시를 자연과 함께 가꾸어 가는 것입니다.

필자는 생태 기자단 주민공모사업을 산속 너부대공원에서 진행하면서 생태 시를 쓰게 되었고 주변 꽃과 개구리와 곤충들에게 관심을 갖게 되었으며 도심 속 생태 사진들도 찍게 되었습니다. 창작교육협회에서 창작 컨설턴트 수업 중에 '생태도시 재생큐레이터'라는 창직명과 생태 수업 중 자연 동물과 사물의 이름으로 호를 갖게 되었습니다. 저의 생태 호는 많은 이들에게 힘과 원동력을 주는 마중물입니다.

② 천사 치유의 꽃길 시와 사진으로 떠나는 인문 산책 (1)

우리가 살아가는 도시에서도 시와 사진, 꽃길 등을 통해서 보다 아름답고 행복한 삶을 살 수 있다고 생각합니다. 생태 환경 수업과 환경 모니터링 수업을 진행하면서 각종 꽃 이름과 나무들과 곤충들의 이름을 하나하나씩 알아가면서 자연스럽게 떠오르는 시상을 메모해 두었다가 30여 편의 생태 시를 짓게 되었고 생태 사진을 많이 찍는 버릇이 생기기 시작하였습니다.

지하철역에서 박목월 시인의 '나그네'라는 시를 읽고 지은 '시계추 나그네'라는 자작시입니다.

나그네 - 박목월

강나루 건너서 밀밭 길을 구름에 달 가듯이 가는 나그네
길은 외줄기 남도 삼백리 술 익는 마을마다 타는 저녁 놀
구름에 달 가듯이 가는 나그네

시계추 나그네 - 마중물 김동현

시계추 돌아가듯이 버스길 내려
지하철길 따라 가는 나그네
인생길은 여러 길 사람은 외길
한산한 지하철 속 타는 속마음
시계 체인에 몸 맡겨 가는 나그네

코로나19로 도둑맞은 한 해 - 마중물 김동현

하늘이 적막할 때는 왜 기분이 우울해
지는가
저 자연은 조용히 단풍 빛 비추이네.
코로나19로 빼앗긴 평범한 일상
10월은 아랑곳하지 않고 성큼 다가오네.
이 가을 부디 건강하시길.

청주 한샘언어교육원 강미란 원장이 보내주신 자서전 수필집 『나의 퀘렌시아』라는 책 내용 중 '복고와 치유 중'에 아주 멋진 표현이 있어 암송하면서 지은 시를 소개하겠습니다. "과거란 익숙함으로 인한 위안이 되고 역설적 신선함이 주는 창조의 촉매제가 되기도 한다. 과거란 막막한 현재에 대한 성찰이자 미래에 대한 재구성이다. 익숙함과 신선함이 함께 만들어내는 새로운 에너지이리라"(출처:『나의 퀘렌시아』, 강미란, p.121).

과거란 - 마중물 김동현

과거란 몸이 친구가 되고
과거란 해님과 그림자도 친구가 되고
과거란 익숙함과 신선함이 희망의 친구가 된다.

창직교육협회 박상우 이사가 '과거란' 자작시를 보시고는 인생 이모작을 준비하는 전직자와 퇴직 예정자 교육에 인용해도 되겠냐고, 보내줄 수 있느냐고 해서 기꺼이 보내드렸습니다.

③ 천사 치유의 꽃길 시와 사진으로 떠나는 인문 산책 (2)

2020년 가을, 도시재생활동가로 유명한 1004클럽나눔학교 김완철 교장님을 초청하여 강연회를 개최하였습니다. 김완철 교장은 '포토테라피스트 찰리'로 더 많이 알려져 있는 분이기도 합니다. 그날 있었던 내용을 코리아드림 뉴스의 관련 기사 내용(2020년 10월 7일 자)을 아래에 그대로 옮겨 봅니다.

생태 기자단(대표 김동현)은 7일 오전 9시 30분 경기 광명 5동 너부대 근린공원에서 '생태 시(詩) 사진전'을 개최했다. 사진은 금빛플라워 김정화 대표의 작품

생태 기자단(대표 김동현)은 7일 오전 9시 30분 경기 광명 5동 너부대 근린공원에서 '생태 시(詩) 사진전'을 개최했다. 이날 행사는 너부대도시재생현장지원센터, 대은G2S2, 금빛플라워, 1004지구마을가꾸기, 애니포토, 노리야요리야 등에서 후원했다. 사진전은 생태 기자단이 지난 8월 1일부터 11월 7일까지 총 9회 활동을 마감하는 자리였다. 전시된 사진들은 생태 기자단이 '생태 환경 취재와 체험 활동'을 주제로 진행한 작품이다.

생태 기자단 김동현 대표는 "너부대 근린공원에서 '생태 시(詩) 사진전'을 개최하게 되어 감사하다"고 인사말을 했다.

    생태 기자단 김동현 대표는 "너부대 근린공원에서 '생태 시 사진전'을 개최하게 되어 감사하다"고 인사말을 했다. 이어 김 대표는 개미와 벌, 개구리 등을 예로 들면서 "생태는 균형과 조화다. 화분 대신에 페트병을 활용해서 작품을 전시했다. 복지가 많이 나누는 것이라면 공동체는 같이 나누는 것이다. 도시재생은 지역 나눔을 통해 일자리 창출이다"라고 전했다.

'포토테라피스트 찰리' 김완철 교수(1004클럽 나눔학교장)는
'남양주 수동골 생태 치유의 꽃길 조성과 건강 관리'에 대해서 강연했다.

　이어 '포토테라피스트 찰리' 김완철 교수(1004클럽 나눔학교장)는 '남양주 수동골 생태 치유의 꽃길 조성과 건강 관리'에 대해서 강연했다. 김 교수는 '삶의 행복 4영역'은 ▲ 삶의 의미 ▲ 건강 ▲ 가족 ▲ 일 등이 상호간에 영향을 주고 있다고 전했다. 또 '찰리의 사명 선언서'를 소개하면서 자신은 "꿈과 사랑을 나누는 마르지 않는 샘이 될 것이다. 지구 한 모퉁이를 밝히는 작은 촛불이 될 것이다"라고 전했다.

　김 교수는 인생의 황금기인 30대에 간경화를 경험했다. 이후 20여 년 동안 간경화로 시달리면서도 말기 암 환자들에게 희망을 주고 있다. 김 교수는 전국 각지를 다니며 암 환자들이 환하게 웃는 '행복 사진' 찍기 봉사활동을 하고 있다.

김 교수는 ▲ KBS '아름다운 사람들'(2011년) ▲ JTBC '찰리의 희망콘서트'(2012년) ▲ tvN '리틀빅히어로'(2012년) ▲교통방송 '찰리희망콘서트'(2013년) ▲ CTS '찰리의 행복한 포토테라피'(2014년) ▲ MBN '천기누설'(2014년) ▲CBS '새롭게하소서'(2014년) ▲ MBC '나누면 행복'(2015년) ▲ CGN '하늘빛향기'(2016년) ▲ KBS '무엇이든지 물어보세요'(2017년) 등에 출연했다.

'포토테라피스트 찰리' 김완철 교수(1004클럽 나눔학교장)는
'남양주 수동골 생태 치유의 꽃길 조성과 건강 관리'에 대해서 강연했다.

10월 7일 사진전이 열린 너부대공원은 (사)자연보호중앙연맹 광명시협의회 회원과 자원봉사 청소년 및 일반시민들 40여 명이 참여해 편백나무 30그루를 식재했다. 사진은 생태사진전을 관람한 청소년 및 자원봉사자와 생태 기자단 관계자 기념 촬영.

<광명 하늘 연 달 전통 찻집 강의 모습>

<광명 도덕파크 마을 추진단 강의 모습>

<한국작은도서관협회 정기원 이사장님과 꿈나무 작은도서관에서(좌)>
<전주 신중년 공유오피스 열정스퀘어 김현민 대표님(우)>

④ '도시 마을 생태 청사진' 생태 포럼 연구 워크숍 이야기

광명시 너부대 근린공원을 중심으로 한 '도시 마을 생태 청사진' 생태 포럼 연구 워크숍을 2020년 10월 6일 오후 6시에 너부대 근린공원에서 개최하였습니다. 원래는 너부대 근린공원 공연장에서 많은 분들을 초대하여 진행하려고 하였으나 코로나19 확산으로 대부분 모임이 중단된 시점에서 불특정 다수를 향한 포럼은 많은 무리가 있어 아쉽게도 축소된 형식의 <너부대 생태 마을 청사진 워크숍>으로 강사분들만 비대면으로 진행하게 되었습니다.

너부대 근린공원 야외 공연장의 조명은 태양광 발전이라 저녁 6시에도 컴컴해지지 않아서 조명이 들어오지 않아 너부대 도시재생 씨앗사업 현장지원센터 김경화 센터장님이 직접 핸드폰 라이트를 비춰가면서 동영상 촬영과 사진 촬영을 진행한 특별한 추억이 되었습니다. 광명5동 너부대 근린공원 입구에 있는 '노리야요리야' 김화순 대표가 호박 샌드위치와 따뜻한 국물과 오뎅을 준비해주셨습니다.

생태 연구 워크숍이 시작되기 전 축하 공연은 바이올린 전공자이면서 대나무로 직접 만들어서 일반인들도 쉽게 불 수 있게 7음계(기존 대금과 소금은 5음계)로 직접 만든 대금과 소금을 현소 김성문 선생께서 직접 연주해 주셔서 너부대 공원의 자연과 참석한 모든 분들이 힐링하는 시간을 갖게 되었습니다. 너부대 도시재생 씨앗사업 현장지원센터 김경화 센터장은 인사말로 2017년 12월 국토교통부형 도시재생뉴딜사업에 선정되었다고 소개하면서 '생태 기자단'의 너부대 생태 환경 취재와 체험 활동은 지역민들이 마을에 애착을 가지고 가꾸어 가려는 의지가 돋보인다고 하였습니다. 또한 뉴딜 사업의 성공을 위해서는 지역민들이 떠나지 않고 지역 내의 일자리를 찾을 수 있게 하는 모델을 찾고 있습니다. 지역을 지키는 마을관리 협동조합으로의 발전을 성원하겠다고 하였습니다.

필자는 생태 기자단 대표로서 "코로나19로 전 세계가 아파하고 있다. 인간의 탐욕으로 자연의 도시 생태가 점점 망가지고 있다. 이대로 가만히 있어서는 안 된다"고 강조하고 우리들 스스로 해나갈 일을 찾고 만들자고 하였습니다. 의정부에서 광명까지 왕복 3시간 걸려 어머니와 함께 생태 체험 및 환경 정화 봉사하러 온 박상귀 학생(호원중 1/발표하는 사진)의 이야기를 전했습니다. "환경 정화 봉사 때문에 광명 너부대 근린공원에 2번 오게 되었다. 생태체험 모니터링을 하면서 느낀 점은 자연과 어떻게 도시 속에서 함께 살아가야 하는지와 환경 보존의 소중한 경험을 하게 되었습니다."

언젠가 추석 특집에 나태주 시인(공주풀꽃문학관/76세)을 라디오에서 초대하였습니다.

자세히 보아야 / 예쁘다 /
오래 보아야 / 사랑스럽다 /
너도 그렇다.

'풀꽃'이라는 이 시는 무지 미워하는 자녀를 예쁘고 사랑스럽게 보기 위해 쓴 시라고 한다. "시인은 어떤 사람인가요?"라고 진행자가 나태주 시인에게 묻자, "시인은 타이타닉 영화에서 침몰하는 배에서 승객을 위해 힐링을 연주하는 악사들과 같다"라고 대답했다.

코로나블루로 우울하고 힘들어하는 이 시기에 시인들의 시와 자연과 함께 위로받길 바란다고 답하였습니다. 나태주 시인의 2020년 산문집처럼, "가을이다. 부디 아프지 마라"라는 소원을 빌어봅니다.

생태포럼의 〈너부대 생태 마을 청사진 워크숍〉 주요 프로그램 내용은 다음과 같았습니다.

강사 1: 임영동/ 우주와 인간관계의 생태 공존의 현실
강사 2: 안성환/ 광명시 환경단체와 도시재생 시정 현황
강사 3: 임무자/ 다양한 문화, 다양한 생명 생태
강사 4: 최효근/ 4차원 시대의 도시 발전과 마을 환경관계
강사 5: 설은주/ 도시 속 먹거리와 공해 위험
강사 6: 문영미/ 너부대 마을 생태 봉사의 저변 과제
강사 7: 최생금/ 도시재생의 생태에 시민 여론 관심

특히 인상 깊었던 것은 임영동 교수의 〈우주와 인간관계의 생태 공존의 현실〉 시간에 미국의 공리주의 철학자 윌리엄 페일러(1743~1805) 같은 사람은 "우주는 마치 누군가 시계처럼 만들어 놓은 것 같다"고 까지 하였습니다. 또한 임영동 교수가 제안하는 생태 공존의 대안과 실천은 이렇습니다. 도시 계획은 자연과 현대 문명이 잘 조화를 이루어 나가야 할 것입니다. 그것은 자연을 통해서 우리의 삶을 배우고 그 지혜를 습득하는 일입니다. 인간 사회는 절대로 자연을 떠나서는 건강해질 수 없습니다. 또한 어떤 경계를 지어 따로 서는 일도 건강하지 않습니다. 자연의 숲에서 모든 곤충들과 생물들과 함께 살아가는 법을 강구해 내야 합니다. 우리의 대안은 곧 작은 것으로부터의 실천입니다. 즉, 생태계 개체수의 관찰입니다.

첫째, 나무 꽃 등 같은 식물들을 하나하나 관찰하는 일입니다. 즉, 개체 수를 관찰하는 일입니다. 두 번째로 곤충들 양서류들을 관찰하는 일입니다. 청개구리, 매미, 딱정벌레, 호박벌, 여러 종의 나비 등의 개체 수들을 관찰하는 일은 매우 중요합니다. 도시 계획으로 인하여 임대주택보호법도 중요하겠지만, 멀리 보면 생태계 보호가 얼마나 우리에게 중요한 일인지 모릅니다. 우리들의 집은 콘크리트로 된 칸막이가 아니라 생태계라는 자연 자체 안이 우리들의 집입니다. 우주가 하나님이 창조 질서에 따라 움직이듯 우리 역시 이 생태계와 함께 창조주의 질서를 생각하고 함께 살아가는 법을 배워야 할 것입니다.

지금 북극곰은 물속에서 먹이를 잡고 올라오면 빙하가 녹아 떠내려가서 그 빙하 쪽으로 가다가 지쳐 익사한다는 소식이 있습니다. 인간 사회가 척박하고 혼탁할 때 우리가 살길은 자연을 통해 지혜를 얻으며 함께 살아간다는 것이 무엇인지 배워야 합니다. 사과 하나 먹을 때도 소독약을 뿌린 예쁜 사과보다 벌레 먹은 사과가 더 좋은 것임을 알아야 합니다. 본래 생태계는 자연적으로 그 개체 수를 잘 조절하며 살아왔습니다. 놀랍게도 하나님의 섭리는 그렇게 자연 가운데에서 작동하고 있었던 것입니다. 이 일에 광명 생태마을센터가 앞장서서 자라나는 아이들과 학생들에게 생태계와 함께 살아가는 삶이 행복한 삶이라는 것을 가르쳐주며, 우리의 미래는 이 생태계의 건강에 달려 있다는 사실을 일깨워줘야 할 것입니다. 이러한 운동이 광명시는 물론 수도권 전 지역에 퍼져나갈 수 있기를 희망합니다.

그날 생태 포럼 연구 워크숍 관련 코리아드림뉴스의 기사 내용(2020년 10월 6일 자)을 아래에 그대로 옮겨봅니다.

생태 기자단(대표 김동현)은 10월 6일 오후 6시 광명시 너부대 근린공원에서 '생태포럼 연구 워크숍'을 개최했다. 사진은 생태포럼 관계자와 발표자들은 기념 촬영한 장면.

도시재생은 낙후지역에 활력을 불어넣어 도시를 살리는 것이다. 경기 광명에서 도시재생과 생태에 대한 연구발표를 갖는 워크숍이 열렸다. 생태기자단(대표 김동현)은 지난 6일 오후 6시 광명시 너부대 근린공원에서 '생태포럼 연구 워크숍'을 개최했다. 이날 생태포럼 워크숍은 실내가 아닌 너부대 근린공원 야외무대에서 진행됐다. 행사를 주관한 '생태 기자'팀은 <너부대 생태환경 취재와 체험 활동>이라는 주제로 너부대 근린공원을 중심으로 식물, 곤충 등 생태 환경을 관찰하며 모니터하고 기록하는 활동을 해왔다.

김동현 대표(도시재생 주민공모사업 생태 기자단)는 "오늘 너부대 근린공원에서 진행하는 생태포럼에 패널로 참여해주신 분들에게 감사하다"고 소감을 전했다.

이날 시작은 김동현 대표의 인사말로 시작되었다. 생태포럼을 갖게 된 것에 대해 김동현 대표(도시재생 주민공모사업 생태 기자단)는 "생태 체험과 환경 정화 봉사를 위해 의정부에서 광명까지 어머니와 함께 참가한 중학생의 사연을 소개"하며 "오늘 너부대 근린공원에서 진행하는 생태포럼에 패널로 참여해주신 분들에게 감사하다"고 소감을 전했다.

발제 진행을 맡은 박종력 대표(대은 G2S2)는 "생태포럼을 통해서 도시재생 생태 문제의 가치와 의미를 찾아보고자 했다"고 전했다. 박 대표는 "너부대 도시재생은 현재 도시에 대한 새로운 차원에서 더 나은 가치를 발견하고 실현하기 위한 것이다. 금번 도시재생 공모사업 주제로 '너부대 생태 마을 청사진'이란 포럼을 준비하게 됐다"며 "코로나19로 인해 대부분 불특정 다수를 향한 포럼은 많은 무리가 있어 축소된 형식의 '너부대 생태 마을 청사진 워크숍'으로 변경해 준비하게 됐다"고 말했다.

첫 번째 패널로 임영동 교수(백석대)는 '우주와 인간관계의 생태 공존의 현실'에 대해 발표했다.

첫 번째 패널로 임영동 교수(백석대)는 '우주와 인간관계의 생태 공존의 현실'에 대해 발표했다. 임 교수는 '우주 질서의 신비'와 '인간 사회의 현실적 문제' 등을 거론하면서 "자연 보호는 생태계 관찰이 필요하다. 작은 곤충의 개체 수 등이 보존되면 좋겠다"고 밝혔다.

생태포럼 연구 워크숍을 마치고 생태포럼 관계자와 발표자들은 기념 촬영하는 시간을 가졌다.

⑤ 생태 환경 모니터링과 사례들

1) 남양주 수동골 담배꽁초를 매일 400개씩 줍는다(포토테라피스트 김완철(찰리) 사례)

남양주 수동골에 가면 천사들이 사는 마을이 있다. 그중에 김완철 1004나눔학교장을 소개하겠습니다. 김완철 씨는 남양주에서 10년간 치유 꽃길과 시와 사진전을 진행해왔으며 매일 매일 자전거를 타면서 담배꽁초를 400개 이상을 주워 버스정류장 옆 펜스에다 비닐봉지에 매달아 놓았더니 정류장 주변이 깨끗해졌습니다. 앉았다 일어났다 매일 담배꽁초를 주우면서 운동을 해서 허리 디스크도 수술하지 않고 낫게 되었다고 합니다.

처음 요양원에 입원했을 때 환우분들의 마지막 웃는 모습을 사진에 담고자 카메라를 대자마자 돌을 집어 던지면서 심한 말을 많이 들었다고 합니다. 그러나 지금은 인물 사진과 동영상 인터뷰를 찍는다고 하면 모두 다 환하게 웃는 모습들로 수동골에서 서로 반기는 분입니다.

사진을 잘 찍고 시도 잘 쓰고 상담과 봉사도 열심히 해서 불리는 다른 이름이 포토테라피스트입니다. 2030 지구 생태 문화 마을 가꾸기를 하며 삶의 의미를 찾아 떠나는 지구별 여행자 김완철 씨에게 사진은 추억이고 기록이면 역사입니다. 그는 매년 겨울에는 산타클로스 할아버지 옷을 입고 혼자 사는 아이들에게 꿈과 사랑을 전달하기도 합니다.

<'소울아이' 찰리의 시와 사진>

<남양주 생태 시와 사진전 강의 모습과 단체 사진, 소소한 카페>
<남양주 시와 사진전 배경 단체 사진>

2) 광명에 도시행복공동체를 꿈꾸다(대은G2S2 도시 생태 및 숲해설가 박종력 대표)

광명7동에 사는 박종력 대표는 1999년 광명에 터전을 잡고 2021년 현재까지 도시행복 공동체를 꿈꾸며 비영리단체법인 〈대은G2S2〉를 설립 운영해왔습니다. 한국청소년멘토링연맹을 설립해서 푸드마켓과 작은 교회와 소외 계층 봉사와 효봉사 교실을 운영하고 도시 생태 및 숲해설가로 활동하고 있으며 자연 닉네임은 샘물입니다. 주요 저서로는 『도시 속 생태 스토리(지투)』, 『부르시고 작게 쓰심(종려나무)』, 『생태 산책 생명 메시지(종려나무)』 등이 있습니다.

3) '화탐봉접'이란 말이 있다 (산아저씨 류승철 농부)

산아저씨 류승철 씨의 〈산아저씨의 숲이야기〉에 보면 화탐봉접에 대한 다음과 같은 이야기가 나옵니다.

〈사랑가〉의 가사에 탐화봉접[01]이란 말이 나온다. 벌과 나비가 꽃을 찾는다는 말이다. 단순히 생각하면 맞는 말로 보인다. 꽃은 움직일 수 없고 봉접[02]은 스스로 움직일 수 있으니 틀렸다 할 수 없다. 그러나 스스로 움직이지 못한다고 해서 식물을 수동적이라고 생각하는 것은 식물에 대한 옳은 관찰이 아니다. 식물의 입장에서 보면 동물이 오히려 수동적이다. 동물의 행동을 조종하고 유도하는 것이 식물이기 때문이다. 식물은 지휘관이고 동물은 지휘에 따라 움직인다. 이것이 식물과 동물의 사회관계를 바로 본 사실이다.

---

01) 탐화봉접(探花蜂蝶):【명사】꽃을 찾아다니는 벌과 나비라는 뜻으로, 사랑하는 여자를 그리워하여 찾아가는 남자의 비유.
02) 봉접(蜂蝶):【명사】벌과 나비.

사람들은 벌과 나비가 꽃을 찾는 것이라고 한다. 스스로 뜻에 따라 움직이는 매개자가 꽃을 찾는 것은 당연하다. 단순한 관찰로 보면 탐화봉접이 옳게 보인다. 그러나 한 발 더 들어가 이 관계의 실상을 보면, 벌이 찾았다기보다 꽃이 벌을 불러들였다는 사실과 만나게 된다. 탐화봉접이 아니라 화탐봉접이라 해야 바른 이해이고 관찰이다.

'꽃들아, 너희들이 꿀을 만들면 우리가 갈게'와 '여기 꿀이 있으니 너희들은 와서 먹으렴.' 이 둘의 사이에 어느 쪽이 더 설득력 있는 사회관계라고 생각하는가? 두 논리에 누구라도 후자를 택할 것이다. 탐화봉접이 아니라 화탐봉접이 옳다.

<정태구 벌꿀 농장 체험 후 단체 사진>

<밀랍초 배한성 교장선생님과 함께>

이 이야기에서 보듯이 도시재생과 환경 문제를 보는 시각도 '화탐봉집'의 관점에서 보는 것이 어떨까 싶습니다. 왜 오지 않느냐가 아니라 안 오면 안 되는 곳으로 만들어갈 필요가 있습니다. 인간은 도시 속에서 자연과 함께 살고 있습니다. 인간이 환경을 파괴하고 그러나 우리가 환경을 되살리고 생태계를 회복하고 우리 인간이 조금만 더 생태와 환경에 신경을 쓰고 주변에 관심을 가지고 도시 생태계를 되살린다면 살기 좋은 도시가 될 것입니다.

살기 좋은 곳을 찾아 떠나는 것이 아니라 우리가 살고 있는 곳을 잘 가꾸는 것이 최고일 것입니다. 도시 생태 환경이 좋으면 사람들이 모여들 것입니다. 그리고 함께 사는 사람들의 삶의 질도 높아지고 보다 행복한 삶을 누릴 수가 있습니다. 그러므로 도시재생과 생태 환경을 위해서 민관이 더욱 협치하여 파괴된 환경을 복원하고 재생하는 일이 절대적으로 필요합니다.

저자소개

김동현 KIM DONG HYUN

- 광명시 인문생태기자단 대표로 활동하고 있으며 광명시문화관광해설사이자 광명시 시정협치협의회 돌봄복지분과장과 광명시 소하2동 주민자치위원회 복지봉사분과 위원으로 활동하고 있다.
- 광명시 평생학습원 신중년동아리회장과 세움작은도서관 관장을 역임했고 신중년 고독사 예방 사업인 뉴라이프키퍼 대표로 활발하게 활동 중이다.
- 창직교육협회 이사이자 창직컨설턴트이며 한국학습코칭협회 이사로 활동하고 있다.
- 세종로포럼 인재육성위원장과 김종수성공아카데미 7기 총무를 맡고 있다.

- 생태 시와 사진 전시를 찾아가서 다수 진행했으며 앞으로 전국 투어와 해외 탐방과 강의 계획 중이다.
- 국내·외 생태 환경 모니터링 사례와 생태 숲과 인문 독서에 관심이 많으며 '도시생태 인문 리더' 양성에 힘쓰고 있다.
- 『인문퍼실리테이터(7월 미정)』와 『복지모니터링과 돌봄(11월)』을 출간 계획 중이다. (인문생태기자단 대표 김동현: 010-6230-2801 / douglas1002@hanmail.net)

20장

N잡러는 네오피안이고 뉴노멀이다

이준호

① N잡러는 네오피안이고 뉴노멀이다

'네오피안'들인 'N잡러'들은 실무·실전성으로 무장하고 세상의 뉴노멀로 사람들과 세상의 새로운 롤모델이 되며 중심이 된다. N잡러들의 생태계와 N잡러들의 전략, N잡러들의 미션을 중심으로 위드코로나 긱 경제(Gig Economy) 시대에 신중년들이 생존하고 공존하며 새로운 역사의 주인공으로 우뚝 서는 데 필요한 실무 지식들과 실전 중심 지략의 체득이 필요하다.

1) N잡러 생태계 속 지식 창조하는 실천가들

경제 활동을 한다는 것은 일을 통해 자신의 몸값을 높이기 위해 전문성과 커리어를 개발해가는 것으로 직장인들이 가장 안정적인 삶을 살아가는 시대였다. 영국의 노동 개혁 '좋은 노동(Good Work)'에도 이런 문제의식이 담겼다. 보고서는 긱 경제의 성장을 위해서는 각 노동자의 권익을 보호해야 한다는 점에 주목하여 '노동시간 고정계약을 요구할 권리', '영국 최저임금위원회(LPC)의 보호 받을 권리' 등을 보장해 긱 근로자들이 적절한 사회적 보호를 받을 수 있도록 하자는 내용을 담고 있다.

(1) 프리에이전트(Free Agent)

아무 데도 매이지 않은 사람, 미국의 미래경영학자 대니얼 핑크(Daniel H. Pink)는 21세기 자유롭게 자기 삶을 조절하며 일하고 여가를 즐기는 프리에이전트 시대의 도래를 예견했으며, 실사례들을 연구해 책을 집필하기도 했다. 『미래를 읽는 8가지 조건』의 저자 마티아스 호르크스(Matthias Horx)는 '프리에이전트'란 일과 삶을 나누어 살지 않고 이를 일치시켜 즐겁게 살아가는 사람들이라고 말한다. 그들에게 일은 일차적으로 생계 수단이 아니라 정신세계의 외적 표현이며 자기 존재의 상징이다. "그들은 스스로 정의 내린 성공을 위해 일하며 독립 노동자이면서 1인 기업가로 살아간다"고 정의하고 있다.

(2) N잡러

2개 이상 복수를 뜻하는 'N'과 직업을 뜻하는 'job', 사람을 뜻하는 '~러(er)'가 합쳐진 신조어로 '여러 직업을 가진 사람'이란 뜻이다. 본업 외에도 여러 부업과 취미 활동을 즐기며 시대 변화에 언제든 대응할 수 있도록 전업(轉業)이나 겸업(兼業)을 하는 이들을 말한다.

(3) 긱 경제(Gig Economy)

빠른 시대 변화에 대응하기 위해 비정규 프리랜서 근로 형태가 확산되는 경제 현상. 1920년대 미국에서 재즈 공연의 인기가 높아지자 즉흥적으로 단기적인 공연팀(Gig)들이 생겨난 데서 유래한 말이다.

2) N잡러 트렌드는 '긱(Gig) 경제'에 기반을 둔 뉴 아웃소싱 생태계다

긱은 1920년대 미국 재즈클럽에서 연주자들과 단기로 계약을 맺던 것에서 유래한 말로, '임시직'을 뜻한다. 빠른 시대 변화, 기업의 영속성 약화, 산업 간 경계가 흐려지는 '빅 블러(Big blur)' 현상, 융합형 인재 요구, 고용 없는 성장, 고용의 유연화(정규직의 종말), 스마트워크 등의 특징을 가진 4차 산업혁명 시대가 도래하며 창작자, 창업가 등 자기 고용(Self-employment) 형태의 직업인들이 주목받게 되었다.

고용 형태와 비고용 형태로 일자리가 나뉘고 있다. CEO가 되어 많은 사람을 고용하는 형태의 비즈니스를 하는 부류의 사람들과 스스로가 스스로를 고용하는 관점에서 자신이 원 없이 해보고 싶은 일들을 추진하는 부류의 사람들이다. N잡러는 직장인과 비직장인의 경계를 넘나들며 자신이 하고 싶은 일들을 적극적으로 추진력 있게 해가는 부류의 네오피안들이다. 30대 직장인들 중 낮에는 직장인, 밤에는 CEO, 주말에는 재능기부 강연까지 1인 3역 이상 하는 지식창조 실천가들이 점점 증가하는 추세다.

3) 좋은 노동 경제학 맥킨지의 예측된 부가가치

세계적인 추세로 평가된다. 컨설팅 기업 맥킨지에 따르면 오는 2025년까지 긱 경제가 창출하는 부가가치는 전 세계 국내총생산(GDP)의 약 2%에 해당하는 2조 7,000억 달러에 달할 것으로 내다봤다. 또한, 전 세계 5억 4,000만 명 정도가 단기 일자리를 통해 실업 기간 단축이나 추가 소득 확보가 가능할 것이란 전망이다. 긱 근로자 수가 110만 명으로 전체 생산가능인구(15~64세)의 2.6%까지 늘어난 영국은 지난 2월 긱 경제 시대를 대비한 노동개혁 계획을 담은 〈좋은 노동(Good work)〉 보고서를 발표하기도 했다.

N잡러들의 공통 관심사는 유튜버, 크리에이터이다. 하지만 이미 비직장인으로 활동하고 있는 N잡러들은 파트타임, 프로젝트 형태로 여러 기업들과 동시에 일하는 프리랜서, 멀티잡 형식의 N잡러들로서 부가가치를 창출하고 있다.

② N잡러가 되고자 하는 이유

1. 업무 자체가 재미있어서 또는 남는 시간을 활용
2. 수입을 보충하기 위해
3. 스스로 일정 관리가 가능해서
4. 거주나 활동의 제한으로 독립형 일자리가 필요해서
5. 관련 업종에 대한 경험을 쌓기 위해

4차 산업혁명과 인공지능(AI)의 기술이 실생활에 정착되면서 일인다역을 하면서 수익 구조를 다양화하고 지식근로자로서의 N잡러들은 창작가 닉네임 브랜딩, 컨설팅, 교육, 기관 멘토링, 조직 코칭, 진로 및 직업 멘토링, 취업교육, 취업컨설팅, 저자, 공동의 프로젝트 등 다양한 비즈니스탤런트로서 해야 할 역할들을 재정립하고 뉴 포지셔닝을 선점해가며 억대 연봉을 구축해가고 있다.

절대 시간은 늘 유한하다. 시간 절감, 비용 절감, 고관여 자문컨설팅, 수익 구조 개선, 브랜드 창출, 매출 신장에 관한 기업의 니즈는 언제나 정해져 있다. 무엇보다 중요한 것은 기업 CEO들의 의식 구조에서 내부 직원들의 한계점을 인정하고 외부 실무전문가들의 적극적인 수혈을 통해 지속성장이나 지금처럼 코로나19 사태의 최악의 위기 극복을 위한 코로나 넥스트 뉴 비즈니스 모델, 신사업 설계, 신상품 개발, 조직 혁신, IMC 브랜드마케팅 전략 입안, 차별화된 마케팅 프로그램 발굴 등에 실무전문가들인 N잡러들을 선호한다는 것이다.

③ 기업과 공동 프로젝트를 펼쳐가기 위한 N잡러 트레이닝 요건들

40대 이후의 전직자나 경력 단절 기업의 예비퇴직자들은 프리랜서 창업 1인 기업 창직 퍼스널 브랜더가 되기 전에 자신의 사회적 강점 역량을 재발견하고 무엇이든 배워야 한다.

- 꿈 선포 및 인생 설계: 개인 진단, 역량 진단, JOB 진단, 비즈니스 스킬 진단
- 창업 교육 및 시뮬레이션 교육
- 경영 시뮬레이션 교육 및 코칭
- 창직 교육(뉴 카테고리 발견 및 창출)
- 퍼스널 브랜딩 교육
- 리더십&팔로워십 교육

- 프로젝트 매니저 및 퍼실리테이션 교육
- 4차산업 및 유튜브, 크리에이터 교육
- 인공지능과 인간지능 공존의 skill 체득
- 연대비즈니스, 융합비즈니스, 조합비즈니스 체득
- 기획, 영업, 마케팅, 관리, 회계, 행정, 세금 관련 지식 체득
- 컴퓨터&디자인 활용 능력, 디지털마케팅 적용 능력, SNS 운영 능력 체득
- 지식인 자신 몸값 견적, 프로젝트 견적 내는 법 체득
- N잡러 시대에 연대 및 융합을 통한 조합비즈니스 '오더메이커' 병행 실천법 체득

위 모두의 핵심은 수익 구조의 다양화와 지속적인 수익을 창출하는 것이다. 또한, 모두가 영업과 디지털마케팅 스킬은 기본이다.

필자가 2010년 이후 실천해온 컨설팅, 교육, 코칭, 멘토링 그리고 컨설케이션 역할을 통해 강의하고 컨설팅을 축적해온 N잡러에 필요한 비즈니스 달란트 핵심 영역들이다.

N잡러로 재정립된 퍼스널 브랜더로 스스로 고용하고 전방위적인 비즈니스 전개를 통한 오더메이커가 되고 싶다면 '디큐브N잡러센터'에서 운영하는 N잡러들을 위한 재교육과 컨설팅의 도움을 받아보는 것도 좋을 것이다.

④ 이너서클을 창출하라

비즈니스는 이미 고도화되었고, 비즈니스 혁신의 속도는 4제곱이 되었다. 자신이 생각한 것이 디지털 세상 어딘가에서 자신의 속도의 4제곱으로 진행되고 있다고 상상해보라. 멈칫멈칫할 시간이 없다는 이야기다. 시장의 크기와 N잡러 함께 주도하는 지향점을 정했다면 모든 것을 재정립, 재교육, 재컨설케이션을 받고 스스로 함께 더 크게 체득하여 산 정상에 올라가는 게 '정도'이니, 지름길이 아닌 에움길을 갈지라도 함께 뛰어가며 산의 풍경을 오르고 내리며 보는 기쁨을 즐기며 누리는 N잡러가 되어보는 것은 어떨까?

필자가 창직가 닉네임인 시너지플래너(Synergy planner)의 역할을 준비하고 시작한 것은 2002년부터였고 N잡러로 일인다역을 실천하기 시작한 것은 2010년부터였다. 지식근로자로서의 N잡러 범주적 우선순위와 비즈니스 직업 분류는 다음과 같다.

- 메인잡 3가지(IMC마케팅 전문컨설팅, 기업 맞춤 교육, 취업준비생 전문 트레이닝)
- 써브잡 4가지(CMO 사외이사, CSO 사외이사, 칼럼니스트, 방송 출연)
- 연대잡 3가지(집합 교육, e러닝, 진로 및 직업 혁신 교육 및 코칭)
- 창직잡 2가지(시너지플래너, IMC마케팅컨설케이터)
- N잡러들과의 공동프로젝트(O2O 성취 플랫폼 창조 구상 구축 중, 기관 기업 대학교 맞춤 교수 설계 및 교육 진행 수행)

2000년 평생직장의 종말이 시작됐고 2010년 평생직업의 종말도 시작됐으며 2020년 코로나19 사태 이후에는 7~8개의 직업을 평생 순차적으로 거치는 시대도 이제 종말을 고해야 한다. 이러한 변화는 다니엘 핑크가 2000년 초반에 주창한 프리에이전트 시대가 현실이 되어가고 있음을 보여준다.

12가지 이상의 직업적, 비즈니스적, 뉴비즈니스적 역할의 재정립, 프로세스화, 계약서화, 프로젝트화, 사후관리화를 통해 적극적이고 진취적인 기업들의 '조언자(조력자)' 차원을 넘어 N잡러 연대 비즈니스를 통해 기업과 자의적 합의된 공동의 지향점으로 견인해가는 '견인자'로서의 N잡러가 된다면 머지않아 경제적으로 고액의 연봉을 창출해가는 '퍼스널 브랜더'가 되어 있을 것이다.

⑤ 45세 이후 조기퇴직자들, 처음부터 N잡러로 지향점 잡고 도전해야

직장생활을 하다가 45세 전후 인생 후반전을 준비하는 X세대들이 점점 늘고 있다. 평생직장의 시대도, 평생직업의 시대도, 사회나 국가가 보장해주는 시대가 아니라는 것을 X세대는 IMF와 금융 위기 등 두 번이나 경험했다. 현재 청년세대부터 실버 세대까지 다양한 머니파이프라인을 구축하여 경제적 자유를 누리고자 하는 열풍이 일어나고 있고 유튜브의 대부분은 이와 같은 다양한 머니라이프라인을 충족해줄 만한 콘텐츠와 지식으로 넘쳐나고 있다.

2000년대 초반부터 평생직업의 이슈는 존재했지만 2021년을 살아가고 있는 사람들은 그들의 의지와는 상관없이 N잡러 이슈에 부합하는 투잡, 쓰리잡, N잡까지 해야만 하는 상황에 몰리고 있다. N잡러 경제가 트렌드로 자리 잡아가는 이유는 다음과 같다.

- 2020년 코로나 이슈
- 52시간 근무제 영향(직장인 평균 주5일 40시간)
- 실업률의 증가
- 은퇴 나이의 단축
- 4차 산업으로 인한 일자리 축소
- 디지털과 유튜브 활성화

맞벌이를 해도 높아만 가는 가계 대출의 원금과 이자를 갚아가며 살기에는 현실적으로 역부족인 가정들이 점점 늘어나고 있다.

생계형 N잡러들의 사례들은 이제 자연스럽게 접할 수 있다. 어느 연극인의 N잡러 사례를 보면, 자신의 꿈인 연극을 회당 3만 원 정도 받아가며 출연했는데 코로나19로 인해 그 일자리마저도 횟수가 줄어들다 보니 4인 가족의 가장으로 살아가기 위해 연극 무대 인테리어, 실내 인테리어, 대리운전까지 아르바이트를 하면서 살아가는 현실이다. 45세 이후 남성의 경우 대리운전 투잡에서 이제는 택배나 라이더까지 투잡을 할 수 있는 직종의 범위도 점점 느는 추세다.

⑥ N잡러들의 유형

1. 24시간을 쪼개고 쪼개어 주 단위로 할 수 있는 아르바이트로 쓰리잡 이상을 하는 유형
2. 다재다능함으로 전자책(PDF), 줌강의, 라이브방송, 줌코칭, 줌컨설팅, 저자로 활동하는 유형
3. 네이버 스토어팜을 중심으로 디지털 판매와 디지털 라이브 방송을 통해 제품까지 파는 유형
4. 공유 주방을 활용하여 간편 조리 식품, 음식 배달을 전개하는 유형
5. 유튜브 채널을 1개에서 많게는 10개 가까이 운영하면서 유튜버, 크리에이터 활동으로 광고 수익을 창출하는 유형
6. 사외이사, 자문, 고문 역할들을 여러 군데 하면서 코칭, 자문컨설팅 등으로 지식컨설팅과 교육을 전개하는 유형
7. 낮을 중심으로 하는 주 40시간은 직장인으로 나머지 아침, 밤, 토요일, 일요일에는 창업 사업자로 자신의 사업을 전개하는 유형

직원을 20~30명 이상 두고 유튜브를 중심으로 스타마케팅을 전개하듯이 전문적인 유튜버, 크리에이터를 하는 사람들은 사실 N잡러라고 하기 어렵다. 그들은 그저 자신의 인지도를 활용하여 유튜브 광고 수익을 기반으로 한 부가 수익을 창출하는 형태의 기업가형 스타일의 비즈니스 모델일 뿐이다.

전 연령대에 걸쳐 더 이상 한 가지 직업이나 비즈니스 모델로는 살아남기 어렵다는 것을 뼈저리게 체감하며 살고 있다. 가장 큰 문제는 자영업을 하는 남성들이 더는 물러설 곳이 없어 택배나 라이더로의 일자리로 급속하게 이동하고 있다는 것이며, 여성 자영업자들은 이런 일자리마저

도 여의치 않아 쉴 수밖에 없다는 것 또한 사회적 갈등의 요소로 급부상하고 있다.

실물경제와 주식지표 가치의 양극화는 실업자, 퇴직자, 일거리가 없는 자영업자, 수요가 없는 기업들에게 더욱더 큰 상실감과 불안을 안겨주고 있는 것이 현실이다.

⑦ 이미 거스를 수 없는 대세가 된 일자리 창출의 N잡러 전략

N잡러로 살아가는 것은 이제 자연스러운 문화로 정착되는 원년이 될 것이다. 스스로의 강점을 기반으로 전문성을 더해 살았던 지식인들과 기업의 인사부 관계자들의 설 자리조차 더더욱 없어지고 있는 추세다.

1) 다능박식함으로 N잡러가 되기 위한 전략

(1) 콘텐츠 구축 전략

타인의 콘텐츠를 기획 PPT로 정리해 강의하는 수준에서 자신만의 실무실전성을 살려낸 원청 콘텐츠를 전자책(PDF)과 종이책으로 집필하고 미래지향적으로 고객들이 필요로 하는 지식들과 지혜들이 반영된 지식들로 재무장한다. 오프라인 강의, 온라인 강의, 줌강의, 블로그, 페이스북, 유튜브, 인스타그램, 출판, 무크지(책+잡지) 출판, 자신의 이름을 건 잡지 출판 등으로 다양한 머니파이프라인의 콘텐츠 설계를 한다.

(2) 디지털 마케팅 전략

웹 반응형 홈페이지를 구축하고 자신만의 강의 프로그램, 코칭 프로그램, 컨설팅 프로그램, 컨설케이션 프로그램들을 페이스북과 인스타그램의 카드뉴스화, 블로그 콘텐츠화, 언론보도자료화, 상세페이지화, 배너 광고화로 준비하고 카톡 중심의 쌍방향 디지털마케팅을 고도화시켜나간다.

(3) 협력과 연대 전략

박사급 지식보다는 실무실전지식을 선호하는 기업, MZ 세대, 실버 세대 등 다양한 타깃에 부합하는 방식으로 콘텐츠를 세분화시키고 시간 단위로 체계화시켜 타 지식인들과 조합하는 프로그램들을 실시간적으로 만들어낼 수 있도록 자신의 지식들을 15분, 30분, 1시간 단위로 세분화시키고 PPT로 장표화해 조합하여 새로운 강력한 집단지성의 콘텐츠를 창출해간다.

(4) 창직과 창업

창직은 자신의 강점을 기본으로 미래지향적인 역할 중심의 새로운 직업군을 신조어, 합성어, 외래어의 조합, 미래지향적인 정의 등으로 자신만의 차별화된 닉네임을 정의한다. 그리고 이에 부합하는 창직의 직무기술서를 선 기술하고, 자신이 원하고 잘해낼 수 있는 비즈니스 모델 구현을 통해 창업과 연계한다.

(5) N잡러의 지향점은 퍼스널 브랜더

예전처럼 기업에 속한 이름 석 자와 직함의 패턴이 아니라 필자처럼 창직의 닉네임으로 여러 기업을 견인하고 리드해가며 실무전문성과 미래지향성을 가지고 기업을 견인해가는 퍼스널 브랜더가 되어 사람들과 세상을 끌어가기 시작했다.

2) 신중년들이 N잡러가 되기 위해 선행해야 할 일들

- 기존의 경력사항을 정리하고, 각각의 포지션에 따른 직무기술서를 NCS 기준에서 직접 정리해본다.
- 인생 2막 이상의 인생 설계를 다시 정립하고 꿈 너머 꿈의 정의까지 내려본다.
- 예전의 영광, 상처 등을 내려놓고 비운다.
- 앞선 사람들에게도 배우지만 나이 어린 후배세대들에게 배우는 것을 두려워하지 않는다.
- MZ 세대들과 소통하고 그들에게서 앞선 컴퓨터 활용 능력, 디자인 능력, 영상 촬영 및 편집 능력, 유튜브 개설과 송출 능력들을 배운다.
- 후배 세대들과 자신이 하고자 하는 N잡러들의 주 타깃의 고객들과 세대들의 트렌드 워칭을 한다.
- 창직, 창업, 퍼스널 브랜딩, N잡러로 활동하고 있는 앞선 사람들 모두를 선배라 정의하고 시간 약속을 하고 찾아가 한 수 배운다.
- 책, 논문, 검색엔진, 유튜브의 간접지식들을 자신의 것으로 만들기 위해 독학 노트를 준비하고 노트 상단에 날짜를 적고 메모해가며 공부한다.
- 사무실 공간을 얻기 전에 무인 스터디카페 같은 곳에 가서 자신만의 시간을 가지고 과거를 정리하고 현실을 직시하듯 체크해보고 인생 미래를 설계해본다. 그곳에서 공부하는 지식인으로서 N잡러인 당신의 주 고객층들의 라이프스타일도 관찰하고 정립해본다.

- N잡러로서의 창직, 퍼스널 브랜더 사용설명서 같은 소개서를 준비한다.
- 자신의 직무 관련, 창업, 창직, 퍼스널 브랜딩 관련 교육 모두를 직접 찾아보고 유료 교육일지라도 모두 받아보고 자신의 경력과 경험을 기반으로 미래지향적이고 수요가 예측되는 N잡러의 직무들을 결정한다.

⑧ 퇴직 2년 전부터 N잡러에 관심을 가지고 준비하고 도전하자

퇴직 2년 전부터 N잡러의 설계를 하고 한국의 잘 되어 있는 실업급여 복지의 혜택을 받고 있는 시간이라면 취업 및 이직, 창업 관련 교육 등은 무료로 들을 수 있는 것도 많다. 이런 혜택을 적극적으로 활용해보는 것을 권한다.

디큐브N잡러센터에서는 '너도강사 나도강사 프로그램'을 운영하고 있다. 이 프로그램은 2인 이상이면 서로 강의할 수 있는 주제를 정하고 모인 사람들끼리 자신이 가진 지식들을 재능 기부한다는 마인드로 강의 공유를 하는 프로그램들이며, '재능기부미디어-북쇼TV'는 책 저자들을 중심으로 한 유튜브 채널로 코로나19라는 위기 시대에 전 세대를 아울러 N잡러를 준비하는 사람들에게 알찬 지식과 가치 있는 정보들을 공유하고 있다.

⑨ N잡러 미션, 콘텐츠와 스킬업으로 일인다역의 자신감을 단계적으로 키운다

위드코로나 시대에 비대면은 이제 자연스러운 일상이 되었고 언택트 기술을 기반으로 하는 유튜브, 원격교육, 배달, 게임, OTT(Over-the-top media service) 관련 산업은 지속적인 성장세를 보이고 있다. 또한, MZ 세대 직장인들은 주 40시간 외에 저녁과 토요일, 일요일 등을 활용해 투잡, 쓰리잡을 하는 부류의 사람들이 점점 늘어나고 있다. 직장인인 동시에 창업, 스타트업의 대표로 사는 사람들 역시 N잡러들이 점점 많아지고 있다. 예를 들어, 백종원 대표는 프랜차이즈 본사만 20여 개 이상 가지고 있고 국민 외식업 멘토로 한국의 골목상권에 아낌없이 자신의 노하우와 레시피들을 알려주며 재능 기부를 하는 등 경영자로서의 전문성까지 모두 가지고 있는 대표적인 N잡러의 표상이다.

한국의 계열사를 많이 가지고 있는 대기업의 사업가들도 N잡러라 할 수 있다. N잡러들은 자신만의 기업가 정신과 철학, 비전, 목표가 탁월하다. 또한, CEO의 퍼스널 브랜드 이상의 인간미와 인성이 우수한 것을 엿볼 수 있다. 백종원 대표의 경우 자신이 가장 흥미롭게 호기심 있게 잘 표현해낼 수 있고 대중화시킬 수 있는 요리, 음식, 자신만의 차별화된 레시피의 콘텐츠화로 수많은 방송과 현장 중심의 외식업 종사자, 골목상권 음식 장사를 하는 분들의 절박함과 절실함에 새로운 솔루션을 제시하는 N잡러 사례로 탁월하다.

⑩ N잡러로 거듭 성장하는 사람들의 특징

N잡러의 전제 조건을 한 가지 말하라고 한다면 '자신감'이라 할 것이다. N잡러들은 첫인상에서 수줍은 듯하면서 대외적으로 자신감을 드러내는 성향일 때 새로운 역할자로 거듭 성장할 수 있다.

1) 무관의 책임자로 세상을 리드한다

자신이 하고자 하는 분야에서 자신감을 길러 N잡러가 되어가는 부류의 사람들을 관찰하면 이들은 직장에서 연봉을 받는 일도 직장 밖의 클럽, 동호회, 집안 행사 그 어느 곳에서든 기회가 닿는 대로 책임성이 있는 역할들을 즐거운 마음으로 받아들인다.

돈을 얼마를 버느냐에 목표가 있는 것이 아니라 함께 일을 해나가는 전 과정의 프로세스 안에서의 일 자체를 즐기며 돈하고 상관없는 일일지라도 참여한다. 그리고 그 안에서 무엇이든 배우려 하고 자신만의 무언가를 얻어 경제적 보상만으로 느낄 수 없는 자신만의 관심 있고 호기심이 있으며 즐길 수 있는 여러 분야의 일들 속에서 자신만의 가치와 의미를 자발적이고 적극적으로 찾아가는 부류의 사람들이 많다.

2) 자신만의 전문성을 계발하고 콘텐츠화한다

일반적으로 전문성이라 어떠한 주제에 대한 깊이 있는 지식이나 스킬을 말한다. 요즘 같은 비대면 사회에서 전문성이란 인간이 하는 모든 일을 대상으로 개발되고 있다. 전문성의 시작은 아주 작은 일들의 성취감에서 시작한다는 것을 N잡러들은 알고 있다.

전 산업의 기술자들 경제, 마케팅, 여행, 리더십, 주식 분석, 기록, 투자, 자동차 구입, 대출, 축구, 야구를 막론하고 헤어, 요리, 집짓기, 웹디자인, 동영상 편집, 드로잉, 책 쓰기, 칼럼 쓰기, 그림 그리기, 악기 연주, 잘 먹기, 화장 잘하기 등 수만 가지 주제의 전문성을 살려 유튜버로 활동하는 전문가들이 많아지고 있는 추세다.

자신이 잠재력 속에서 아직 발견되지 않는 강점들을 발견하고 셀프 트레이닝하여 그것들을 글, 이미지, 디자인, PPT, 동영상 등의 콘텐츠로 시각화시켜 디지털 세상의 각종 SNS 채널, 전자출판, 포털 입점 판매, 콘텐츠 쇼핑 전문 채널 판매 등으로 자신의 강점을 콘텐츠화해 N잡러가 되는 것이다.

3) 긍정성의 힘과 다양성으로 자신감으로 디지털 세상에 어필한다

위드코로나 시대 재택근무 환경으로 50% 이상의 직장인들이 전환되면서 출퇴근 시간에서 오는 스트레스도 줄여주고 시간도 절약되는 만큼

역으로 긍정성은 더욱 생겨나고 있다. 은행 금리가 제로 금리 시대가 되다 보니 주식 투자, 부동산 투자 공부를 해가며 부자가 되고 싶은 욕구를 디지털 세상에 어필하고 있다. 또한, 막연하게 부자가 되고 싶은 내적 이미지를 이용하는 차원을 넘어 지금 받고 있는 급여에서 50% 더 벌기, 100% 더 벌기라든가 월 1,000만 원 이상 벌기라는 목표를 설정하고 수익을 다각화하는 관점에서 N잡러의 지향점을 설정하고 각각의 경제적 숫자의 목표를 세우고 시간을 안배하며 연 52주 단위로 계획을 수립하여 긍정의 힘으로 반복, 지속해가는 N잡러들이 늘어나고 있다.

4) 스스로 최고 전문가라는 자신감으로 실행한다

유튜브의 구독자, 좋아요가 많은 유튜버들을 분석해보면 키워드와 카테고리를 잘 선점하고 매일 반복적으로 일정 분량 이상의 그리고 일관성 있는 주제의식을 담은 동영상 콘텐츠를 성실하게 올려가는 특징을 보인다.

공병호, 김미경, 김창옥 등 자신의 이름 석 자를 걸고 진행하는 시사 관련 개인 유튜버들은 광고 수익률을 높이기 위해 자신의 전문성을 최고치로 끌어올리는 것을 엿볼 수 있다.

위대한 챔피언이 된 유튜버들은 스스로 최고라 믿는 성향이 있다. 부캐릭터를 창출해가면서 다양한 인접 분야까지 확장해가며 전문성 고도화시켜 나가는 특성을 보인다.

⑪ N잡러들의 적극적인 실행력으로 경제적 자립을 위해 고군분투한다

비대면 시대를 맞이하여 적극적인 사고의 힘과 내적 이미지를 버킷리스트화하고 경제적 숫자의 목표화를 통해 N잡러로 거듭나는 사람들이 점점 늘고 있다.

N잡러들은 자신의 아이디어를 가지고 직장생활 이외의 시간을 적극적으로 투자하고 아직 발견되지 않는 잠재력을 발견하여 전공지식, 경험적 업무 능력, 취미 등을 오프라인과 온라인의 플랫폼으로 강의, 블로그, 페이스북, 인스타그램, PDF 전자책, 원데이클래스, 코칭, 컨설팅 등의 방식으로 경제적 자립을 위해 고군분투하는 추세다.

자신감을 키우고 목표를 설정하고 수익 구조의 다양화를 위해 자신만의 콘텐츠로 다양한 방식으로 고객들에게 콘텐츠를 전달하며 수익을 창출하고 있다.

⑫ N잡러들이 가장 많이 애용하는 플랫폼 엿보기

유튜브, 인스타그램, 페이스북, 블로그, 크몽, 아이디어스, 탈잉, 텀블벅, 와디즈, 숨고, 소모임, 클래스101, 솜씨당, 팟캐스트, 스마트스토어, 쿠팡파트너스, 배민커넥트, 쿠팡플렉스, 쿠팡이츠, 부릉프렌즈 등 다양한 N잡러들을 위한 플랫폼들이 인기를 끌고 있다.

자신이 좋아하는 일을 발견하고 꾸준히 실력을 쌓으며 자신에게 맞는 플랫폼을 찾아서 작고 빠르게 시작하는 것이 바로 N잡러로 사는 것의 시작이다. 노트 한 권을 준비하여 표지에 'N잡러 노트'라고 쓰고 위의 플랫폼에 회원 가입하는 순간부터 당신도 N잡러로서의 작은 포부를 시작하는 것이다.

무형의 가치를 창출하고 지식화해 그것을 디지털 세상에 콘텐츠화시키는 것에 몰입하는 사람들이 새로운 부자가 되는 시대에 우리는 살고 있다.

⑬ 과거의 성공 방정식은 모두 버려라

자신의 아이디어를 상품화, 서비스화, 콘텐츠화, 고도화시켜 디지털 세상에 반복적이고 지속적으로 일관성 있게 노출하는 법을 체득해보자. 제품을 제조하는 사람보다 콘텐츠를 생산하여 디지털 세상에서 마케팅을 전개해가는 사람들이 이제는 한 발 더 앞선 경쟁력을 가지게 되는 시대다. 그리고 부자로 탄생하는 시대가 되었다.

무엇이든 지금부터 구체화, 스토리화, 콘텐츠화, 고도화시켜 N잡러들이 이용하는 플랫폼에 입점하여 판매해보자. 기존에 알고 있던 오프라인 중심 경험을 버리고 백지로 돌아가 다시 공부하고 코칭까지 받아 체득하자. 당신이 관심을 가지고 아이디어가 있는 다양한 콘텐츠들을 구체화해 당신의 재능을 스킬업 시켜나가자. 또한, 일인다역의 자신감을 키워 N잡러로서 위드코로나 시대를 돌파해나가자. 이젠 머뭇거릴 틈이 없다.

더는 한 가지의 직업으로 살 수 없는 시대가 되었다. 거래 절벽에 맞닿은 골목상권부터 자영업자, 나아가 중소기업들의 근로자들까지 '스탭 바이 스탭'의 프로세스 시대가 아니라 전방위적인 융합과 확장의 시대를 맞이하고 있다. 속도를 내어 5~10년쯤 앞당겨진 기술사회 현실 속 미래의 기술사회에서 N잡러로 적응해나가자. 위드코로나 시대에는 그것만이 살길이다.

저자소개

이준호 LEE JUN HO

경력

- 현) MIR마케팅혁신연구소 소장
- 현) 24H러닝스터디카페 '카페큐브', '디큐브랩' CEO
- 현) 창직가 활동: Synergy Planner, IMC마케팅컨설케이터, 최고시너지경영자(CSO, Chief Synergy Officer) 사외이사
- 현) 디큐브아카데미, ㈜비즈인사이트 CSO
- 현) 디큐브N잡러센터 CSO
- 현) 임팩트그룹코리아 CSO
- 현) 디큐브커리어임팩트 CSO
- 현) ㈜MD스터디 CSO
- 현) ㈜취업뽀개기 CSO 상무이사
- 현) 시너지마케팅대학 CSO
- 현) 미래 한국브랜드 평판리포트 국장, 칼럼니스트
- 현) 사단법인 아시아모델페스티벌 조직위원회 CSO 사외이사
- 현) 대한민국 베스트브랜드협회 브랜드 선정위원장

저서

- 『마케팅 컨설케이션: 불황기 저성장 시대 실전마케팅 솔루션』 생각나눔, 2019.

수상

- (사)한국모델협회 - 협회운영 및 아시아모델 페스티벌 공헌 감사패(2007)
- 제2회 국제평화언론대상 - 창조경제 부문 최우수상(2014)
- 대한민국베스트브랜드위원회 - 컨설팅교육 부문 베스트브랜드 대상(2014)
- 대한민국 인성교육 대상(2015)
- 대한민국 교육공헌 HRD 부문 대상(2016)
- 글로벌 교육 브랜드 취업·창업·창직 분야 대상(2016)

21장

대학교수의 정년, 할 일은 더 많다

김임순

① 들어가며

　세상은 변하고 있다. 한 직장에서 정년까지 근무하는 경우가 급격히 줄어들고 있다. 하나의 직업으로 평생을 사는 경우도 감소하고 있다. 사라지는 직업과 새로 생기는 직업의 교차점에서 우리는 여러 개의 일을 동시에 하는 미래를 만나고 있다.

　갓 결혼한 청년이다. 신혼은 전세로 시작했다. 직장도 든든하다. 대기업이니 당장은 문제가 없다. 그런데도 미래가 불안하다. 코로나 상황 이후, 정시퇴근하는 경우가 많아지고 퇴근 이후 편하게 지내는 동료들도 많다. 그러나 이 청년은 집을 빨리 장만하고 싶었다. 방법은 무엇일까? 두 번째 수입을 만드는 것이다. 재택근무가 진행되면서 출퇴근 시간을 줄일 수 있게 되었다. 온라인강의를 들으면서 자격증을 준비하고 있다. 두 번째 일은 디지털 관련 일이니 미래도 밝다.

　낮에는 회사에서 근무하고 퇴근 후에는 온라인으로 빅데이터 등 새로운 학습을 하거나 글을 쓰거나 강의를 하는 사람들이 늘고 있다. 시니어뿐 아니라 젊은이들도 해야 할 일과 하고 싶은 일에 끊임없이 도전하고 있다. 새로운 일을 하기 위해서는 관련 분야의 새로운 공부가 필요하다. 신기술과의 융합이 경쟁력을 만들어준다.

② 대학교수 정년을 맞아 사회교육을 시작하다

교수 정년을 앞두고 평생교육원의 강의 요청을 받았다. 몇 년 전부터 강의 제안을 받았지만 할 일이 많다 보니 엄두도 내지 못했다. 센터장은 '생애설계 코칭' 강의를 제안했다.

나는 재직 중에 진로 코칭을 시작했다. 교수학습센터에서 제공하는 코칭 프로그램을 2년에 걸쳐 이수하고, 원하는 대학생들에게 진로를 코칭해 주었다. 코칭은 비즈니스 코칭, 커리어 코칭, 진로 코칭, 퍼스널 코칭, 경영자 코칭, 학습 코칭 등 분야가 다양한데 기본 스킬은 같다. 잠시 망설였지만, 생애설계 코칭을 하기로 결정했다. 돌아오는 길에 대형서점에 들렀다. 검색하니 관련 분야 책들이 많았다. 그중에 가장 최근에 나온 책을 중심으로 탄탄하게 쓰인 좋은 책 몇 권을 사서 돌아왔다. 나는 다시 새로운 꿈을 꾸고 있었다.

평생교육원에서 '생애설계 코칭' 강의를 시작하였다. 은퇴자가 많아지면서 고용노동부, 행정안전부 등 여러 곳에서 생애설계 교육을 지원하고 있었다. 나는 여러 권의 책을 보고 인터넷 자료 등을 검색하며 강의 자료를 만들었다. 처음에는 8강 프로그램이 개설되었다. 대학에서는 대개 15강으로 진행되므로 8강을 준비하는 것은 어렵지 않았다.

강의 대상이 달라졌다. 학교에서 대학생에게 강의하는 것과 달리 사회교육은 새로운 강의 방법을 구사해야 했다. 눈높이를 맞추는 것, 스토리텔링으로 구성하는 것, 미래의 트렌드를 조명해야 하는 것들은 쉽지 않았지만 재미있었다. 대학 때 교직과목을 이수하고 교생실습을 하고 교사자격을 취득했던 과정에서 체화한 게 도움이 되었다. 재밌는 것은 강의를 위해 생애설계를 공부하다 보니 나의 생애설계가 먼저 되었다는 것이다.

③ 강의를 준비하며, 다시 공부하다

생애설계 강의를 하다 보니, 인생 2막의 새로운 선택은 '재취업·창업·창직'으로 귀결되었다. 재취업은 하기도 어렵지만, 다시 퇴직을 맞게 된다. 창업은 초기에 자본이 필요하고, 현재 한국에서는 창업의 성공률이 높은 편이 아니다. 그러다 보니 창직에 관심이 생겼다. 창직을 배우고 싶어 정보를 수집하고 강의를 찾아보았다. 창직 교육을 받아보니 기대 이상으로 유망한 분야였다. 창업형 창직은 새로 떠오르는 분야다. 자동화가 확산되면서 사라지는 직업들이 많았는데, 새로 생기는 직업도 엄청나게 증가하고 있다는 것을 알게 되었다. '1인 기업 창직'의 성공 사례도 많았다. 좀 더 전문적인 공부를 위해 창직교육협회 프로그램에 참여하고, 창직컨설턴트 자격을 취득하면서, 강의를 시작했다. '여성인력개발센터, 창직교육협회, 성북50플러스' 등에서 강의를 진행하였다. 리스타트카운슬러 과정도 공부하고 강의에 접목하였다.

생애설계 영역을 확장하기 위하여 전직지원과정 교육기관인 인지어스에서 '생애설계 심화과정'도 공부했다. 고용노동부에서 지원하는 '인생 6대 영역 상담을 통한 생애설계 컨설팅' 교육도 받았다. 그 후에도 '생애설계 및 경력설계 코칭전문가과정'을 공부했다. 최근에는 1인 미디어 창업 창직 센터에서 공부하고, 1인 크리에이터 수석강사가 되었다.

환경보건관리 분야로 직업능력개발훈련교사 자격도 취득했다. 대학에서 강의했던 실적을 기반으로 경력을 인정받아, 서울지방고용노동청에서 발급해주었다. 연달아 환경서비스 분야의 직업능력개발훈련교사자격증을 받았다. 그리고 한국산업인력공단 산업현장전문가를 신청했다.

 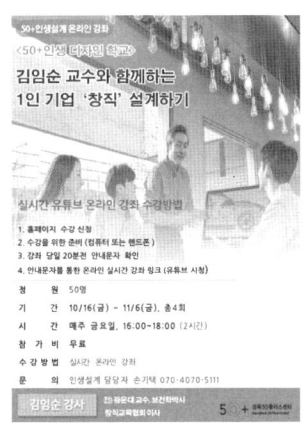

④ 전문영역으로 강의가 확장되다

콘텐츠가 늘어나면서 사회교육 강의 영역도 점점 확장되었다. '보건학 박사와 함께하는 건강 습관 길들이기·생애 변화 이해하고 비전 만들기·행복한 삶을 위한 생애설계·자존감 향상 프로그램·자신의 강점으로 삶의 비전 찾기·성공적인 노화를 위한 건강 생애설계' 등도 진행했다. 50플러스 인생디자인 학교에서 '1인 기업 창직 설계하기'도 강의했다.

대학에서 강의하던 분야인 환경 분야 강의도 시작했다. 환경전문가로서 우리 삶에 밀접한 분야의 강의를 하다 보니 호응이 좋았다. '미세먼지 등 환경오염 문제, 라돈 등 발암물질과 건강, 환경호르몬, 식품첨가물' 등을 강의했다. 의외로 쉽게 이해하고 재미있어하니, 자신도 생겼다. 대학원은 환경관리학과에서 산업보건을 전공했는데 관련 강의를 할 기회도 생겼다. '안전의 원리와 산업재해, 직업 안전사고와 예방' 등이다. 창직교육협회의 창직을 공부한 덕분에 '성공하는 창직가의 강점 찾기, SSST 강점 유형 및 인재 유형 분석' 등을 강의하기도 했다.

⑤ 공공기관 면접관 활동을 시작하다

광운대학교 입학사정관 활동을 하면서, 법정교육을 충분히 받았던 터라 면접관 활동은 쉽게 진입할 수 있었다. 신입사원 면접, 공무원 채용 면접, 신입사원 자기소개서 평가 등의 기회가 주어졌다. 한국중장년고용협회 직무전문면접관, 브레인플랫폼의 공공기관 전문면접관 교육이 도움되었다.

지방자치단체의 위원회 활동도 지속하고 있다. 대개는 심의나 평가 활동을 하며 환경 영역이 중심이다. 사회적가치추진위원회 활동도 새롭게 시작되었다. 지방자치단체에서는 취약 지역의 산사태위원회, 사전재해영향성 검토위원, 건설기술심의회 위원, 산업입지심의회 외부전문가 평가위원 활동도 하고 있다. 환경전문가로 활동이 가능한 분야가 많았다.

국립재난안전연구원의 위험목록보고서 자문도 진행했다. 재난피해 회복수준 조사 연구용역제안서 평가도 진행했다. 오랫동안 해오던 일이라 부담이 되지는 않았다. 환경영향평가협의회 평가준비서 심의 등도 지속하고 있다.

공기업 시험문제 출제 제의도 들어왔다. 대전광역시 지방공무원 공개경쟁 필기시험 출제위원, 강원도교육청 지방공무원 신규임용시험문제 출제위원 등의 경험이 있어서 흔쾌히 시작하였다.

교수는 정년을 맞이해도 경험이나 경력이 사라지지 않는다. 새로운 트렌드를 이해하고 디지털 분야의 융합으로 새로운 분야의 일을 시도할 수 있다. 새로운 기술을 습득하기 위해 빅데이터의 R도 배웠고 기회가 되면 파이썬도 배울 생각이다.

코로나19 상황에서는 대학원강의를 진행하기 위해 강의를 녹화했다. 사회교육을 진행하기 위해 ZOOM과 Webex도 배워서 강의에 활용했다. 평생교육 강의를 위해 네이버 밴드로 강의를 진행하기도 했다. 강의를 위해 영상 편집도 배웠다.

⑥ 대학교재 외에 공저로 책을 출간하다

대학에서는 대학교재를 여러 권 출간했다. 출판사에서 지원해주고 인세도 받았다. 환경전문가이므로 『환경영향평가』, 『기후변화와 환경』, 『도표로 본 환경평가』, 『지구환경과학』 등을 출간했다. 대학생들에게 '저자 직강'은 인기가 있었다.

그러나 이제는 삶에 대한 이야기를 쓰게 된다. 책을 쓰는 일은 매력적인 작업이다. 책이 브랜드인 시대이기 때문일까. 『미래에게 묻고 삶으로 답하다』, 『인생 2막 멘토들』 등을 공저로 출간했다. 『억새풀 속 야고꽃』은 전자책으로 출판했다.

현대의 60대는 과거의 60대와 다르다. 건강도 좋고 체력도 좋다. 경험도 많아 새로운 것을 배우면서, 새로운 일을 할 수도 있다. 평생 공부하고, 평생 일하며, 즐겁게 살아야 한다는 노교수님의 말에 동감한다.

은행 등에 근무한 분들은 재무설계분야를 더 공부하면서 연구하면 강의도 가능하다. 강의를 듣는 사람들에게 많은 정보와 도움을 줄 수 있다.

기본적으로 자신의 경험과 경력에 새로운 기술을 접목하는 것도 효과적인 방법이다. 변화를 감지하고 변화에 적응하며 새로운 일을 할 수 있도록 스스로 단련하는 게 필요한 시기이다.

⑦ 내 삶은 내가 설계한다

1) 시간을 잘 활용하자

성공 확률을 높이기 위해서는 시간을 잘 활용하는 것이 중요하다. 해야 하는 일과 하고 싶은 일을 리스트로 만들고 우선순위를 정해야 한다. 일정 관리는 기본이다. 지금 해야 하는 중요한 일은 무엇일까? 더 급한 일은 없는가? 빨리할 수 있는 일과 시간이 오래 걸리는 일을 구분하는 것도 효율적인 방법이다.

2) 자신에게 투자하자

건강에도 투자하고 시간도 투자하고 교육에도 투자하자. 책 읽기와 책 쓰기로 자신을 탐색하는 것도 필수다. 자신에게 몰입해보자. 원하는 결과가 아닌 경우에도 경험은 자신의 것으로 남는다.

3) 멘토를 만들자

혼자 일하면서 생기는 문제를 해결하지 못할 때가 있다. 이때는 멘토가 필요하다. 경험과 지혜가 있는 멘토를 찾아야 한다. 좋은 책도 멘토의 역할을 한다. 그리고 언젠가는 자신도 멘토가 되어주어야 한다.

4) 때때로 자신에게 선물을 주자

열심히 일했으니, 행복한 순간을 선물하자. 나는 가끔 화원에서 작은 화분의 꽃을 산다. 마음에 드는 꽃을 사면 행복해진다. 열심히 일했으니 이런 호사는 누려도 된다. 물론 가끔은 갖고 싶었지만 참았던 선물도 산다. 자신에게 주는 선물이다.

⑧ 대학교수 때보다 더 바빴던 2020년

코로나로 강의가 취소되는 상황에서 나는 더 바빴다. 온라인 강의를 시작한 것이다. ZOOM과 Webex를 이용하여 강의를 녹화하고, 네이버 밴드를 이용해 실시간 라이브로 진행하기도 했다. 온라인 강의가 가능한 프로그램은 인기가 많았다. 대학교수 재직 때보다 더 일이 많았던 2020년이었다. 교수는 강의는 물론이고, 논문도 내야 하고 사회봉사로 지자체의 심의나 평가에 참석해야 한다. 학회 활동도 중요하다. 그러다 보니 더 바쁘게 느껴졌던 한해였다.

광운대학교에는 강의 녹화 시스템이 잘 되어 있다. 축제가 겹치거나 학술대회 일정으로 강의하지 못할 때 나는 보강을 잡지 않고 미리 스튜디오에서 강의를 녹화하여 학교 사이트에 탑재한다. 교수학습센터에서는 음악과 디자인을 넣고 멋지게 편집하여 제공한다. 강의 녹음 경험과 경력이 도움되는 시기였다.

대학원 강의도 하고 논문 심사도 진행했다. 다양한 사회교육 강의를 개발하고 프로그램을 운영했다. 공저로 두 권의 책을 냈으니, 작가 활동도 한 셈이다. 대학교수로 재직할 때는 단독저서와 공저로 여러 권의 책을 냈다. 그때는 출판사의 제의로 출간하게 되고 교재로 사용하니 전혀 부담이 없었다.

그 외에도 공공기관면접관, 공기업 입시문제 출제위원 등으로 활동하고 있다. 지방자치단체 입지평가위원회에서 환경 분야의 평가와 심의 활동도 한다. 공공기관 임원 코칭, 생애설계 코칭, 커리어 코칭, 진로 코칭도 진행하고 있다.

나는 새로운 인생 디자인을 할 수 있도록 도움이 되고 싶다. 인생 전반전보다 후반전을 더 잘 살아야 하는 이유를 공유하고 싶다. 경험과 경력을 기반으로 디지털 기술을 접목하여 더 많은 일을 할 수 있다는 것을 자신감을 가질 수 있도록 도움이 되고 싶다. 장학재단 사무국장의 역할도 지속할 것이다.

『2030 축의 전환』 책을 펴든다. 미래를 준비하기 위해 변화를 감지하려는 것이다. 누군가에게 도움이 되고 싶은 나는 계속 공부하고, 다양한 활동을 할 것이다. 나는 N잡러다.

참고문헌

- 현승헌, 『이번 생은 n잡러』, 매일경제신문사, 2020.
- 마우로 기엔, 『2030 축의 전환』, 리더스북, 2020.
- 네이버 지식백과, 매일경제, 매경닷컴
- blog.naver.com/socialtimes
- https://1drv.ms/f/s!AqQdzDRflXOQhLhrUnBe0qSxePHyBQ
- https://m.post.naver.com/viewer
- www.hani.co.kr
- www.gqkorea.co.kr
- www.jobcreation.or.kr

저자소개

김임순 KIM IM SOON

학력

- 한양대학교 대학원 보건관리학과(보건학 박사)
- 연세대학교 대학원 환경관리학과(보건학 석사)
- 광운대학교 정보복지대학원 사회복지학(사회복지학 석사)
- 한양대학교 전자계산학과(공학사)
- 성신여자대학교 화학과(이학사)

경력

- 한세대학교 겸임교수
- 광운대학교 환경공학과 교수, 환경대학원 주임교수 역임
- 국립재난안전연구원 2019년 위험목록보고서 자문위원
- 환경부 중앙환경보전자문위원 역임
- 보건복지부 민원제도개선협의회 위원 역임
- 서울시 신기술심의위원회 위원 역임
- 경기도 도시계획위원회 역임
- 강남구청 치수과 사전재해영향성 평가위원

- 종로구청 도시계획위원회 위원 역임
- 화성시 도시계획위원회 위원 역임
- 한강유역환경청 환경성 검토위원 역임
- 경기도청 산업입지심의회 외부전문가 외 다수

저서
- 『환경영향평가』 공저, 동화기술, 2016.
- 『기후변화와 환경』 공저, 동화기술, 2015.
- 『환경영향평가: 전략환경평가』 공편저, 북스힐, 2006.
- 『도표로 본 환경평가』 공저, 블랙박스, 2004.
- 『환경영향평가사 상, 하』 공저, 홍문관, 2001.
- 『인생 2막 멘토들』 공저, 렛츠북, 2020.
- 『미래에게 묻고 삶으로 답하다』 공저, 동화세상에듀코, 2020.

수상
- 환경부장관 표창
- 국회기후변화포럼, 대한민국녹색기후상
- 경기도지사 표창, 벤처산업 활성화 표창 외 다수

이제 시작이다

조명렬

① 은퇴는 출발점이다

1) 인생의 황금기

 연세대학교 철학과 명예교수인 김형석의 저서『백년을 살아보니』제5장에 보면 인생의 황금기는 60세에서 75세라고 하였다. 내 나이가 거기에 해당하므로 따라서 나도 인생의 황금기에 있다. 이제 나도 황금기를 누려 보아야겠다. 김형석 교수가 그 책을 쓴 나이가 97세였다. 그 나이가 되려면 나는 30년이 지나야 한다. 무엇을 못하겠는가? 지금부터 시작이다.

2) N잡러에 도전해보자

 'N잡러'는 여러 수를 의미하는 알파벳 'N'과, 일을 뜻하는 영어 단어 'JOB' 그리고 '~하는 사람'을 가리키는 영어 표현 '-er'을 합성한 신조어다. 한 개의 직업으로는 도저히 생계를 유지해 나가기가 힘들어서 부업을 선택할 수밖에 없었던 '투잡족'과는 구별된다. 'N잡러'들은 생계유지 목적보다는 '다양한 영역에서 자신의 비전과 자존감을 성취'하려는 목적이 더 크다. 필자도 'N잡러'에 도전해본다.

3) 직장생활 경험을 최대한 활용하자

35여 년의 직장생활 경험을 최대한 활용하여 새롭게 출발한다는 마음으로 시작하자. 경험해보지 못한 새로운 무언가를 시도해보는 것도 좋을 것이다. 필자의 경우 기술직 공무원으로 지냈으므로 그것을 잘 활용하면 좋을 것 같았다.

② 퇴직 후를 고민하다

1) 여행전문가를 꿈꾸다

퇴직할 무렵 전주에서 여행사를 하는 친구가 찾아와서 퇴직 후 특별한 계획이 있느냐고 물으면서 "너는 여행을 좋아하니 국외여행인솔자 자격증을 취득하여 여행객들을 인솔하는 일을 하면 여행 경비 없이 여행하며 용돈도 벌 수 있으니 한번 도전해보는 게 어때?"라고 했다.

국외여행 인솔자는 국외여행 인솔을 의뢰한 해외여행 고객의 출국부터 입국까지 고객과 함께 여행하며 출국 수속, 수하물 탁송 등 여행 관련 용무를 고객 대신 처리해주는 사람이다. 자격증은 여행사에 6개월 이상 근무한 사람 또는 대학에서 관련 학과를 전공한 사람이 소정의 양성과정을 이수하고 자격시험을 거쳐 취득할 수 있다.

여행사에 근무하며 기본 업무를 습득하고 서울 호텔 관련 학과에서 소정의 교육을 받은 후 시험을 거쳐 자격증을 취득하고 본격적으로 가이드 일을 하였다. 국외여행 인솔자로 일하며 여러 나라를 여행도 하고 용돈도 챙길 수 있었다. 요즈음은 코로나19로 인하여 해외여행 자체가 많이 위축되었는데 하루속히 코로나19가 전 세계적으로 해결되어 우리 모두 몸과 마음 건강하게 해외여행을 할 수 있는 그 날이 다시 오기를 기대해 본다.

2) 나의 여행 손님을 안전하게

무료 여행의 기쁨도 잠시, 여행을 다녀올수록 손님들의 여행 안전에 신경이 쓰였다. 인솔자는 처음 출발한 시간부터 여행을 마치고 돌아올 때까지 여행 손님들의 안전을 걱정하느라 한시도 마음을 놓을 수가 없다.

해외에서 손님에게 위급 상황이 생기면 어떻게 대처해야 할까? 물론 교육 중에 배웠다 하더라도 걱정이 되었다. 우선 응급처치법을 배우기로 하고 검색해보니 여러 개의 단체(안전관련협회)가 있었지만, 그중에서도 서울에 있는 (사)대한인명구조협회가 눈에 들어왔다. 그곳에 가서 응급처치원, 심폐소생술 자격을 취득하고 나니 위급 상황에서의 응급처치에 대해 자신감이 생기면서 걱정을 조금 더는 느낌이 들었다.

3) 전공을 살려서

오랫동안 기술직 공무원으로 근무했던 전공을 사장시키지 않고 비상주 감리원 일을 병행했다. 나이와 관계없이 인지 능력이 있을 때까지 활동할 수 있다는 것이 참 감사하다.

4) 관련 자격증

1. 국외 여행 인솔자(문체부-여행협회, 2015.)
2. 심폐소생술(대한인명구조협회, 2015.)
3. 응급처치원(대한인명구조협회, 2015.)
4. 전기감리원(특급, 한국전력기술인협회, 1999.)
5. 전기공사기술자(특급, 한국전기공사협회, 2002.)
6. 전력기술인(특급, 한국전력기술인협회, 1999.)

5) 사회복지 관련 자격증

(1) 사회복지사

사회복지사는 청소년, 노인, 여성, 가족, 장애인 등 다양한 사회적, 개인적 욕구를 가진 사람들의 문제에 대한 사정과 평가를 통해 문제 해결을 돕고 지원한다.

(2) 요양보호사

노인복지시설에서 노인들의 신체활동 또는 가사활동 지원 등의 업무를 전문적으로 수행하는 사람으로 시·도지사가 지정한 전문 교육기관에서 소정의 교육 이수와 국가시험에 합격하여야 한다.

(3) 장애인활동 지원사

신체적, 정신적 장애 등의 사유로 혼자 일상생활과 사회생활을 하기 어려운 모든 장애인에게 활동보조, 방문목욕, 방문간호 등을 실시해 장애인의 자립생활을 지원하는 제도이다.

6) 취미 활동 및 봉사 활동

취미 활동으로 골프, 드럼, 통기타를 배우고 요즈음은 군산문화원에서 하모니카를 배우고 있다. 가끔 경로당, 요양원 등에 위문공연을 간다. 요즘은 코로나19 때문에 안타깝게도 주춤하고 있다.

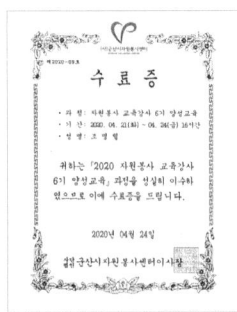  

③ 안전전문가 도전과 실천

안전전문가에 도전하기 위하여 각 협회에서 교육을 받고 안전 관련 자격증을 취득하여 전문강사로 활동하고 있다.

1. 국민안전교육 전문인력(행정안전부)

2. 학교안전교육 전문강사(교육부)

3. 민방위강사(국가민방위 재난안전교육원)

4. 평생학습교육강사(군산시 평생학습관)

5. 응급처치강사(대한적십자사)

6. 심폐소생술강사(대한인명구조협회)

7. 심폐소생술강사(대한심폐소생협회)

8. 재난안전지도사(한국아동청소년 안전교육협회)

9. 자원봉사 교육강사(군산시 자원봉사센터)

10. 교육시설안전 전문가 인력풀(교육부)

11. 해양안전지도자(한국해양소년단)

12. 교통안전지도사(대한안전연합)

13. 걷기지도자(대한걷기연맹)

14. 자원봉사 손마사지 전문가(군산시 자원봉사센터)

15. 생활안전교육 전문강사(전라북도)

④ 공공기관 면접관 및 기술자문평가위원이 되다

1) 공공기관 면접관이란?

요즈음 정부기관 및 지자체 등 모든 공공기관에서는 임직원 채용 시 투명성, 공정성 및 객관성을 확보하고자 면접위원 구성 시 외부 전문가를 과반수로 구성하여 시행하고 있다. 정부는 2004년부터 나이, 학력 제한을 폐지하기 시작하여 2015년 NCS 직무 중심 채용 제도를 도입하고 2017년부터는 공공부문 전체를 대상으로 실력 중심의 블라인드 채용을 도입하였다.

필자는 다년간에 걸쳐 위원 활동을 하고 있는 김형준 위원장을 운 좋게 만나서 공공기관 면접관을 시작하게 되었다. 면접관이 되기 위해서는 전문교육기관에서 소정의 교육을 받아야 하는데 나는 '브레인플랫폼-한국컨설턴트사관학교(KCA, 학교장 김영기 박사)'에서 2019년 11월에 교육을 받고 시작하게 되었다.

- 한국○○공단
  신규 채용 면접
- 한국○○기술대학
  신규 채용 면접
- 한국○○공사
  경력직 채용 면접

2) 기술자문평가위원이란?

기술자문평가위원은 공공기관에서 시행하는 사업의 기술자문평가를 진행할 때 평가의 전문성과 객관성을 확보하기 위하여 외부 전문가를 선정하여 자문심사평가를 하는 사람을 말한다. 이 역시 김형준 위원장 덕분이다. 김형준 위원장은 여러 기관의 기술자문평가위원 모집 공고 내용과 관련 경험을 공유해주어서 새로운 일에 도전하는 데 많은 도움이 되었다.

맨 처음 경기도 기술닥터 평가위원에 선정되었을 때의 기분은 말로 표현할 수 없을 정도로 정말 좋았다. 그 후에도 계속 위원 모집 공고를 접하고 신청서를 작성·신청하고 있다.

나는 지난 1년간 짧은 기간이지만 열심히 노력하여 각종 정부기관 및 지자체에 기술자문 및 심사평가위원으로 등록하고 자부심과 소명을 갖고 열심히 활동하고 있다. 이런 위원 활동을 하게 되면 덤으로 전국 방방곡곡을 다니며 그 지역의 관광도 할 수 있는 점은 위원 활동의 부가적인 장점이라 할 수 있겠다. 뜻이 있는 분은 각종 위원에 도전해보시라 권유하고 싶다.

3) 나의 등록 현황(위촉장)

1. 경기도 기술닥터 사업 평가위원(경기도지사)
2. 아산시 기술자문위원(아산시청)
3. 전문분야 시민감사관(군산시청)
4. 광해방지사업 안전자문관(한국광해관리공단)
5. 혁신 추진단 위원(한국소비자원)
6. 교육시설 안전관리 전문가(교육부)
7. 기술자문 및 신기술심의위원(인천지방해양수산청)
8. 군산시 종합발전계획 시민참여 연구단(군산시)
9. 기술자문 및 평가위원(한국산업단지공단)
10. 콘텐츠 전문 평가위원(한국콘텐츠진흥원)
11. 공공구매 평가(심사)위원(중소기업청)
12. 민간투자사업 평가위원(서울특별시)
13. 과학창의 심의 평가위원(한국과학창의재단)
14. 능력개발 외부전문가(한국산업인력관리공단)
15. 고경력 과학기술인(한국산업기술진흥협회)
16. 기술자문 및 평가위원(안성시청)

17. 공개 입찰 제안서 평가위원(경기도 경제과학진흥원)

18. 공공기관채용시험검수 및 출제위원(한국사회능력개발원)

<[참고] 첫 번째 등록한 경기도 공고문>

경기도 공고2020 - 5409호

경기도 기술닥터사업 평가위원 후보단 모집 공고

도 내 중소기업 기술경쟁력 강화를 위한 경기도 기술닥터사업의 중기애로기술지원 및 상용화지원 과제선정 평가를 위한 평가위원 후보단을 공개 모집하오니 전문가 여러분의 많은 신청을 바랍니다.

2020. 3. 25.
경기도지사

1. 사업 개요 및 평가위원회 역할
○ 사업개요
- 사업명: 2020년 경기도 기술닥터사업
- 사업목적: 산·학·연의 연구자원(인력·장비·기술·정보)을 활용한 기업 현장애로 기술지원으로 중소기업 경쟁력 강화 및 일자리 창출 실현
○ 평가위원회 역할
- 중기애로기술지원 계획서 및 상용화지원 계획서의 타당성 검토 및 지원기업 선정
- 중기애로기술지원, 상용화지원 완료과제에 대한 결과평가
- 사업진행 중 발생한 문제에 대한 심의 및 처리 방안 제시(제재, 환수 등)

2. 평가위원 모집 및 위촉
○ 모집분야: "산업기술혁신사업 공통운영요령"의 '산업기술분류표'에 준거하여 8개 대분류 분야 및 공통분야의 전문가로 구성
○ 위촉 주체 및 임기: 경기도지사 위촉, 임기는 2년
○ 모집기간: 2020년 3월 25일~4월 13일

○ 모집규모: 총 84명 이상

분과	합계	기계소재	전기·전자 /정보통신	화학/바이오/에너지·자원/	지식서비스공통분야
모집인원	84	21	21	21	21

○ 모집방식: 선정기준을 만족하는 전문가에 한해 분과별 모집
○ 선정기준
- 해당 분야 실무경력이 10년 이상인 사람
- 해당 분야 연구개발경력이 5년 이상인 사람
- 대학의 해당 분야 전임강사 이상인 사람
○ 추진절차 및 일정

경기도,경기TP	전문가	경기TP	경기도	경기TP
평가위원 모집공고	신청서 제출	평가위원 선정·승인	경기도지사 위촉장 발급	평가위원회 운영
(3.25.)	(3.25.~4.13.)	(4.14.~4.16.)	(4.20까지)	(4~12월)

3. 평가위원 신청 안내
○ 신청방법: 신청서 작성 이메일 제출(kckang@gtp.or.kr)
○ 접수일시: 2020년 3월 25일(수)~4월 13일(월) 11:00까지
○ 결과발표: 위촉 대상자 개별통지
 붙임 1. 평가위원 신청서 1부.
2. 평가위원 서약서 1부. 끝.

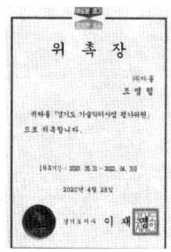

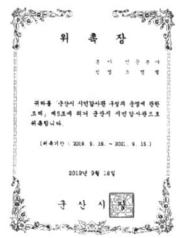
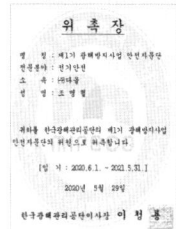

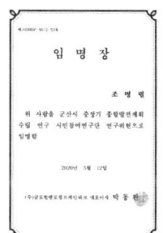

22장 이제 시작이다

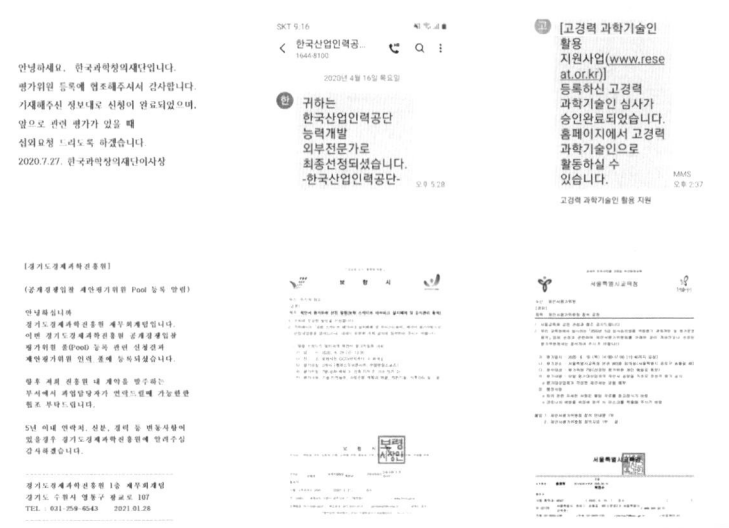

4) 나의 활동 현황

1. 제안서 평가(서울특별시 교육청)

2. 기술닥터사업 평가 5회(경기도 테크노파크)

3. 노인복지관 기술자문(아산시청)

4. 도서관 신축 기술자문(아산시청)

5. 행정복지타운 건립 기술자문(아산시청)

6. 혁신추진단 의견 제출(한국소비자원)

7. 종합발전계획 시민연구단 참여(군산시청)

8. 종합감사 시민감사관 참관 활동(군산시청)

9. 제안서 평가(보령시청)

10. 종합발전계획 용역평가(영암군청)

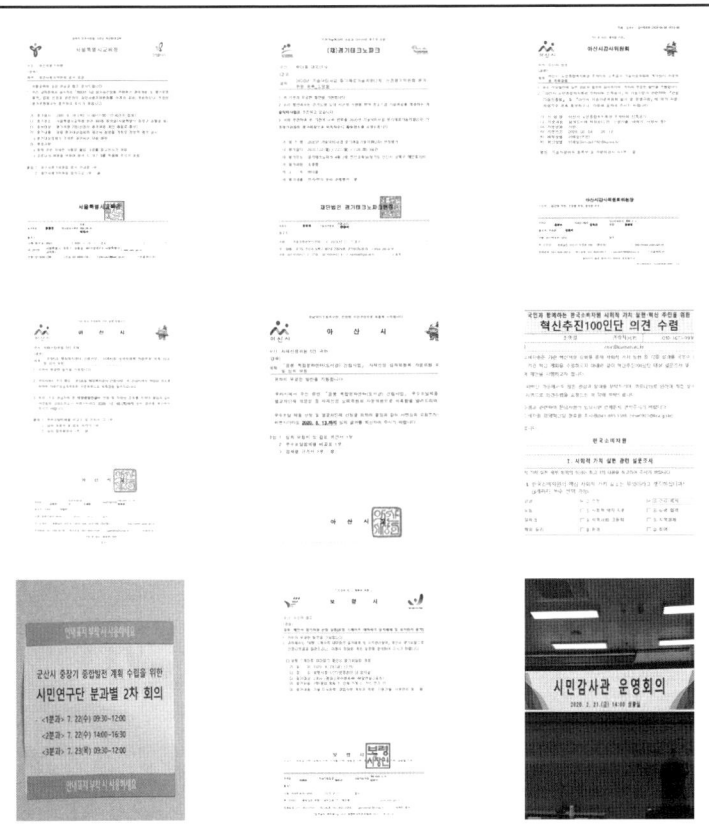

⑤ 나의 목표

1) 저서 출간 도전

그동안 필자의 이름이 적힌 책을 한번 써볼까 생각만 했지 용기가 나질 않았었는데 김영기 박사(브레인플랫폼-한국컨설턴트사관학교(KCA, 학교장)와 김형준 위원장 덕분으로 용기를 얻어 처음으로 원고를 쓰게 되었다. 첫 번째를 쓰고 나니 용기가 생겨 두 번째에 도전하였다. 앞으로도 계속 도전하리라 다짐해본다. 이런 기회를 만들고 도움을 주신 김영기 박사님과 김형준 위원장님께 감사를 전한다.

2) 정부기관 심사평가위원 50개 도전

공공기관 면접관 및 기술자문평가 위원으로서 사명을 다하여, 공공기관의 실력 중심의 블라인드 채용을 돕기 위하여 이제 평가위원 50개를 목표로 열심히 도전해보겠다.

참고문헌

- 김형석, 『백년을 살아보니』 덴스토리, 2016.
- 김영기 외 공저, 『재취업전직지원서비스 효과적 모델』 렛츠북, 2020.
- 윤소영, 『사이드잡으로 월급만큼 돈 버는 법』 더블앤, 2020.
- 김영기 외 공저, 『창업과 창직』 브레인플랫폼, 2020.
- 김영기 외 공저, 『미래 유망 자격증』 렛츠북, 2020.

저자소개

조명렬 CHO MYOUNG RYOUL

학력

- 원광대학교 전기공학 학사
- 원광대학교 산업공학(전기) 석사

경력

- 현) ㈜다올
- 현) 경기도 기술닥터사업 평가위원 외 10개 기관의 자문평가 활동
- 현) 생활안전교육(행안부, 교육부 2015.04.01.~2021. 현재)
- 현) 공공기관 NCS 블라인드 전문 면접관(2019.11.~2021. 현재)
- 현) 전기설비감리(2017.05.12. ~ 2021. 현재)
- 현) 공공기관기술자문평가 (2020.03.~2021. 현재)
- 현) 봉사활동(자원봉사센터, 경로당, 요양병원 등, 2021. 현재)
- 교육부(국립대) (1979.04.16.~2014.04.30.)
- 원광대학교 출강(1997.09.01.~2017.02.28.)

자격

- 국민안전교육 전문강사(생활안전, 행정안전부)
- 학교안전교육 전문강사(학교생활안전, 교육부)
- 행정사(행정안전부)
- 산업안전기사(한국산업인력공단)
- 재난안전지도사(한국아동청소년안전교육협회)
- 교통안전지도사(대한안전연합)
- 걷기지도자(대한걷기연맹)
- 전기공사산업기사(한국산업인력공단)
- 전기기술자(특급-감리원, 공사기술자, 전력기술인)
- 사회복지사(보건복지부), 요양보호사(전라북도)
- 응급처치 강사(대한적십자사)
- 심폐소생술 강사(심폐소생협회, 인명구조협회)
- 자원봉사교육강사(자원봉사센터)
- 평생학습 교육 강사(군산시)
- 민방위 교육 강사(국가민방위재난안전교육원)
- 심리상담사(한국사이버진흥원)
- 국외여행 인솔자(문체부)
- 공공기관 면접관(KCA), 공공기관 기술자문평가위원

수상

- 녹조근정훈장(2014.04.30.)
- 대통령표창(1998.01.14.)
- 국무총리표창(2005.06.30.)
- 중앙교육연수원장상(1991.09.18.)

저서
- 『미래 유망 기술과 경영』 공저, 브레인플랫폼, 2021.

23장

N잡러의 핵심은 N마케팅이다

박서연

① 들어가며

요즘은 다양한 일과 취미를 병행하며 생계유지나 자아실현을 추구하는 이른바 'N잡러(Jober)'가 늘고 있다. 수십 년간 한 가지 분야에 몰두해 전문가가 되기보다 여러 일과 취미를 병행하며 자신의 가치를 높이면서 N잡러로서 활동하는 사람이 많아진 것이다. N잡러는 경제적 소득 외에도 본업에서는 충족할 수 없는 개인의 자아실현을 중시한다는 데 차이가 있다.

120세 수명을 바라보는 시점에 우리는 아직 절반도 살지 못한 상황에서 은퇴를 맞이하게 되는 경우가 많다. 글로벌 경쟁 시대에는 개인의 경쟁력이 강조되기 때문에 40~50대의 중년기를 맞이해도 반드시 퇴직 전까지 꾸준한 자기 관리, 미래 준비로 자신만의 경쟁력을 키우는 것이 매우 중요하다. 120세 시대가 도래한 요즘 어떻게 해야 자신만의 특별한 경쟁력을 키울 수 있을까?

준비 없는 노후는 외로운 인생을 살다가 고독한 마침표를 찍게 된다. 50대는 인생에서 가장 화려한 꽃을 피우는 시기이며 인생 최고에 이르는 시기이기도 하다. 그래서 50대가 즐거우면 인생의 80%는 성공했다고 봐도 된다. 평생 일해 온 직장을 떠난다는 것은 크나큰 사건이고 시련이다. 아무 준비 없이 정년을 맞이한다면 재앙이 될 수 있다. 예전에는 장수가 축복이었지만 지금 120세 시대에는 준비되지 않은 장수는 개인적으로 국가적으로 가난과 고통이라는 무거운 짐을 안겨주는 재앙이다. 앞으로 긴 세월을 살아가려면 우선 건강과 경제력이 뒷받침되어야 한다. 이 문제가 해결되지 않는다면 장수는 축복이 아니라 바로 고통의 연속으로 이어지는 재앙이 될 수밖에 없다. 50대는 나 자신을 찾으며 삶의 보람을 창조하는 시기이다. 그러기 위해서는 좋은 인생을 만드는 마음의 여유와 끊임없는 자기계발과 노후 준비를 위해 최선을 다해야 한다. 인생 최후의 순간에 '아! 내 인생은 행복했다'라는 말을 남기고 싶다면….

1) 내 인생의 의미를 찾아보자

내 나이 54세, 중년의 나이, 그동안 열심히 달려온 나 자신에게 칭찬과 격려를 해주고 싶다. 그동안 무언가에 깊이 빠져 시간 가는 줄도 모르고 앞만 보고 달린 것 같다. 여러분도 어떤 일이 좋아 시간 가는 줄도 모르고 깊이 빠져본 적 있을 것이다. 우리는 흔히 이것을 '삼매경'에 빠졌다고 한다. 서양에서는 이런 경험을 'flow'라고 하는데 우리말로 '몰입'이라고 해석한다.

미국의 심리학자 미하이 칙센트미하이(Mihaly Csikszentmihalyi)에 의하면 이런 '몰입'이 인간을 행복하게 해주는 가장 중요한 요인 중의 하나라고 한다. 그러니 인생 어느 시기에 있든지 간에 내가 좋아하는 것, 그것을 하면 시간 가는 줄도 모르는 것 하나쯤 가지고 있다면 인생은 훨씬 더 행복해질 것이다.

2) 미래를 행복하게 만드는 N잡러

1) 퍼스널브랜딩코리아 대표(교육컨설팅 회사)
2) 이미지컨설턴트
3) 유튜버(해피드림TV, 서연TV)
4) 퍼스널브랜드토크쇼 MC(전문가들의 성공스토리 소개)
5) KBS 스포츠예술과학원 전임교수(KBS 유튜버과정)
6) 기업체 강사
7) 리뉴메디 네트워크마케팅(현 다이아몬드) 등이다.

이 중에서 이미지컨설턴트와 네트워크 마케팅에 대해 자세히 소개하고자 한다.

② 이미지컨설턴트

깔끔하고 단정한 외모, 센스 있는 대화 능력, 타고난 매너까지! 누구나 한 번쯤 마음속에서 그려본 자신의 이미지가 있을 것이다. 감각적이고 개성을 중시하는 21세기로 접어들면서 성공의 한 요소로 꼽히던 외모는 이제 표정, 패션, 매너, 제스처 등을 통합한 이미지라는 큰 의미로 확대되어 사용되고 있다. 이때 기업이나 사회적으로 선호되는 이미지를 분석하고 조언해주는 세상에 없던 새로운 직업이 탄생하게 되었다. 그 직업이 바로 이미지컨설턴트다.

이미지컨설턴트는 다른 사람에게 주는 외적인 인상을 관리하고 창조해주는 직업이다. 개인이나 단체의 성격이나 특성을 분석하여 그에 적합한 이미지를 만들어주고 고객이 그러한 이미지를 꾸준히 간직할 수 있도록 관리해주는 일을 담당한다. 고객의 새로운 이미지를 창조하기 위해 의상이나 표정, 몸짓 등의 다양한 영역에서의 개인의 문제점을 파악하고 분석한다. 파악된 문제점의 개선하고 상황에 맞는 대화법, 의복 차림, 화장법 등을 지도하여 고객에게 고객 자신의 최적 이미지를 표현할 수 있는 능력을 기르도록 한다. 한 번 형성된 이미지는 변화하는 것이 어렵기에 변화한 이미지를 꾸준히 간직할 수 있도록 관리해주는 일까지도 담당한다. 이미지컨설턴트는 초기 정치인과 방송인 등 유명인을 중심으로 이미지메이킹을 진행했지만, 최근에는 개인이나 단체 등 다양한 영역에서 활약하고 있다. 컨설턴트가 되기 위해서는 주로 대학교, 평생교육원이나 사이버대학교, 아카데미에서 교육을 제공하고 있다. 교육과정을 거친 후 다양한 방면의 지식과 경험을 축적하여 2~3년의 경험을 통해 고객의 개성과 장·단점 및 문제점에 대해 심층적으로 분석하고 파악할 수 있게 된다.

1) 적성 및 흥미

고객의 개성과 장단점 및 문제점을 심층적으로 분석하고 파악할 수 있는 능력과 고객에게 가장 적합한 새로운 이미지를 창조해낼 수 있는 창의력과 감각이 요구된다. 많은 사람을 상대하는 일이 많으므로 고객에게 신뢰감을 줄 수 있어야 하며, 적극적이고 원만한 대인관계 능력 및 의

사소통능력을 갖춘 사람에게 적합하다. 잡지나 방송 매체를 통해 꾸준히 새로운 트렌드를 분석하고 실무에 적용할 수 있는 능력이 요구된다.

2) 취업 현황

공채나 특채를 통해 광고 대행사나 전문 이미지관리회사에 채용되거나 프리랜서 이미지컨설턴트로 활동할 수 있다.

3) 고용 현황

이미지컨설턴트를 포함한 미용 관련 서비스 종사자의 종사자 수는 303,000명이며, 주로 정치인, 연예인, 방송인 등을 중심으로 이루어진 이미지메이킹이 일반인에게도 확대되어 성격이나 특징을 분석하여 개인이나 단체의 차별화된 이미지를 만들고자 하는 수요가 증가하고 있다. 따라서 이미지컨설턴트의 향후 10년간 고용은 연평균 1.1% 증가할 것으로 전망된다(자료: 2016~2026년 중장기 인력수급 전망, 워크넷 직업정보 2019년 7월 기준).

4) 임금 수준

이미지컨설턴트의 평균 연봉은 2,794만 원이다(자료: 워크넷 직업정보 2019년 7월 기준).

5) 정규 교육과정

이미지컨설턴트가 되기 위해 요구되는 전공의 제한은 없지만, 전문대학이나 대학교의 패션이나 미술, 심리학 등의 학과를 졸업하는 것이 유리하다.

6) 직업 훈련

이화여대 평생교육원 이미지컨설턴트과정, 세종사이버대학교, 명지교육대학원 이미지코칭 석사과정, 건국대학교 산업대학원 이미지산업학과 석사과정 등 사설 학원 및 민간 교육기관에서 이미지컨설턴트가 되기 위한 교육과 훈련을 받을 수 있다.

7) 관련 자격증

이미지컨설턴트가 되기 위해 요구되는 국가공인 자격증은 없다.

이미지 개선에 도움을 주고자 하는 이미지컨설턴트가 되고 싶다면 함께 변화하는 직업을 알아보고 미래를 함께 준비해보자.

③ 온라인 시대 신유통 네트워크 마케팅

1) 지인은 말리고 전문가는 권하는 비즈니스

한국인은 궁금한 것이 생기면 전문가보다 지인에게 물어보는 경향이 강하다. 이것은 정(精)문화가 발달한 한국만의 특이한 현상이다. 이때 지인의 의견이 정확할까? 아니면 전문가의 의견이 정확할까? 네트워크 마케팅을 예로 들면 지인들은 "내가 아는 어떤 사람이 그 사업을 하다가 돈을 엄청 날렸대", "너 거기 가면 큰일 난다" 등 이를 꺼리고 말리는 데 비해 전문가들은 네트워크 마케팅을 두고 "인생을 걸고 해볼 만한 사업"이라고 말한다.

인터넷 검색창에서 '프로슈머' 또는 '네트워크 마케팅'을 검색해보라. 네트워크 마케팅의 개념을 정확히 이해하고 본질대로 좋은 판매회사와 함께 할 경우 프로 소비자로서 얼마든지 수익 창출이 가능하다.

2) 현명한 소비자, 언택트 프로슈머

프로슈머라는 말이 등장한 것은 1980년대지만 이 개념은 지금도 유효하다. 프로슈머란 간단히 말해 기존 소비자가 생산 유통, 판매에 직접 참여한다는 의미이다. 프로슈머 성장은 빠르게 변화하는 시대의 기업과 소비자 니즈가 맞아 떨어진 결과이다. 오늘날 사람은 경기 침체와 장기 불황으로 소비 심리가 위축되면서 양적 소비보다 질적 소비를 원하고 있다. 특히 환경에 보이는 관심이 높아지고 소비자 권리를 중시하는 빅데이터 시대가 열리면서 프로슈머는 합리적인 소비의 열쇠가 되고 있다. 소비를 소비로 끝낼 것인가? 소비를 수익으로 전환할 것인가?

3) 신유통 네트워크 마케팅

코로나 19라는 태풍이 전 세계를 강타하면서 4차 산업혁명 속도가 더욱 빨라지고 있다. 실제로 오프라인 점포가 온라인으로 옮겨가는 사례가 대폭 늘어나고 있다. 언택트 시대에 우리의 생존 무기는 과연 무엇일까? 지금은 온라인이 대세이다. 그렇다면 평범한 우리가 온라인 경제를 활용하기 위해서는 어떻게 해야 할까? 언뜻 간단해 보이지만 투자금이 많이 들어가고 고려해야 할 것이 한둘이 아니므로 온라인 시장은 주로 기업이 주도했다. 대기업 중심의 온라인 쇼핑몰은 소비자에게 좋은 반응을 얻었고 이는 그만큼 매출액 상승의 동력으로 작용했다. 이를 지켜본 중소기업과 개인도 온라인 쇼핑몰을 개설할 필요를 느꼈지만 대게는 전문성과 투자금액 한계에 부딪혔다. 바로 이 문제를 해결해주면서 일반인들의 새로운 희망으로 떠오른 것이 쇼핑몰 메이킹 솔루션이다. 그런데 그 대단한 쇼핑몰 메이킹 솔루션으로도 해결할 수 없는 문제가 있다. 그것은 잘 팔릴 수 있는 아이템을 발굴하는 일이다. 탁월한 아이템이 없으면 고전하기 쉽다. 이 문제는 어디서 해결해야 할까요? 흥미롭게도 이 문제를 해결해주는 쇼핑몰이 있다. 제품 개발부터 상담, 결제, 배송까지 일사천리로 해결해주는 바로 네트워크 회사가 만든 온라인 쇼핑몰이다. 이곳은 누구나 아이템을 걱정할 필요 없이 쇼핑몰을 활용할 수 있다. 단지 회원 가입만으로 온라인 쇼핑몰을 내 것처럼 활용해 소득을 창출하면 되는 일이다.

4) 소비가 곧 사업 아이템이 되는 비즈니스

네트워크 마케팅은 나 혼자만의 소비에 그치지 않고 다른 사람과 함께 소비자 그룹을 만들어 모두가 새로운 소득을 창출하는 진화한 유통 시스템이다. 현명한 소비자는 보통 자신의 경험담을 주변 지인에게 알리고 제품을 소개한다. 그 진솔한 제품 경험담은 나와 같은 제품 마니아를 만들어낸다. 그리고 제품 후기가 늘어나면서 점차 나와 같은 현명한 소비자가 모여들게 된다. 그렇게 해서 함께 사용하는 사람이 늘어날수록 돌아오는 캐시백도 커진다. 단순히 좋아서 제품을 사용한 것이지만 그 유통 아이템이 많은 사랑을 받으면서 돌아오는 소득도 대폭 늘어나는 것이다. 이때 재주를 부리는 것은 제품이고 그에 따른 소득은 내게로 들어온다.

네트워크 마케팅은 돈이 마르지 않고 계속 흐르는 파이프라인을 구축할 기회를 제공한다. 네트워크 마케팅을 정확히 이해하고 그것을 수단으로 마케팅을 펼치면 나만의 머니 시스템을 구축할 수 있다. 그동안은 소비자가 소비를 하면 지출로 끝났는데 소비자가 직접 유통에 참여하면서 유통을 통한 소득을 가져가는 유통 생산자가 되어버리는 것이다.

소비자의 지갑에서 빠져나간 돈이 다시 일정한 보상 플랜에 따라 본인에게 되돌아오는 것이다. 이런 캐시백을 받는 소비자를 앨빈 토플러는 "현명한 소비자"라고 이야기한다.

5) 시스템 비즈니스로 수익을 창출하라

대학에서 논문으로 발표된 네트워크 마케팅은 미국의 블랙먼데이 때 유능한 화이트칼라들이 대거 유입하면서 사업적 규모로 발전하기 시작했다. 한마디로 유통에 혁신의 바람이 일기 시작한 것이다. 이로써 소비자는 유통에 직접 관여해 돈을 벌었고 생산자는 유통에 신경 쓰지 않고 더 좋은 제품을 만드는 데 전력을 하게 되었다.

(1) 물통사업
 - 물을 나르듯 지속해서 일해야 수입이 발생하는 사업
 - 자신이 한 일에 대해서만 99%의 대가를 받는 사업
 - 한 일에 대해서만 대가를 받을 수 있기 때문에 일을 하지 않으면 수입이 없음
 - 대한민국 직업의 99%가 물통사업에 들어가는 직업

(2) 시스템 사업
 - 파이프라인처럼 준비된 시스템에 의해서 수입이 발생하는 사업
 - 자신이 한 일에 대해서 적은 퍼센트의 대가를 지속해서 받는 사업
 - 시스템 사업을 넓게 펼쳐 나갈수록 지속적인 수입으로 고소득 창출

- 권리소득의 형식으로써 일을 그만두어도 수입 창출 가능

빌 게이츠가 한국에 와서 대학생들 대상으로 강의한 적이 있었다. 그때 한 명의 대학생이 이렇게 질문을 했다.

"당신이 만약 마이크로소프트사를 창업하지 않았다면 무엇을 했을까요?"

빌 게이츠는 망설임 없이 이렇게 대답했다.

"만약 내가 마이크로소프트사를 하지 않았다면 나는 네트워크 마케팅 사업을 하겠습니다. 그것도 당장 말입니다."

왜 네트워크 마케팅에 대해서 세계 유수의 갑부들과 사업가들이 극찬할까? 이유는 간단하다.

- 누구나 사업을 할 수 있다.
- 경제적 부담 없이 시작할 수 있다.
- 무한대의 수익 창출이 가능하다.
- 노력에 따른 결과를 보상받을 수 있다.
- 시스템을 구축하면 권리소득을 얻을 수 있다.

이처럼 학벌, 성별, 나이, 자본금 등 모두 필요 없이 자신의 노력한 결

과를 보상받을 수 있는 사업이다. 그리고 시스템을 구축하면 일을 하지 않아도 권리소득을 얻을 수 있는 사업이기도 하다. 이 때문에 세계 최고의 갑부들과 사업가들이 '네트워크 마케팅'을 극찬하는 것이다. 나랑 비슷한 주변 친구들 또는 실패한 사람들의 조언을 듣는 게 좋을까? 아니면 세계적으로 성공한 사람들의 조언을 듣는 게 좋을까?

실제로 미국이라는 나라는 네트워크사업이 잘 정착이 되었고 수많은 사람이 네트워크사업을 통해서 부를 쌓아가고 있다. 미국의 한 통계자료를 보면 미국 백만장자들의 직업을 분석한 결과 놀랍게도 주식과 부동산이 아니라 네트워크사업으로 부자가 된 사람들이 1위를 차지했다고 한다.

네트워크 마케팅은 4차 산업혁명 시대에는 더 크게 성장할 수 있는 사업이라고 할 수 있다. 점점 빠르게 변화하는 세상, 은퇴 후 나의 미래에 경제적 시간적 자유를 줄 또 하나의 직업이 네트워크 마케팅이다. 나는 지금 이 직업을 사랑한다. 선한 영향력으로 많은 이들과 함께 서로의 꿈을 이루며 함께 성장할 수 있는 비즈니스이기 때문이다.

대한민국에서 네트워크 마케팅은 어려움 속에서도 생존해왔고, 이제 급성장의 시기가 도래했다고 확신한다.

> "잠자는 동안에도 돈이 들어오는 방법을 찾아내지 못한다면,
> 당신은 죽을 때까지 일을 해야만 할 것이다!"
>
> - 워런 버핏 -

"내가 사업을 시작하지 않았더라면 네트워크마케팅을 했을 것이다.
지금 당장!! 다가올 10년의 변화가 지난 50년의 변화보다 클 것이다.
마이크로소프트를 능가하는 회사가 있다면
네트워크 마케팅 회사일 것이다."

- 빌 게이츠 -

N잡러의 하나인 나의 직업 네트워크 마케팅을 만나면서 나는 행복하다. 지금은 다이아몬드 직급으로 많은 분의 성공과 꿈을 실현하기 위해 함께 집중하고 있다. 홀로 모든 것을 이뤄낼 수는 없다. 다른 사람이 성공하도록 도와줄 수 있다면 나의 성공은 저절로 따라올 것이다.

④ 무언가에 깊이 빠져보자

중년의 삶은 지금껏 내가 원해서 살았던 삶이 아니다. 지금부터라도 조금이나마 진정으로 나 자신을 위한 삶을 살아보라고 권하고 싶다. 내가 좋아하는 것, 내가 잘하는 것, 내가 하고 싶은 것을 하는 것이다. 앞으로 내가 하고 싶은 것을 하다 보면 나도 몰랐던 나의 재능을 발견하게 될 수도 있다. 꼭 재능이 뛰어나지 않아도 좋다. 내가 하고 싶은 것을 하면 좋은 결과가 보장되지 않아도 즐거울 테니까. 무언가 새로 배우고 익히고 시작하기엔 나이가 너무 많다고 생각하는가? 그동안 그렇게 생각하고 있었다면 그 생각은 조용히 접어두는 것이 좋겠다. 나이 99세에 시집을

낸 일본의 시바타 도요(1911-2013) 할머니보다 설마 더 나이가 많으신 것은 아닐 테니 말이다.

좋아하는 일을 하며 본업만큼 이익을 얻을 것을 기대하는 신중년들. 그들에게 N잡러 선배로서 말해주고 싶다. 둘 중 하나를 선택할 것이 아니라 균형을 이루는 것이 중요하다고. 그리고 본업에 시너지를 낼 수 있는 부업이 있다면 당장 시작해서 즐기라고 조언해주고 싶다.

일단 해봐라. 해보고 후회해도 늦지 않다. 천하에 어떤 일이라도 하면 되고 안 하면 안 된다. 인생의 가장 멋진 일은 사람들이 당신은 해내지 못할 것이라고 한 일을 해내는 것이다.

> "세상에서 가장 이자가 높은 은행은 '도전'이라는 이름의 은행이다. 쓰면 쓸수록 줄어드는 것이 아니라 오히려 몇 배가 되돌아온다."
>
> - 나카타니 아키히로 -

참고문헌

- 네이버 지식백과, 이미지컨설턴트(커리어넷 직업정보)
- 주성진, 『코로나19 사태 속에 성장하는 네트워크 마케팅』 라인, 2020.
- 김태수, 『한국사회 최고의 기회』 엔타임, 2007.
- 함광남, 『100세 시대 50대의 선택』 이지출판, 2011.
- 라인기획팀, 『당신의 성공을 위한 위대한 선택』 라인, 2018.

저자소개

박서연 PARK SEO YEON

학력

- 남서울대학교 경영학 박사(뷰티경영학 전공)
- 성신여대 생애복지대학원 이학석사
- 성결대학교 뷰티디자인학부, 문학사
- 서울대학교 보건대학원 HPM 과정 이수
- 캘리포니아주립대학교 AMP 과정 이수
- 서울대학교 WCCP 최고위과정 이수

경력

- ㈜퍼스널브랜딩코리아 대표이사
- KBS스포츠과학예술원 전임교수
- 국회보건복지 정책자문교수
- 한국컨설턴트사관학교 교수
- 퍼스널브랜드 토크쇼 MC
- (사)한국 뷰티산업능력개발협회 이사
- 국회입법정책연구회 선임연구위원

- 리뉴메디 네트워크마케팅(현 다이아몬드)
- 전) (사)대한민국브랜드협회 상임고문
- 전) 한국이미지학회 부회장
- 전) 우송정보대학 겸임교수
- 전) 동덕여대 평생교육원 겸임교수
- 전) 한국사이버대학교 외래교수
- 전) 서경대학교 외래교수
- 전) 성신여대 외래교수
- 전) 충청대학교 외래교수
- 전) 경복대학 외래교수

자격

- 평생교육사 2급 자격증
- 이미지컨설턴트 자격증
- 고객경영지도사 자격증
- 심리상담사 1급 자격증
- CS 강사 자격증
- 서비스경영컨설턴트 자격증
- 미용사(피부)국가기술자격증
- 간호조무사 자격증
- 경락전문지도자 과정 자격증
- 대한다이어트프로그래머 자격증
- 운동처방사 1급 자격증

저서

- 『2020 소상공인 컨설팅』, 렛츠북, 2020.
- 『공공기관 합격 로드맵』, 렛츠북, 2019.
- 『퍼스널 브랜드로 리드하라』, 책과나무, 2016.
- 『피부미용사 필기 및 실기』, 예림, 2014.

수상

- 2019년 글로벌명인대상(퍼스널브랜드 부문)
- 2016년 인적자원개발 대상 명강사 대상
- 국제살롱뷰티연합회 피부미용부문 금상

신중년, N잡러가 경쟁력이다

초판 1쇄 인쇄 2021년 03월 24일
초판 1쇄 발행 2021년 03월 31일

지은이 김영기, 홍승렬, 김세진, 김형환, 김상덕, 조홍현, 이점수, 박종현, 이성순, 조창준, 소승만, 이지영, 임은조, 양영수, 박상문, 장승환, 문성식, 강미영, 김동현, 이준호, 김임순, 조명렬, 박서연
펴낸이 김민규

편집 렛츠북 편집팀 | **디자인** 김민지 | **마케팅** 이재영

펴낸곳 브레인플랫폼(주)
주소 서울특별시 서초구 법원로3길 19, 2층 (서초동)
등록 2019년 01월 15일 제2019-000020호
이메일 iprcom@naver.com

ISBN 979-11-91436-01-3 13320

* 이 책은 저작권법에 따라 보호를 받는 저작물이므로 무단전재 및 복제를 금지하며,
이 책 내용의 전부 및 일부를 이용하려면 반드시 저작권자와 브레인플랫폼(주)의
서면동의를 받아야 합니다.

* 잘못된 책은 구입하신 서점에서 바꾸어 드립니다.